제4판

부동산PF 개발사업법

임성택 · 이승현 감수
법무법인(유한) 지평 건설부동산팀 저

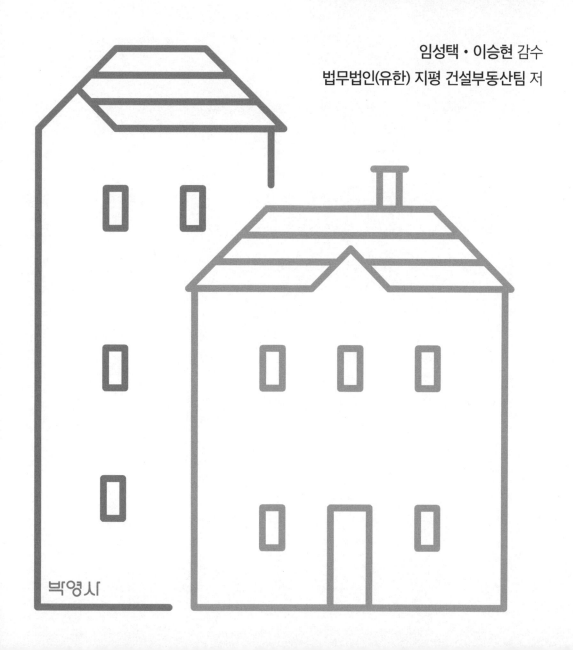

박영사

제4판 머리말

3년만에 개정판을 낸다.

다시 부동산PF 시장이 위기다. 언론들은 '찻잔 위의 태풍'이라거나 '꺼지지 않은 불'이라고 현재의 위기를 보도하고 있다. 지난 시기 저금리와 풍부한 유동성을 바탕으로 부동산PF시장은 크게 성장했다. 본래 PF계약은 현금흐름과 수익성에 주목하는 비소구 금융이다(Non-Recourse Financing). 담보나 보증대출이 아니다. 그런데 한국의 PF계약은 다양한 보증과 담보로 위험을 회피하는 사실상 보증담보부 대출의 성격을 가진 대주 중심의 구조다. 그러다 보니 위기에 더욱 취약하다. 금리 인상, 건설원가 상승, 부동산시장의 침체는 PF 위기의 중요한 원인인데, 참가자 사이의 적절한 위험배분이 되지 않은 계약구조는 위험을 대부분 감수하여야 하는 시공사의 부담을 급격히 높여 위기를 가중시킨다.

종래 PF의 대주가 시중은행이었다면 최근에는 브릿지론을 중심으로 저축은행, 신협, 지역농협, 캐피탈사 등 비중이 높아지고 펀드를 이용한 간접대출방식의 도입으로 구조가 복잡해졌다. 대주의 성격과 구조가 달라짐에 따라 위기를 타개할 수단도 금융기관 특성이나 거래구조에 따라 달라져야 한다. 유사한 점은 신용보강을 한 건설회사가 자금경색과 신용보강에 따른 우발부채에 노출되어 워크아웃, 회생 등 구조조정에 직면하고 있다는 사실이다.

이런 시기일수록 PF사업장의 현황, 권리관계, 법적 위험에 대한 정밀한 분석과 실사가 필요하다. PF사업의 내용, 진행단계, 당사자, 근거 법률에 따라 검토를 하여야 한다. 분쟁 중이거나 분쟁이 예견되는 PF사업장의 경우 권리관계 분석, 해결방안 및 대응방안 분석이 요구된다. 모쪼록 이 책이 PF의 위기를 맞은 당사자와 관계자들에게 도움이 되기를 바란다.

2024년 겨울
저자 일동

제3판 머리말

　3년 만에 다시 개정판을 낸다. 그동안 이루어진 법률 개정을 반영하였고 새로 나온 판례도 보충하였다. 리츠가 활성화됨에 따라 관련 내용도 대폭 보충하였다. 프로젝트 파이낸싱(PF)을 통한 부동산 개발사업은 다양한 법률문제를 일으키고 복잡한 법률관계를 파생한다. 이 책은 관련 문제를 정리하고 집대성한 유일한 법률서적이다. 그래서인지 많은 사람들이 찾아서 읽어 주고 계시다. 이 자리를 빌려 감사의 인사를 드린다. 활발한 연구와 논의를 통해 부동산 개발사업이 발전하기를 기대한다. 무엇보다 이해관계자 간의 이해의 조화와 균형, 환경 및 사회를 고려한 개발사업으로 발전하기를 희망하면서 개정판을 낸다.

2021년 8월
저자 일동

제2판 머리말

    초판을 낸 지 2년 만에 개정판을 내게 되었다. 프로젝트 파이낸싱(PF)에 관한 법률 서적이 없었던 탓인지 많은 사람들이 읽어주고 좋게 평가해주었다. 예상보다 많은 사람들이 사랑해준 덕분에 책을 낸 저자들로서는 보람이 컸다. 초판을 낸 이후 법률개정이 일부 있었고 새로운 판례도 생겨났다. 부동산 시장의 침체를 반영한 변화도 있었다. 이를 반영하여 내용을 수정하고, 아울러 초판에서 부족하다고 생각하는 부분을 보완하였다. 이 책은 프로젝트 파이낸싱을 통해 발전해온 부동산 개발사업의 다양한 법률문제를 정리하고 집대성한 책이다. 부디 관련 업무에 종사하는 사람뿐 아니라 부동산 금융 및 건설사업, 관련 법률분야의 발전에 도움이 되길 바란다.

2018년 11월

저자 일동

머리말

　부동산 개발사업에 프로젝트 파이낸싱(Project Financing, PF)이라는 금융기법이 도입되면서 법률관계는 매우 복잡해졌다. 개발사업에 나타나는 각종 위험을 제거하기 위해 다양한 법적 장치가 도입되었다. 전에는 간단하게 작성하던 계약서도 훨씬 두툼해져 책자 형태로 계약서가 만들어졌다. 당연히 건설법, 부동산법, 금융법, 신탁법, 도산법 등 관련 분야에 새로운 시도가 나타나고, 다양한 사례가 쌓이게 되었다. 예컨대 과거에는 거의 활용되지 않던 신탁이 다양하게 쓰이면서 신탁법이 50년만에 전면개정되는 결과로 이어지기도 했다. 책임준공, 책임분양 등 새로운 개념이 등장했고, ABS, ABCP 등 자산유동화도 활발해졌으며, PFV, 리츠 등 다양한 법적 주체들이 생겨나고, 부동산펀드도 활성화되기 시작했다.

　부동산 개발사업에 관계하는 당사자는 매우 많다. 전통적인 개발사업에 금융이 개입하면서 거래관계가 복잡해진 것이다. 개발사업의 주체인 '시행사', 공사를 수행하는 '시공사', 금융을 담당하는 '대주', 신탁을 담당하는 '신탁회사', 개발사업의 결과물을 분양받는 '수분양자', 각종 인허가를 담당하는 '행정청'이 기본적인 당사자이지만, 그 밖에도 매우 많은 당사자가 관여한다. 이들 사이의 복잡한 이해관계를 조정하기 위해서 정말로 복잡한 법률 기술이 동원된다.

　부동산 개발사업은 구체적 내용에 따라서도 그야말로 천차만별이다. 아파트 개발사업인지, 상가 개발사업인지, 도시 개발사업인지, 도시 정비사업인지, 토지거래허가구역에서의 사업인지, 주택법에 따른 사업인지, 민간사업인지 민관공동사업인지 등에 따라 법적 근거와 내용이 달라진다. 부동산 개발사업이 어느 단계로 진행되고 있는지에 따라서도 법적 검토가 달라질 수밖에 없다. 초기단계는 그 단계대로, 준공을 앞둔 마지막 단계는 그 단계대로 분쟁이 발생할 수 있고 이해관계자들은 충돌한다. 그 때마다 분쟁의 양상과 성격이 달라진다.

따라서 개별적인 사안에 따라, 입장과 위치에 따라, 단계에 따라 법률적 문제가 발생한다.

부동산 PF는 이제 대세가 되어 민간사업뿐 아니라 공공개발사업이나 SOC 개발사업에도 활용되고 있다. 부동산 개발사업이 위기를 맞으면서 법적 분쟁은 더욱 많아졌다. 이처럼 다양한 법적 쟁점이 있지만 그에 관한 연구나 논문은 거의 찾아보기 어렵다. 금융전문가들의 글이 조금 있을 뿐이었다.

법무법인 지평 건설부동산팀에서는 PF사업정상화센터를 설립하는 등 부동산PF 개발사업에 다양하게 관여하면서 그동안의 법적 연구를 정리할 필요성을 절감했다. 사업 구상, 계약서 작성, 사업 운영, 법적 분쟁 등 다양한 단계에서 업무를 처리하면서 생긴 문제의식을 공유하고 토론하며 정리하기 시작했다. 이 책은 이러한 공동작업의 결과물이다.

1장에서는 부동산 개발사업의 법률문제를 개괄하고, 자금 조달의 다양한 방법을 소개하였다. 2장에서는 특수한 유형의 부동산 개발사업을 정리해보았다. 공모형 PF사업, 해외 PF사업, 최근 각광을 받기 시작하는 리츠에 관하여 소개하고자 했다. 3장에서는 부동산 개발사업의 리스크 회피 방법과 그 일환으로 이루어지는 시공사의 신용공여 및 책임준공의 법률관계를 살펴보았다. 4장에서는 부동산 개발사업에서 가장 이슈가 되는 신탁에 대하여 검토하였다. 특히 관리형 토지신탁과 사해신탁은 별도로 검토하였다. 5장에서는 부동산 개발사업이 좌초된 경우의 법률관계를 살펴보았다. 디폴트의 법률관계를 개괄하고, 이어지는 시행권 인수 문제, 도산법의 문제를 검토하였다.

부동산 개발사업이 발전하기 위해서는 관계자들의 이익과 힘이 균형을 이뤄 합리적이고 공정한 계약이 맺어져야 한다. 수익성과 분양성을 진정으로 갖춘 개발사업이 시도되고, 담보대출이 아닌 진정한 프로젝트 파이낸싱이 이루어져야 한다. 우리는 이 책자가 부동산 개발사업을 둘러싼 다양한 법률 연구의 계기가 되고 나아가 부동산 개발사업의 발전에 기여하기를 희망한다.

2016년 2월
저자 일동

총 차 례

차 례

제2장 특수한 유형

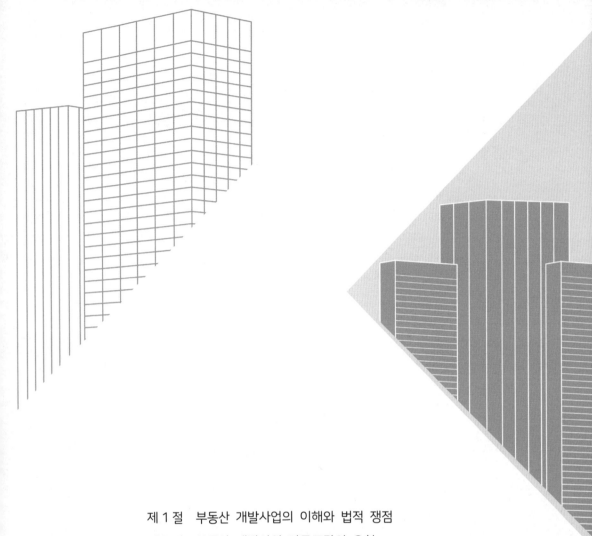

제 1 절 부동산 개발사업의 이해와 법적 쟁점
제 2 절 부동산 개발사업 자금조달의 유형

/ 부동산PF / 개발사업법 /

제1장

개 괄

제1장

개 괄

Ⅰ. 들어가는 글

프로젝트 파이낸스(Project Financing, PF)의 정의는 아래와 같다. 본래적 의미의 프로젝트 파이낸스는 무소구 금융(non-recourse or limited recourse financing)이다. 무소구란 '차주에 대한 상환청구권이 없거나 제한'되는 금융이다. 프로젝트로 발생하는 현금흐름을 담보로 하는 것이지, 차주의 신용 또는 일반재산을 담보로 하는 대출이 아니라는 의미이다.

> ▷ 광의의 프로젝트 파이낸스
> 대형 프로젝트에 대한 금융 일반을 지칭. 건설기간 및 대출금 회수기간이 길고, 성공 가능성에 대한 불확실성(uncertainty)으로 인한 위험(risk)을 내포하는 여러 가지 프로젝트와 관련된 장기 금융(long-term project-related finance).

프로젝트를 추진하려는 '사업주의 신용'이 아닌 '프로젝트의 사업성'과 그 프로젝트로부터 발생하는 '미래의 현금흐름'을 담보로 하여 당해 프로젝트를 수행하는 데 필요한 자금을 조달하는 금융기법. 일반 기업금융(corporate financing)과 비교할 때 차주의 신용보다는 프로젝트에서 발생하는 현금흐름 예측이 중요함. 프로젝트 실패 시 차주에 대한 상환청구권이 없거나 제한됨(non-recourse or limited recourse financing).

프로젝트 파이낸싱의 핵심은 프로젝트의 수익성이며, 그에 대한 면밀한 검토를 전제로 대출이 이루어진다. 그런데 한국의 부동산 관련 프로젝트 파이낸싱은 사실상 담보대출과 다름없이 운영되어 왔다. 차주에 대한 상환청구권은 기본이고, 시공사의 연대보증과 채무인수, 나아가 책임준공이라는 독특한 장치들을 통해 사실상 시공사의 신용공여를 기초로 대출이 이루어졌다. 그렇다 보니 프로젝트의 수익성보다는 시공사의 신용도가 중요하게 되었고 수익성에 대한 면밀한 검토가 부족한 상황에서 대출을 취급하기도 하여 부동산 개발사업에 대한 프로젝트 파이낸스가 남발되기도 했다. 이처럼 한국의 부동산 관련 프로젝트 파이낸스는 독특한 구조와 법적 장치를 가지고 있다.

II. 개발사업의 다양한 관계자

부동산 개발사업에 관계하는 당사자는 매우 많다. 전통적인 개발사업에 금융이 개입하면서 거래관계가 훨씬 복잡해졌다. 개발사업의 주체인 '시행사', 공사를 수행하는 '시공사', 파이낸스를 맡는 '대주', 부동산 신탁을 담당하는 '신탁회사', 개발사업의 결과물을 분양받는 '수분양자'가 기본적인 당사자이다. 시행방식이 복잡해지면서 SPC(특수목적회사)나 PFV(Project Financing Vehicle)가 시행주체가 되는 경우도 많다. 대출도 초기자금을 빌려주는 브릿지 대출(Bridge

Loan)과 본 PF로 나뉘고, 대출채권을 유동화함에 따라(ABL, ABCP) 법률관계도 복잡해졌다. 펀드(집합투자기구)가 개발사업에 대출을 하게 되면서 펀드에 투자한 '투자자'와 펀드운영을 맡는 '자산운용회사', '수탁회사' 등도 개입한다. 여기에 시행사의 투자자, 채권자들이 있고, 공사를 위한 하수급업체, 분양보증을 위한 주택도시보증공사[1] 등도 참여한다. 이들 사이의 복잡한 이해관계를 조정하기 위해서 정말로 복잡한 법률 기술이 동원된다.

III. 개발사업의 거래구조

1. 기본구조

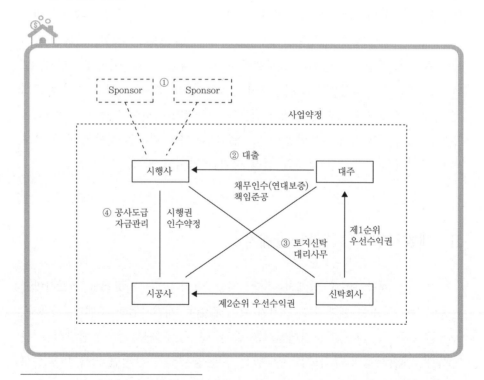

---

1) 2015년 7월 1일 주택도시기금법이 시행되면서 주택도시보증공사가 주택도시기금을 전담운용하게 되었고, 기존에 분양보증 업무를 담당하던 대한주택보증 주식회사는 사명을 주택도시보증공사로 변경하였다.

① 주주간 계약(Joint Venture Agreement): 시행사 출자자간의 시행사 경영 및 수익배분에 관한 내부 약정.

② 대출약정, 담보계약(예금근질권, 보험근질권, 주식근질권, 부동산근저당권, 양도담보권, 연대보증서, 시행권 포기각서, 시공권 포기각서, 채무인수약정, 책임준공확약, 추가출자약정, 자금보충약정 등)

③ 부동산담보신탁계약, 자금관리대리사무계약

④ 공사도급계약

2. PFV 구조

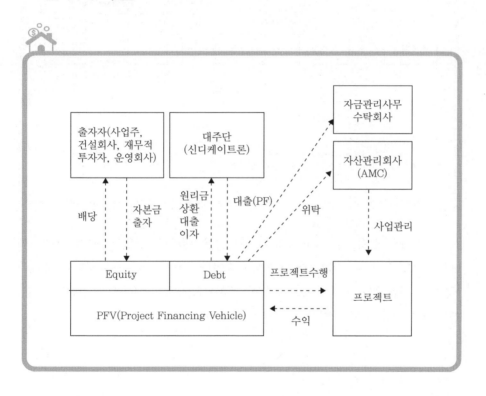

세금혜택을 받기 위해 조세특례제한법상 요건을 갖춘 특수목적법인(Special Purpose Company, Project Financing Vehicle, PFV)을 설립하는 경우가 있다(조세특

례제한법 제104조의31). 프로젝트금융투자회사(PFV)에는 사업주뿐 아니라 시공사, 재무적 투자자 등이 주주로 참여한다. PFV에 대하여는 법인세 공제와 취득세 및 등록면허세 수도권 중과 규정이 배제되는 등 조세특례가 적용[2])된다.

3. PF-ABCP 구조

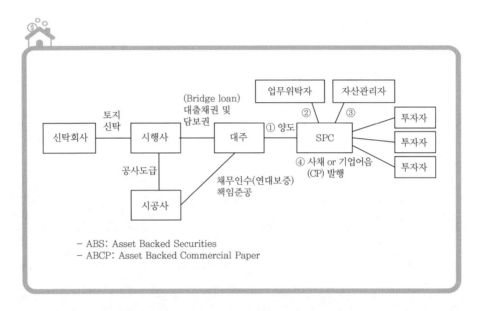

- ABS: Asset Backed Securities
- ABCP: Asset Backed Commercial Paper

대출채권을 유동화하기 위해 다양한 금융기법이 등장했다. ABL(자산유동화대출)과 ABCP(자산유동화기업어음)가 대표적이다. 대출기관은 프로젝트의 장기화에 따른 위험성을 분산시키고, 다양한 투자자(금융투자업자, 펀드, 일반투자자 등)가 자본시장을 통해 개발사업에 참여할 수 있게 되었다.

---

2) 소득세 공제를 규정한 조세특례제한법 제104조의31과 취득세 수도권 중과 규정을 배제한 지방세특례제한법 제180조의2는 한시법으로 되어 있으므로 일몰되기 전에 법률의 개정으로 이러한 특례가 계속 유지되고 있는지 확인할 필요가 있다.

4. 집합투자기구(Fund) 구조

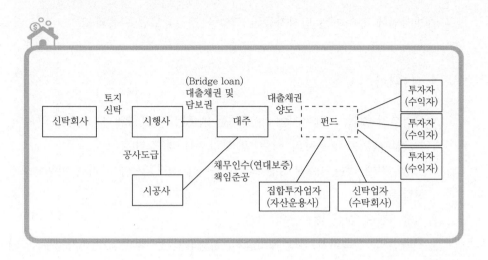

이른바 부동산 펀드(집합투자기구)를 통한 투자도 활발해졌다. 집합투자방식인 펀드는 자산운용사의 지시에 따라 수탁회사의 이름으로 대출계약을 체결하거나 대출채권을 양수하는 방식으로 개발사업에 참여한다.

5. 부동산 투자회사(Real Estate Investment Trusts, REITs) 구조

부동산투자회사법에 따른 부동산 투자회사(REITs)를 설립하여 개발사업을 진행하는 유형도 있다. 부동산 투자회사는 주식공모 등을 통해 투자자로부터 모은 자금을 부동산 등에 투자, 운용하는 것을 목적으로 국토교통부장관의 인가를 받아 설립하는 회사를 말한다. 미분양 아파트 구조조정을 목적으로 하는 기업구조조정 부동산투자회사(CR REITs), 부동산 개발사업 투자가 목적인 개발전문 부동산투자회사(개발전문 REITs) 등 여러 형태의 부동산투자회사(REITs)가 존재한다.

Ⅳ. 당사자들의 역할

개발사업에 관여하는 당사자들의 역할을 정리해보면 다음과 같다.

1. 시행사

- 사업부지 매입, 사업부지에 대한 법률상, 사실상 제한의 제거, 건물의 철거, 임차인 등 점유자의 이주 및 사업부지 명도 완료
- 사업부지에 대한 소유권이전등기와 동시에 신탁회사에 자기의 비용으로 신탁등기
- 금융기관에 대한 대출금의 상환
- 건축심의, 건축허가, 사업계획승인, 분양승인 등 대관청 인허가업무
- 시공사와 공사도급계약 체결 및 공사대금 지급
- 분양계약 체결, 수분양자 관리
- 공사민원을 제외한 민원(일조권, 조망권을 비롯한 제반 환경권 등)의 해결
- 부대업무 용역계약(설계, 감리, 측량, 철거, 지질조사, 분양대행, 광고홍보 등) 체결 및 관리 업무. 단, 시공사와 사전협의 후 계약 체결
- 견본주택(M/H) 건립부지 임차를 비롯한 시공사의 견본주택 설계 및 시공에의 협조
- 사용승인 후 금융기관에 대한 미상환대출원리금 또는 시공사에 대한 미지급공사대금이 있을 경우, 미분양물건 처분신탁
- 입주관리, 준공건축물의 관리 및 운영, 준공건축물의 제세공과금 등 납부
- 중도금 대출 관련 보증의무
- 기타 사업 시행을 위하여 필요한 경우로서 PF 건설사업약정에서 시공사나 금융기관에게 명시적으로 위임된 업무를 제외한 업무 일체

2. 시공사

- 시행사와 체결될 공사도급계약에 따른 공사착공 및 공사수행
- 건축물의 책임준공
- 공사도급범위에 포함된 시공 관련 대관청 인허가 업무
- 공사수행과 직접 관련 있는 민원처리 및 비용 부담
- 건축물의 사용승인 획득 협조 및 사용승인 후 관계법령에서 정한 소정 기간 내의 하자보수 책임
- 견본주택의 설계 및 시공
- 분양계약서에 책임준공 시공사로서 기명날인, 기타 시행사의 분양계약 체결 업무 지원 및 관리
- 신탁회사와 대리사무계약을 따로 체결하지 않는 경우, 분양수입금 등 자금관리 업무
- 채무인수, 자금보충, 이자지급보증 등의 조건 이행

3. 금융기관

- 시행사에 대한 사업부지 매입을 위한 자금 및 초기사업비 대출
- 수분양자에 대한 분양대금 대출
- 증권회사의 초기 Principal Investment(PI)

4. 신탁회사

- 시행사 명의의 사업부지에 대한 수탁
- 건물 미분양 시 처분수탁 또는 할인분양 업무의 처리
- 기타 시행사를 위한 대리사무의 수탁을 받은 자금관리업무

V. 관련 약정의 개요

1. 사업약정

사업약정은 앞서 본 당사자들이 모두 참여하는 Master Agreement의 성격을 가진다(대출약정, 공사도급계약, 신탁계약 등의 혼합계약). 이를 기초로 개별계약(공사도급계약, 신탁계약 등)이 마련된다.

2. 대출약정

대출계약에서는 대출기한과 이자, 기한이익 상실사유, 각종 담보, 대출금의 사용 등에 관한 자세한 내용을 다룬다. 대주가 둘 이상인 경우에는 Syndicate loan 형태의 대출약정이 체결되고, 이 중 대출관련 업무를 주관하는 대리은행, 담보권실행과 관련된 사무를 처리하는 담보대리은행 등이 선정된다.

3. 공사도급계약

사업약정서 체결 단계에서는 가도급계약 이외에 공사도급계약이 체결되지 않는 경우가 많다. 사업약정서 체결 시, 책임준공과 관련하여 공사기간, 착공일 등이 규정되는 것이 보통이고, 상세사항은 공사도급계약에서 규정한다.

4. 신탁계약

프로젝트를 통한 재산권을 보호하기 위하여 토지, 건축물 등에 대한 신탁계약을 체결한다. 시행사가 위탁자가 되고, 신탁회사가 수탁자로 된다. 대주 및 시공사는 수익자로 참여하거나 시행사가 수익자인 경우에는 수익권에 질권을 설정한다.

VI. PF 개발사업의 법률 문제 - 이해관계자를 중심으로

이하에서는 프로젝트 파이낸스에 의한 개발사업이 위기에 처했을 때 이해관계자들에 따라 어떤 법적 문제가 생기는지 살펴본다.

1. 시행사

시행사에 책임 있는 사유로 사업이 중단되는 경우가 있다. 사업부지 소유권을 확보하지 못하거나, 사업 관련 인허가를 받지 못하는 경우, 현금흐름의 부족으로 대출원리금을 지급하지 못하거나 제3채권자로부터 사업 관련 자산에 법적 조치가 이루어지는 경우이다. 이러한 사유는 대출약정상 채무불이행사유 또는 기한의 이익 상실사유에 해당하는 것이 대부분이어서 대주는 시행사에 대하여 기한의 이익 상실을 선언한다(이른바 EOD 선언). 기한의 이익 상실의 효과로서 대출금은 모두 변제기에 도달하며 대주는 보유한 담보권을 실행할 수 있다. 사업약정서나 관련 계약에서 시행사의 시행권 포기와 시공사(또는 대주가 지정하는 제3자)의 시행권 인수가 규정된 경우에는 시공사 등의 시행권 인수가 이루어질 수도 있다.[3] 시행사에 발생한 문제가 일시적인 경우에는 워크아웃이나 회생절차를 고려해 볼 수 있으나 시행사의 특성상 이러한 절차에서 갱생을 도모하기는 상당히 어렵다. 결국 신탁된 부동산의 공매를 통하여 새로운 시행사가 해당 사업장을 인수하여 처리하게 된다.

시행사에 책임 있는 사유가 없어도 사업이 표류할 수 있다. 시공사에 워크아웃, 회생절차개시신청 등 신용위험이 발생한 경우, 시공사가 본 PF를 위한 협력을 하지 않는 경우이다. 시공사에 신용위험이 발생한 경우에는 시공사의 시공권을 포기시키고 시공사를 교체하여 해결할 수 있다.[4] 시공사의 협력의무

---

3) 현실적으로 시행권 이전절차는 프로젝트와 관련한 시행사의 모든 권리, 명의 등의 이전이 필요하여 시행사의 협조 없이 이러한 절차가 원만하게 이루어지기는 사실상 어렵다. 시행사의 주식을 담보로 제공받은 경우에 주식에 대한 매각의 방법으로 사실상의 시행권 양도의 효과를 볼 수 있으나 기존 시행사의 우발채무에 대한 정확한 파악이 어려워 시행사 운영에 대주 등이 사실상 관여한 경우 외에는 이러한 방법도 상당한 위험이 따른다.

불이행의 경우에는 협력의무 이행을 법률상 청구할 수 있으나 실효적인 구제수단으로 작용하기는 어려울 것이다.

대출을 해주기로 한 금융기관이 시장 상황을 이유로 대출을 하지 않는 경우도 발생한다. 물론 대출약정이 이미 이루어진 경우에는 약정에 따라 대출을 법률상 청구할 수 있지만, 양해각서, 사전약정서 또는 MOU의 형태로 구속력이 없는 형태의 약정을 한 경우에는 대출을 강제할 수 없다.

2. 시공사

시행사의 책임 있는 사유로 사업이 중단되거나 채무불이행사유 또는 기한의 이익 상실사유가 발생하는 경우 가장 큰 피해를 보는 것은 시공사다. 2008년 금융위기 이전에는 직접적인 지급보증이나 채무인수약정을 통하여 시공사가 신용보강을 하였으나 시공사의 내부통제가 강화된 2008년 금융위기 이후에는 책임준공의무 미이행을 조건으로 채무인수의무를 부담하는 내용으로 시공사의 신용보강이 많이 이루어지고 있다. 책임준공확약서의 대부분은 공사대금의 지급여부와 관계 없이 책임준공의무를 부담한다는 내용을 포함하고 있어 채무불이행사유가 발생5)하는 경우 시공사는 기성공사비를 지급받지 못할 뿐만 아니라 대출원리금에 대한 채무인수의무를 면하기 위해 책임준공의무를 이행할 수밖에 없는 상황에 처하게 된다.

시공사가 위와 같은 상황에서 선택할 수 있는 방안으로는 (1) 책임준공의무를 이행하고 채무인수를 면하는 방법, (2) 선제적으로 채무인수의무를 이행하여 대주의 권한을 이전받아 사업장에 대한 지배권을 확보하는 방법, (3) 책

---

4) 실제에 있어서 시공사 교체에는 상당한 노력과 비용이 소요된다. 특히 종전의 시공사가 비협조적일 때는 시공권 교체 자체가 어려울 수도 있다. 특히 하도급업자의 유치권 행사에 대해서는 미리 하도급업자로부터 유치권포기각서를 받아 둔 경우를 제외하고는 하도급대금의 지급과 관련한 합의를 할 수밖에 없는 상황에 몰릴 수도 있다.

5) 이른바 capital call방식의 인출을 예정하고 있는 대출약정서의 경우에 채무불이행사유의 부존재가 후속 인출을 위한 선행조건으로 기재되는 것이 일반적이어서 미인출된 대출약정금이 남아 있음에도 불구하고 기성공사비 지급을 위한 후속 인출을 대주가 거부할 수 있도록 규정되어 있다.

임준공의무의 기한 또는 범위를 다투는 방법이 있다.[6] 위의 방법 중에서 시공사는 인수 대상 대출원리금의 규모, 준공시까지 예상되는 미지급 공사비, 향후 준공될 건축물의 시장가치 및 분양성, 채무불이행사유의 내용 등을 종합적으로 검토하여 시공사에게 전가될 경제적 부담, 정상화 실행의 용이성 및 법률적 위험을 종합적으로 고려하여 결정할 것이다.

3. 대 주

시행사 또는 시공사의 책임 있는 사유로 개발사업에 장애가 발생한 경우, 대출을 해준 대주는 채권확보를 위해 여러 가지 조치를 취해야 한다. 우선 시행사에 대하여 기한의 이익 상실의 조치를 취하고, 담보권의 실행가능성과 그 실익을 평가하여 담보권 실행절차에 착수한다. 시공사에 대해서는 금융관련계약에 따른 신용보강의 실행을 요청하게 된다.

시공사가 책임준공을 할 능력이 있는 경우에는 준공된 건물의 시장가격에 따라, 시공사가 채무인수를 한 경우에는 시공사의 자력에 따라 대출금의 회수 가능성이 달라질 것이다. 문제는 시공사에게 시공능력이나 충분한 자력이 없는 경우에는 담보된 부동산의 담보 실행 당시의 시장가치에 따라 회수 금액이 달라지게 된다.[7]

대출채권이 유동화되어 있거나, 펀드가 대출을 한 경우에는 또 다른 복잡한 문제가 발생한다. 특히 펀드의 경우 투자자와 자산운용사 사이에 심각한 분쟁이 발생할 수도 있다. 펀드는 기본적으로 대출과 달라서 원금손실의 위험을 안고 투자하는 것이지만, 자산운용사가 펀드운용에 있어서 과실이 있는 경우에

---

6) 종전에는 시행사의 시행권을 인수하기 위한 방안에 대한 검토가 많이 이루어져 있었으나 관리형 토지신탁이나 혼합형토지신탁과 같이 사업자 명의까지도 신탁회사에 이전된 2008년 금융위기 이후의 부동산PF구조에서는 시행사가 시행권 명의이전의 거부하는 것이 사업의 진행에 악영향을 주는 위험이 현저히 낮아졌으므로 시행권 인수의 필요성이 상당히 낮아졌다고 볼 수 있다.
7) 문제는 PF의 본질상 완성되지 않은 프로젝트의 담보물의 시장가치가 대출액에 비하여 낮은 경우가 대부분이다. 이와 같이 대출원리금상환이 불확실한 부실채권이 PF위기시에는 많이 발생하게 되고 이러한 부실채권의 처리가 당사자에게도 국가경제에도 중요한 문제로 부상하게 된다.

책임을 부담할 가능성이 있다. 이른바 선관의무 위반에 따른 책임을 묻는 것이다. 특히 공모형 펀드의 경우 소액이지만 다수의 피해자들이 있기 때문에 분쟁이 많은 편이다.

공사가 계속되고 있다면 할인분양도 중요한 이슈가 된다. 분양이 저조하여 대출금 상환이 여의치 않은 것이므로 할인분양을 통해 손해를 만회하려는 대주와 할인분양이 되면 공사비나 사업이익이 삭감되는 시공사, 시행사 사이에 분쟁이 생길 수밖에 없다. 그러나 대부분의 사업약정서에서는 할인분양 권한을 대주에게 맡기고 있고, 구체적 절차와 방법을 마련하고 있다.

4. 수분양자

개발사업이 난항에 빠져 분양계약의 이행이 지연되거나 난관에 봉착하면 수분양자는 분양계약을 해지할 수 있다. 그런데 시행사는 돈이 없고, 시공사는 분양계약의 상대방이 아니라는 이유로 책임을 지지 않는 경우가 많다. 결국 수분양자는 어디 가서 하소연하기 어려운 상황에 처할 수 있다. 분양대금도 돌려받지 못하고 분양계약은 이행되지 못하는 사면초가의 위기에 놓이는 것이다. 다만 주택도시보증공사가 분양보증을 한 경우에는 주택도시보증공사가 개발사업을 진행하여 분양계약을 이행하거나, 분양대금을 상환한다.

시공사가 수분양자에 대하여 책임준공을 약속한 경우에는 책임준공을 요구할 수 있다. 그런데 시공사가 대주 또는 시행사와 책임준공 약정을 한 것은 분명하지만, 수분양자에게 법률상 책임준공을 약속한 것인지는 논란이 될 수 있다. 할인분양이 이루어진 경우 기존에 비싼 분양가로 분양을 받은 수분양자가 사기분양이나 손해배상을 주장하는 경우가 있는데, 이러한 주장은 받아들여지기 어렵다.

Ⅶ. PF 개발사업의 법적 문제 - 쟁점별 정리

이하에서는 PF 개발사업의 법적 쟁점을 이슈별로 정리해본다(앞서 당사자별로 발생하는 문제를 정리한 것과 다소 중복될 수 있다).

1. 시행권 인수

시행사가 사업을 더 이상 추진할 수 없게 되면 대주는 기한의 이익을 상실시키고, 시공사로 하여금 시행사의 채무를 인수하게 한다. 이와 함께 시행권을 시공사 등에게 이전시키는 시행권 인수절차가 시작된다. 이른바 EOD(Event of Default, 채무불이행) 사유에는 대출원리금을 상환하지 못하는 경우뿐만 아니라 토지소유권을 확보하지 못하거나, 인허가를 받지 못하는 경우가 포함된다.

시행권이란 개발사업을 시행하기 위해 시행사가 가지는 일체의 권리를 말한다. 구체적으로는 사업부지에 대한 소유권, 건물 소유권, 토지 및 부동산을 신탁하였다면 위탁자의 권리, 분양이 이루어졌다면 수분양자에 대한 권리, 분양수입이 들어오는 예금에 대한 권리, 사업시행과 관련된 인·허가권 등을 모두 포함한다.

시행권을 인수하려면 개별적 요소마다 권리이전절차를 밟아야 한다. 소유권은 이전등기절차, 건축 인허가 권리는 건축주 또는 사업주체 명의변경절차, 분양대금 채권은 채권양도 또는 계약인수절차를 거쳐야 한다. 시행사가 이 과정에 협력하지 않으면 소송을 통해 인수하여야 하는데, 대부분이 '의사의 진술'을 구하는 청구이기 때문에 판결이 확정되어야 집행할 수 있다. 따라서 시행권 인수는 장기화되기 마련이다.

시행사가 시행권 인수절차에 협력하지 않을 경우를 대비해 시행권 이전에 필요한 서류를 미리 받아두거나, 위임장을 공증받아 두는 방법도 있다. 이 방법은 법인인감증명의 유효기간에 문제가 있거나, 미리 받아둔 서류나 위임장만으로 명의변경절차를 진행하지 못하는 경우가 많다. 시행권 인수에 관한 제소전 화해도 널리 시도되었다. 그런데 제소전 화해조서가 있더라도 시행권 인수에 관한 복잡한 의무가 과연 특정성을 가지는지, 집행이 가능한지 논란이 제기될 수 있다.

시행사 자체를 인수하거나, 시행사에 대한 파산신청을 통해 시행권을 정리하는 방법도 있다. 특히 시행사 주식에 질권 또는 양도담보를 설정한 뒤 문제가 발생하면 시행사의 경영권을 가져오는 방법은 시행권 인수절차의 복잡성을 회피하기 위해 많이 활용되고 있다. 다만 시행사의 우발채무가 그대로 남는다는 단점이 있다.

다만, 시행권을 포함한 시행사의 계약관계 일체를 신탁회사에 승계하는 법적 형식을 취하는 관리형(혼합형 포함)부동산신탁계약이 주로 이용되는 현재에 있어서는 시행권 인수와 관련된 쟁점은 많이 정리된 측면이 있다. 그러나, 인허가 절차가 완료되지 않았거나 인허가 절차에 상당한 시일이 소요되는 개발사업에 있어서는 시행권 인수에 대한 논의가 여전히 의미를 갖는다.

2. 신 탁

개발사업의 안전한 진행을 위해 프로젝트의 주요 자산인 토지, 건물 등을 신탁한다. 신탁재산은 시행사의 채권자가 강제집행할 수 없고, 시행사가 파산하더라도 보호될 수 있기 때문이다. 주로 담보신탁과 관리형 토지신탁의 방법이 활용된다.

토지를 담보신탁한 경우 건물, 인·허가권, 분양대금 채권, 예금 등 자산이 여전히 시행사의 재산으로 남기 때문에 문제가 된다. 이를 극복하기 위한 다양한 법률기술이 동원되지만 일정한 한계가 있다. 최근에는 관리형 토지신탁으로 위험을 근본적으로 회피하는 경우가 많다. 관리형 토지신탁은 신탁회사가 사업주체가 되어 프로젝트를 시행하는 것이다. 따라서 담보신탁의 문제가 상당 부분 해결된다.

신탁과 관련해서는 사해신탁에 관한 분쟁이 많다. 시행사의 다른 채권자들이 대출금융기관을 위한 신탁을 사해신탁이라고 주장하는 일이 자주 벌어진다. 사업을 계속 추진하기 위하여 자금을 융통하고 부득이 신탁하였다면 사해신탁이 되지 않는다고 본 사례가 많다(대법원 2001. 5. 8. 선고 2000다50015 판결, 2008. 10. 23. 선고 2008다42874 판결 등). 개정 신탁법에서는 수익자의 악의를 사해신탁의 요건으로 규정하였고, 다수의 수익자가 있을 때에는 악의의 수익자만을 상대로 사해신탁의 취소 및 원상회복을 청구할 수 있도록 하였다(제8조). 사해신탁의 효과, 행사방법에 관한 규정과 사해신탁 억제를 위한 손해배상책임 규정도 마련되었다.

3. 채무인수, 책임분양 기타 신용공여 방법

외국의 PF와는 달리 우리나라의 경우 시공사의 연대보증, 채무인수, 손해담보 약정 등을 통해 차주의 신용을 보강한다.

채무인수의 경우 대출원리금 이외에 시행사의 우발채무도 인수되는지, 사업과 관련된 계약상 채무나 분양계약상 채무도 인수되는지가 문제이다. 시행권을 인수하더라도 종전 시행사가 부담하는 계약상 채무를 당연히 승계하는 것은 아니지만(대법원 1987. 6. 23. 선고 86다카2336 판결), 약정의 내용에 따라 개별적으로 달라질 수 있다. 시행사가 사업부지 매수를 위해 체결한 매수계약상 대금지급의무는 채무인수에 따른 이전대상에 포함되지 아니하고(서울고등법원 2008. 4. 24. 선고 2007나73347 판결), 감리비도 종전 사업주체가 부담한다는 판례가 있다(대전고등법원 2003. 6. 12. 선고 2002나2070 판결). 분양계약의 경우도 시공사가 분양계약의 당사자로 참여하였다는 등의 사정이 없는 한 시공사에게 승계되는 것은 아니다(부산지방법원 1997. 7. 2. 선고 94가합9739 판결 등).

시행권을 인수하지 못하더라도 채무인수를 하여야 하는지도 논란이 되는데, 일반적으로는 채무인수책임이 시행권 양도를 조건으로 한 것이라고 보기 어렵다(서울고등법원 2006. 6. 2. 선고 2004나87086 판결).

시공사들의 장부상 재무건전성을 유지하기 위해 지급보증이나 채무인수 대신 책임분양이라는 신용공여 방법도 시도되고 있다. 책임분양이란 시공사가 준공 후 일정 시점에 일정 범위의 미분양 물량을 책임지는 것을 말한다. 책임분양 의무의 구체적 내용, 책임 범위, 소구가능성을 둘러싸고 분쟁이 일어날

수 있다.

　시공사의 자력에 문제가 생기면 채무인수나 책임준공의 방법으로는 위험을 회피하는 데 한계가 있다. 이에 보증 또는 보험으로 위험을 회피하는 방법도 등장하였다. 주택사업금융보증 또는 AVI(자산가치하락보험)가 대표적인 경우다. 새로운 보증 또는 보험상품이라서 약관의 내용에 따라 요건과 효과가 달라지므로 주의하여야 한다.

4. 책임준공

　공사가 계속 진행되는 것은 프로젝트 관련자의 채권 회수를 위한 중요한 발판이므로 대부분 시공사가 책임준공 약정을 한다. 책임준공이란 불가항력인 경우를 제외하고는 공사비를 받지 못했거나 민원이 있다는 이유로 공사를 중단할 수 없고, 공사기간 안에 준공을 마쳐야 한다는 것을 말한다. 책임준공에 일정한 조건을 달거나 시공범위를 제한하는 경우도 있어 분쟁이 복잡해지고 있다.

　책임준공의무를 이행하지 않았을 때 과연 어떤 권리를 청구할 수 있는지, 책임준공 자체를 소송으로 구할 수 있는지, 손해배상을 구한다면 그 범위는 어떻게 되는지가 논란거리다. 그에 따라 책임준공의무를 불이행했을 때 대출채권 등에 대하여 연대보증의무를 부담시키거나 손해배상책임의 내용을 명시하는 경우도 있다.

　공사도급계약에서 책임준공의 예외사유를 정하였다고 하더라도 금융기관에게는 주장할 수 없는 것으로 보아야 한다는 판례가 있다(대법원 2010. 3. 11. 선고 2009다20628 판결). 대주 이외에 시행사 또는 수분양자가 시공사를 상대로 책임준공을 청구할 수 있는지도 쟁점이다. 공사대금 일부를 지급하지 못한 것이 악의적인 동기가 아닌 분양 실적이 저조한 데 기인한 사안에서 불안의 항변 내지 신의칙을 내세운 시공사의 항변을 배척한 사례가 있다(부산고등법원 2010. 5. 13. 선고 2009나7786, 2009나7793 판결).

5. 신탁부동산 매각 및 할인분양

책임준공에 의하여 완공은 되었으나 분양이 되지 않은 경우 미분양물건을 처분하여 대출채권 등을 회수하여야 한다. 공매 등을 통해 처분하는 과정에서 후순위 권리자(후순위 대주, 시공사, 시행사 등)와 분쟁이 일어난다. 할인매각을 단행할 경우 후순위 권리자는 자신의 채권을 회수할 수 없게 되기 때문에, 공매절차중지 가처분을 제기하거나 손해배상청구를 하는 경우가 많은데, 통상의 약정에 따르면 받아들여지기 어렵다.

나아가 정상가로 분양받은 수분양자들도 할인분양의 문제를 따지게 된다. 그러나 수분양자의 손해배상청구, 계약취소 주장은 받아들여지기 어렵다. 최근에는 분양활성화를 위해 할인분양 차액보상 약정 등이 이루어지므로 결론이 달라질 수 있다.

6. 시공사 워크아웃 또는 회생절차

시공사가 워크아웃 또는 회생절차에 들어간 경우에도 다양한 문제가 생긴다. 실제로 많은 중견 건설사들이 도산절차에 들어가면서 문제가 현실화되고 있다. 시공사에게 이런 사유가 생긴 경우 시공사를 교체할 수 있도록 약정하고 있지만(이른바 '도산 해지조항'), 시공사가 회생절차에 들어간 경우에도 이 조항을 적용할 수 있는지 문제가 된다. 채무자회생법에 따르면 쌍방 미이행의 쌍무계약에서는 회생회사의 관리인이 계약 이행 여부를 선택할 권리를 가지므로 도산해지조항의 효력이 부정될 수 있다(대법원 2007. 9. 6. 선고 2005다38263 판결).

시공사에게 문제가 발생하면 책임준공의 문제, 유치권 행사의 문제 등도 따르게 된다. 유치권 포기 약정을 하는 것이 일반적이지만 실제 공사를 수행한 하수급인 등이 유치권을 행사하는 경우가 많다. 이 경우 하수급대금이나 노임 등을 직접 지급(직불)할 수 있는지 문제가 되는데, 하도급거래 공정화에 관한 법률, 건설산업기본법, 근로기준법에 따라 직불에 관한 규정이 다르고, 사적 합의에 따른 직불의 경우 문제가 더 복잡해진다.

Ⅷ. 결론 – 개발사업의 법적 복잡성

개괄적으로 개발사업의 법적 쟁점을 살펴보았다. 그런데 부동산 개발사업은 구체적 내용에 따라 그야말로 천차만별이다. 따라서 개발사업의 내용이 무엇인지, 아파트 개발사업인지, 상가등 수익형 부동산 개발사업인지, 도시정비사업인지, 도시개발사업인지, 토지거래허가구역에서의 사업인지, 주택법에 따른 사업인지 등에 따라 법적 근거와 내용이 달라진다.

부동산 개발사업이 어느 단계로 진행되고 있는지에 따라서도 법적 검토가 달라질 수밖에 없다. 초기단계는 그 단계대로, 준공을 앞둔 마지막 단계는 그 단계대로 분쟁이 발생할 수 있고 이해관계자들은 충돌한다. 그때마다 분쟁의 양상과 성격이 달라진다. 따라서 개별적인 사안에 따라, 입장과 위치에 따라, 단계에 따라, 법률가의 조언이 필요하다.

근본적으로는 관계자들의 이익과 힘이 균형을 이뤄 합리적이고 공정한 계약이 맺어져야 한다. 수익성과 분양성을 진정으로 갖춘 개발사업이 시도되고, 담보대출이 아닌 진정한 프로젝트 파이낸스가 이루어진다면 개발사업에 따른 법률문제도 적어질 것이라 생각된다.

제2절 ▶ 부동산 개발사업 자금조달의 유형

Ⅰ. 서 론

1. 자금조달의 필요성

부동산 개발사업에는 사업부지 매매대금, 공사대금, 그 밖에 사업비 명목으로 많은 자금이 요구되는 반면, 부동산 개발사업의 시행사는 특정사업을 위하여 설립된 특수목적법인이거나 영세한 사업자인 경우가 많아서 외부자금을 조달하여 사업을 진행하게 된다.

나아가 타인자본을 지렛대 삼아 수익률을 높인다는 이른바 레버리지 효과 (leverage effect)를 얻기 위해서 금융기관 등의 타인자본을 조달하는 것이 유리 하기도 하다. 따라서 부동산 개발사업의 시행사는 필요한 자금을 외부로부터 조달하는 것이 일반적이다. 우리나라에서는 초기 자금을 제외하고 토지비, 공 사비를 비롯한 사업비의 대부분을 외부로부터 조달하고 있어서, 자기자본이 어 느 정도의 비율을 차지하는 미국 등의 부동산 개발사업과 차이를 보이고 있다.

2. 자금조달의 유형

외부자금을 조달하는 방식은 크게 지분투자 방식(equity)과 차입 방식 (loan)으로 나눌 수 있다. 지분투자 방식은 시행사가 투자자로부터 출자금을 납 입받아 자금을 조달하는 방식이다. 투자자는 시행사에 대한 지분권자로서 참여 한다. 예컨대 시행사가 주식회사라면 주주로서, 조합이라면 조합원으로서, 신 탁형 집합투자기구라면 수익자로서 참여한다. 차입 방식은 시행사가 투자자로 부터 금전소비대차계약을 통하여 자금을 빌려 조달하는 것이다.

지분투자 방식은 시행사 입장에서는 투자자가 지분권자가 됨으로써 사업 시행이익이 줄어들게 되며, 사업시행에 대한 간섭을 받게될 위험이 있어서 선 호되지 않는다. 투자자 입장에서도 지분을 취득함으로써 원하지 않는 계열회사 관계가 생길 수 있으며, 특히 은행법상 은행의 경우에는 타 회사 지분취득에 일정한 제한(은행법 제37조 제1항)이 있어서 선호하지 않는 경우가 많다.

이러한 사정 때문에 우리나라의 부동산 개발사업 외부자금조달은 차입 방 식에 의하는 경우가 더 많다. 다만 개별적인 사안에서 지분투자 방식과 차입 방식이 혼용되는 경우도 있고, 대출채권의 유동화, 간접투자의 활성화, 리츠의 도입으로 더욱 다양한 방식으로 나타나고 있다. 세제혜택 등을 누리기 위해서 특별한 형태의 도관체(vehicle)를 이용하기도 한다.

II. 대출(Loan)을 통한 자금조달

1. 기업금융과 프로젝트 파이낸스(PF)

기업금융(Corporate Finance)은 차주의 신용, 보유자산, 보증인 등에 기초하여 대출을 실행하는 전통적인 금융방식이다. 프로젝트 파이낸스(Project Finance, PF)는 프로젝트 자체의 수익성과 현금흐름을 보고 대출을 실행하며, 상환재원도 기본적으로 분양수입금 등 프로젝트 자체의 현금흐름을 전제로 한다. 좁은 의미의 프로젝트 파이낸스는 프로젝트의 현금흐름을 담보로 하고 사업주에 대한 상환청구권이 없거나 제한된다. 이른바 비소구(non recourse) 또는 제한소구(limited recourse) 금융이다. 차주의 신용이 중요하지 않고 프로젝트 자체가 중요하므로 사업주와는 별개 법인인 특수목적회사(SPC)를 설립하여 해당 프로젝트를 진행하는 경우가 많고, 부외금융(리스 계약과 같이 회사의 대차대조표상 자산, 부채 어느 계정에도 나타나지 않는 자본조달 방법)의 특징을 띠게 된다.

그런데 우리나라의 프로젝트 파이낸스는 비소구 금융이 아니고, 시행자가 상환의무를 지고, 그 대표자가 연대보증을 하는 등 기본적으로 소구 금융이다. 나아가 시공사가 시행사의 대출원리금 채무에 대하여 지급보증을 하거나 채무인수, 자금보충 등의 방법으로 신용보강을 하기 때문에 본래의 프로젝트 파이낸스와는 다르다.

이처럼 우리나라의 PF대출은 물적 또는 인적 담보가 모두 제공되는 것을 특징으로 한다. 우선 물적 담보의 대상은 부동산 개발사업의 대상인 사업부지와 개발사업의 결과로 축조되는 건물이다. 초기에는 근저당권이 활용되기도 했으나 주택법 등에서는 근저당권 설정을 금지하고 있어서, 현재는 대부분 신탁방식이 활용된다. 즉, 대주는 해당 부동산에 신탁을 설정한 후에 우선수익권을 갖게 된다. 또한 인적 담보는 차주인 시행사의 대표이사 등이 참여하는 연대보증과 시공사의 연대보증, 채무인수, 자금보충 등으로 이루어진다.

2. 브릿지론과 본 PF

(1) 브릿지론

브릿지론은 일시적인 자금조달을 위해 비교적 고금리로 자금을 차입 하는 것을 말한다. 개념적으로는 부동산 개발사업의 초기단계에 한정되지 않고 자금 수요와 수입 사이에 일시적인 불일치가 생기는 경우에 이를 해결하기 위해 하는 자금차입을 의미하지만, 일반적으로는 부동산 개발사업 초기에 사업부지 계약금이나 초기 사업비를 조달하기 위하여 차입하는 것을 말한다.

시행사가 아직 사업부지 소유권을 확보하지 못한 단계에서 이루어지므로 사업부지 자체를 담보로 제공할 수 없기 때문에 시공사로 참여하게 될 회사나 제3자의 연대보증, 채무인수 등을 요구하는 경우가 많다. 매매계약 해제 시 반환받을 계약금 반환채권에 대하여 양도담보권을 설정하는 경우도 있다. 이처럼 사업부지 등에 대한 담보도 설정되지 않은 상태이고, 부동산 개발사업 자체도 인허가에 이르지 못한 초기라서 금융기관 입장에서는 위험성이 높으며 이에 따라 제2금융권 등이 주로 취급하거나 고금리인 경우가 많다.

(2) 본 PF

본 PF는 사업진행이 어느 정도 성숙되어 착공이 가시화된 단계에, 주로 기존 브릿지론을 상환하거나 매매대금 잔금 및 공사비 조달 목적으로 자금차입을 하는 것을 말한다. 사업부지 매매대금 및 공사대금 등을 조달하여야 하기 때문에 브릿지론에 비하여 훨씬 금액이 크고, 대출기간도 공사 완공 이후까지 포괄하여야 하므로 장기간이며, 사업부지에 대하여 신탁 등을 통하여 담보를 확보하는 것이 일반적이다.

통상적으로 인허가가 완료되거나 완료가 가시화된 시점에서 대출을 실행하며, 브릿지론에 비하여 위험성이 상대적으로 낮으므로 금리는 낮은 경우가 많다.

3. 신디케이티드 대출

대주가 1인인 경우도 있지만, 여러 기관이 대주단(신디케이트)을 구성하여 함께 참여하는 경우도 많다. 후자를 신디케이티드 대출(Syndicated Loan)이라고 한다. 자금을 여러 금융기관이 공동으로 부담하고, 위험도 분담할 수 있기 때문에 대규모 자금이 요구되는 대형 프로젝트에 활용된다. 법령상 1개의 대출기관이 동일 차주에게 대출하는 것이 신용공여 한도규정에 따라 제한되는 경우(은행법 제35조 제1항 등 참조)에도 이 방식이 활용된다.

신디케이티드 대출에서는 일반적으로 1개의 대출약정서를 작성하고 대주들의 대출조건 및 순위가 동일하지만, 각 대주와 차주 사이의 채권관계는 개별적이고 독립적인 것으로 구성된다. 이를 직접대출형 신디케이트라고 하는데, 이 경우 대주는 각각 분할채무를 지므로 다른 대주의 채무불이행에 대하여 책임을 지지 않는다. 즉, 일부 대주가 대출의무를 이행하지 않는다고 하더라도 다른 대주들이 공동으로 대출의무를 이행하지 않은 대주의 의무를 부담하는 것이 아니다. 만약 대주 사이에 대출조건과 순위를 달리하거나, 동일한 대주의 대출이지만 대출조건이나 순위를 달리하는 여러 개의 대출로 구분하고자 하는 경우에는 이른바 트랜치(Tranche)로 나누어서 구분하기도 한다.

신디케이티드 대출은 대주와 차주 사이의 관계뿐 아니라, 대주들 사이의 이해관계를 조정할 필요가 있다는 점에서 단독 대주의 대출과는 구별된다. 첫째, 신디케이티드 대출에서는 대리은행을 선임하는 것이 일반적이다. 대리은행은 대주들의 대리인으로서 의사 연락, 대주단 회의 등 대주들의 의사결정절차의 진행, 기타 행정적인 업무를 담당한다. 신디케이티드 대출에 참여하는 참여은행과 대리은행 사이에 종종 분쟁이 발생하기도 한다. 우선 참여은행과 대리은행의 법률관계는 위임관계로 보며, 대리은행이 부담하는 선관주의 의무에 관해서는 아래와 같은 판례가 있다.

복수의 참여은행이 신디케이트를 구성하여 채무자에게 자금을 융자하는 신디케이티드 론(syndicated loan) 거래에서, 참여은행으로부터 신디케이티드 론과 관련된 행정 및 관리사무의 처리를 위탁받아 참여은행을 대리하게 되는 대리은행(agent bank)은 위탁받은 사무에 관하여 참여은행과 위임관계에 있다. 이 경우 구체적인 위임사무의 범위는 신디케이티드 론 계약의 대리조항(agency clause)에 의하여 정해지지만, 참여은행과 대리은행은 모두 상호 대등한 지위에서 계약조건의 교섭을 할 수 있는 전문적 지식을 가진 거래주체라는 점에서 원칙적으로 대리은행은 대리조항에 의하여 명시적으로 위임된 사무의 범위 내에서 위임 본지에 따라 선량한 관리자의 주의로써 위임사무를 처리하여야 하고, 명시적으로 위임받은 사무 이외의 사항에 대하여는 이를 처리하여야 할 의무를 부담한다고 할 수 없다(대법원 2012. 2. 23. 선고 2010다83700 판결).

다음으로, 대출약정서 또는 대주간 협약서에서 대주들의 의사결정과 관련한 조항을 규정하는 것이 일반적이다. 대주들 사이의 의사결정은 통상 각 대주별 대출참가 비율(대출 실행전에는 대출약정금 비율, 대출 실행후에는 미상환 대출원금의 비율)에 따라 의결권을 부여하며, 사안의 경중이나 특수성을 고려하여 의결권의 과반수, 의결권의 3분의2 이상 또는 대주 전원의 동의로 결정하도록 한다.

또한, 대출약정서 또는 대주간 협약서에 대주들간의 분배조항을 둔다. 일반적으로는 동순위 대주들 사이에서는 대출금이 각 대주별 대출참가 비율(대출 실행전에는 대출약정금 비율, 대출 실행후에는 미상환 대출원금의 비율)에 따라 균등하게 분배되도록 하고 있다. 대리은행이 차주로부터 상환받은 경우뿐 아니라 일부 대주가 상환받거나 담보권을 실행한 경우에도 동순위 대주들의 대출참가비율에 따라 균등하게 재분배하도록 규정하는 것이 일반적이다.

Ⅲ. 유동화를 통한 자금조달

1. 서 설

프로젝트 파이낸스 대출은 기본적으로 장기금융(Long Term Finance)이다.

부동산 개발사업은 종료될 때까지 매우 오랜 시간이 걸리므로 대출금을 회수하는 데 소요되는 기간도 장기라는 것이 단점이다. 이를 해결하는 한편 프로젝트 파이낸스 시장이 성장하면서 투자자의 시장 참여 확대를 통해 자금조달을 활성화하기 위하여 유동화 기법이 널리 활성화되었다.

자산유동화는 대출채권 등 자산을 기초로 증권을 발행하거나 대출을 일으켜 자금을 조달하는 것을 말한다. 부동산 개발사업에서는 대출채권을 기초자산으로 삼는 것이 일반적이지만, 건설회사의 공사대금채권을 유동화하는 경우도 있다.

자산유동화를 분류하면, ① 자산을 기초로 자금을 차입하는 '자금차입 방식'(자산담보부대출, ABL)과 ② 증권 발행을 통해 자금을 조달하는 '증권발행 방식'으로 나눌 수 있다. 증권발행 방식은 발행되는 증권의 형식에 따라, (i) 자산유동화증권(ABS), (ii) 자산유동화기업어음(ABCP), (iii) 전자단기사채(ABSTB) 등으로 나눌 수 있다.

자산유동화증권(ABS)에 대해서는 「자산유동화에 관한 법률」(이하 "자산유동화법")이 적용되지만, 자산유동화기업어음(ABCP), 전자단기사채(ABSTB), 자산담보부대출(ABL) 등에는 동법이 적용되지 않는다.

2. 증권발행 방식의 자산유동화

(1) 구 조

자산유동화 관련 당사자로는 유동화 대상자산의 자산보유자, 자산유동화를 위하여 설립되는 특수목적법인(SPC), 특수목적법인의 업무수탁자, 특수목적법인의 자산관리자, 유동화증권의 인수기관, 유동화증권의 신용등급을 결정하는 신용평가회사 등이 있다. 그밖에도 이러한 다수의 당사자들을 참여시키고, 그 이해관계를 조정하여 자금조달을 추진하기 위하여 주관사가 필요한데, 주로 증권회사가 주관사 업무를 수행하게 된다.

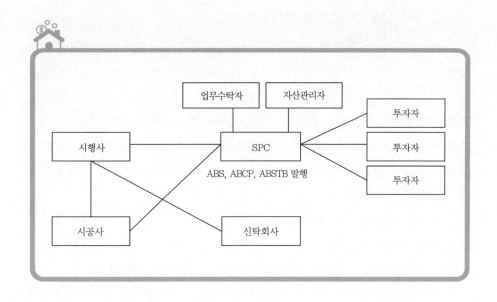

디 그림 내용:
- 업무수탁자
- 자산관리자
- 투자자
- 투자자
- 투자자
- 시행사
- SPC
- ABS, ABCP, ABSTB 발행
- 시공사
- 신탁회사

(2) 자산유동화증권(ABS)

자산유동화법에 따라 설립되는 유동화전문회사가 자산보유자로부터 유동화 자산을 양도받아서 이를 기초자산으로 하여 발행하는 유동화증권(실무상 주로 사채)을 말한다.

자산유동화증권(ABS)은 자산유동화법에 따라 규율된다. 즉, 특수목적법인인 유동화전문회사를 주식회사 또는 유한회사 형태로 설립하여야 하고(자산유동화법 제17조 참조), 자산유동화계획을 금융위원회에 등록하여야 하며(자산유동화법 제3조), 유동화자산을 유동화전문회사에 양도한 이후에는 금융위원회에 자산양도를 등록하여야 한다(자산유동화법 제6조).

이처럼 자산유동화증권(ABS)을 발행하려면 자산유동화계획 등록, 자산양도 등록 등이 필요하고, 등록에 소요되는 기간도 오래 걸리며, 금융감독원이나 금융위원회의 감독을 받는 점 때문에 후술하는 바와 같이 등록의무가 없는 유동화방식이 실무상 더욱 선호된다.

(3) 자산유동화기업어음(ABCP)

ABCP란 자산유동화를 위하여 상법에 따라서 설립된 특수목적법인이 대출채권 등 유동화자산을 양도받아서 이를 기초자산으로 하여 발행하는 기업어음을 말한다. 특수목적법인은 상법상 유한회사, 주식회사 형태가 모두 가능하다. 종전 상법(2009년 5월 28일 상법 개정 이전)에서는 주식회사의 최저 자본금이 5천만원 이상이었기 때문에 유한회사 형태로 설립하는 경우가 많았으나, 상법 개정 이후에는 자본금 100원인 주식회사 설립도 가능해져 현재는 주식회사 형태로 설립하는 경우도 많다.

자산유동화기업어음(ABCP)은 자산유동화증권(ABS)과 달리 자산유동화법의 규율을 받지 않으며, 달리 발행을 규제하는 법률이 없다. 따라서 앞서 설명한 자산유동화증권(ABS) 발행에 따르는 각종 등록 등의 규제를 받지 않는다.

이러한 점 때문에 자산유동화기업어음(ABCP)의 이용이 급증하였고, 이에 따른 폐단도 지적받아왔다. 즉, ABCP의 경우 공시가 충분하지 못하므로 체계적인 리스크 관리에 한계가 있고, 단기자금조달 수단으로 활용될 것이 기대되었지만 실제로는 장기 기업어음의 발행 및 차환발행(한 회차의 기업어음 만기가 단기인 경우에도, 만기일에 기존 기업어음의 어음금을 변제하고 새로운 만기일을 정한 기업어음을 발행하도록 하여, 기업어음의 만기일이 계속 연장되도록 함으로써, 사실상 장기 기업어음을 발행하는 것과 유사한 효과를 가지는 것)으로 장기자금조달 수단으로 사용되고 있다는 지적을 받아왔다(2012. 9. 25.자 금융감독원 보도자료 "CP시장 현황 및 대응방안").

이에 금융감독원은 자금시장의 투명성을 확보하고, 1년 이상 장기자금시장에서 ABCP가 남용되는 것을 막고자, 2013년부터 ABCP의 증권신고서 제출 의무를 강화한 바 있다.

(4) 자산유동화전자단기사채(ABSTB)

전자단기사채는 현재 폐지된 「전자단기사채등의 발행 및 유통에 관한 법률」을 근거법으로 하며 발행되었던 증권으로서, 현재는 「주식·사채 등의 전자등록에 관한 법률」(이하 "전자증권법")을 근거로 발행하는 "단기사채등"이 법률상 명칭이지만, 실무상으로는 여전히 전자단기사채라고 불리고 있다. "단기사채등"은 ① 각 사채등의 금액이 1억원 이상일 것, ② 만기가 1년 이내일 것, ③ 사채등의 금액을 한꺼번에 납입할 것, ④ 만기에 원리금 전액을 한꺼번에 지급한다는 취지가 정해져 있을 것, ⑤ 사채등에 전환권, 신주인수권, 그 밖에 다른 권리로 전환하거나 다른 권리를 취득할 수 있는 권리가 부여되지 아니할 것, ⑥ 「담보부사채신탁법」 제4조에 따른 물상담보를 붙이지 아니할 것, ⑦ 전자등록될 것을 조건으로 발행되는 것을 말한다(전자증권법 제59조).

금융감독원은 2013년부터 ABCP의 증권신고서 제출의무를 강화하면서, 만기 1년 이상 장기자금시장의 경우는 회사채, 1년 이내 단기자금시장의 경우에는 전자단기사채를 이용하도록 유도하였다(2013. 4. 25.자 금융감독원 보도자료 "CP 발생시 증권신고서 제출의무가 강화됩니다"). 이러한 금융감독원의 조치 이후에 전자단기사채의 발행이 증가하였다(2014. 2. 12.자 금융감독원 보도자료 "2013년 CP·전단채 발행동향").

(5) 각 유동화증권의 특징 비교

앞에서 본 유동화증권의 특징을 비교하여 정리해보면 다음과 같다.

	어음(ABCP)	전자단기사채	(회)사채
근거법률	어음법	전자증권법	상법
법적성질	약속어음(융통어음)	사채	사채
실물발행	필수	금지	선택
최저액면	제한없음	1억원	제한없음
만기	제한없음	1년 이내	제한없음
납입방법	일시납입	일시납입	일시 또는 분할
원리금상환	만기일시 또는 분할상환	만기일시상환	만기일시 또는 분할상환
주식관련권리	금지	금지	가능
물상담보	금지	금지	가능
양도방식	실물배서 또는	계좌대체	실물교부 또는

	예탁된 경우 계좌대체		예탁된 경우 계좌대체
분할양도	불가능	가능	가능

3. 자금차입 방식의 유동화(ABL)

대출금융기관이 시행자에게 직접 대출하지 않고, 별도의 특수목적법인 (SPC)을 설립하여 이를 통하여 대출을 하는 경우를 자산담보부대출(ABL)이라고 한다. 대출채권을 기초자산으로 하는 대출로서, 대출금융기관이 특수목적법인 (SPC)에게 대출을 하고, 특수목적법인(SPC)은 대출받은 금원을 부동산 개발사업의 시행자에게 대출하는 구조를 취한다. 경우에 따라서는 대출채권이 아니라 건설회사의 공사대금채권을 유동화대상인 기초자산으로 삼는 경우도 있다.

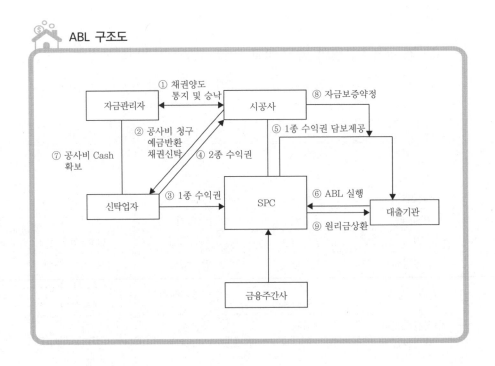

ABL 구조도

이러한 경우 특수목적법인(SPC)의 정관상 목적에 대출실행을 포함시키는 것이 일반적이다. 대부업자가 아닌 특수목적법인(SPC)이 이러한 대출행위를 하는 것이 「대부업 등의 등록 및 금융이용자 보호에 관한 법률」(이하 "대부업법") 위반이 아닌지 문제가 되는데, 특수목적법인(SPC)이 특정 사업을 위해 특정 주체에게 1회적으로 대출을 실행하는 경우에는 대부업을 행하는 것이라고 보기 어려울 것이므로, 대부업법 위반은 아니라고 생각된다.

Ⅳ. 투자도관체를 통한 자금조달

1. 서 설

도관체(conduit)에 투자를 유치하는 방식으로 자금을 조달하는 경우도 있다. 도관체란 투자나 금융의 매개체 역할을 하는 회사를 말하는데, PFV, 리츠 등이 그것이다. 투자자는 대출이 아닌 지분(equity) 투자로 개발사업에 참여한다. 대출이 허용되지 않는 경우에 활용될 수 있고, 대출 방식이 가능하더라도 대출에 의한 이자수익 이상의 배당수익을 얻으려는 경우에도 유용하다. 시행사, 시공사, 대주를 비롯한 개발사업의 관계자를 주주나 조합원으로 참여시켜 개발사업의 효율성과 집행력을 높이는 데도 도움이 될 수 있다.

PFV 또는 리츠는 부동산 개발사업의 시행자가 되어 개발사업을 추진한다. 구조조정 리츠는 미분양 부동산을 인수하여 구조조정을 하는 업무를 하고, 펀드는 주로 투자자를 모아 대출이나 부동산 운영에 관여한다.

2. 부동산투자회사(REITs)

(1) 의 미

부동산투자회사(REITs)는 자산을 부동산에 투자하여 운용하는 것을 목적으로 부동산투자회사법에 따라 설립한 회사이다. 유형을 나누어 보면, ① 자기관리 부동산투자회사(자산운용 전문인력을 포함한 임직원을 상근으로 두고 자산의 투자·운용을 직접 수행하는 회사), ② 위탁관리 부동산투자회사(자산의 투자·운용을 자산관리회사에 위탁하는 회사), ③ 기업구조조정 부동산투자회사(기업구조조정 대상 부동산을 투자 대상으로 하며 자산의 투자·운용을 자산관리회사에 위탁하는 회사)로 나눌 수 있다(부동산투자회사법 제2조 제1호).

(2) 세제 혜택

위탁관리 부동산투자회사와 기업구조조정 부동산투자회사의 경우에는 배당가능이익의 90% 이상을 배당하는 경우에 배당액을 당해 사업연도의 소득금액에서 이를 공제하므로, 법인세 과세대상에서 제외되는 혜택이 있다(법인세법 제51조의2 제1항 제4호).

3. 프로젝트금융투자회사(Project Financing Vehicle, PFV)

(1) 의 미

부동산 개발사업을 진행함에 있어서, 시행사, 시공사, 재무적 투자자 등 관계 당사자들이 공동으로 특수목적법인(SPC)을 설립하여 사업을 진행하는 경우에, SPC에게 발생한 이익에 대해서 법인세가 부과되고, SPC가 배당하는 경우 주주에 대한 법인세 등이 부과되는 이중과세 문제가 발생하게 된다. 프로젝트금융투자회사(PFV)는 이러한 이중과세 문제를 피하기 위하여 조세특례제한법 제104조의31에 근거하여 설립되는 특수목적법인을 말한다. 참고로, 프로젝트금융투자회사(PFV)는 과거에 법인세 제51조의2 제1항 제9호에 규정되어 있었으나, 조세특례제한법 제104조의31이 2020년 12월 29일에 신설되면서, 법인세법의 해당 조항은 삭제되었다.

(2) 요 건

프로젝트금융투자회사(PFV)를 위한 목적으로 설립하더라도 아래의 요건을 갖추지 못하는 경우에는 프로젝트금융투자회사(PFV)로 인정받지 못하여 당초에 목적했던 세제혜택을 받지 못하게 될 위험이 있다. 따라서, 프로젝트금융투자회사(PFV)의 아래와 같은 요건을 갖추기 위해서 주의를 기울일 필요가 있다.

1. 회사의 자산을 설비투자, 사회간접자본 시설투자, 자원개발 그 밖에 상당한 기간과 자금이 소요되는 특정사업에 운용하고 그 수익을 주주에게 배분하는 회사일 것
2. 본점 외의 영업소를 설치하지 아니하고 직원과 상근하는 임원을 두지 아니할 것
3. 한시적으로 설립된 회사로서 존립기간이 2년 이상일 것
4. 「상법」이나 그 밖의 법률의 규정에 따른 주식회사로서 발기설립의 방법으로 설립할 것
5. 발기인이 「기업구조조정투자회사법」 제4조 제2항 각 호의 어느 하나에 해당하지 아니하고, 발기인 중 1인 이상이 금융회사 등으로서 5% 이상의 자본금을 출자할 것
6. 이사가 기업구조조정투자회사법 제12조 각 호의 어느 하나에 해당하지 아니할 것
7. 감사는 기업구조조정투자회사법 제17조에 적합할 것
8. 자본금 규모, 자산관리업무와 자금관리업무의 위탁 및 설립신고 등에 관하여 아래의 요건을 충족할 것(조세특례제한법 시행령 제104조의28 제4항)
   (1) 자본금이 50억원 이상일 것
   (2) 자산관리·운용 및 처분에 관한 업무를 당해 회사에 출자한 법인 또는 당해 회사에 출자한 자가 단독 또는 공동으로 설립한 법인에게 위탁할 것
   (3) 자금관리업무를 「자본시장과 금융투자업에 관한 법률」에 따른 신탁업을 영위하는 금융회사 등에 위탁할 것
   (4) 주주가 위 제5호의 요건을 갖출 것(이 경우 '발기인'을 '주주'로 본다)
   (5) 법인설립등기일부터 2월 이내에 정관의 목적사업 등을 기재한 명목회사설립신고서에 기획재정부령이 정하는 서류를 첨부하여 납세지 관할세무서장에게 신고할 것
   (6) 자산관리회사와 자금관리사무수탁회사가 동일인이 아닐 것

(3) 세제혜택

프로젝트금융투자회사(PFV)가 배당가능이익의 90% 이상을 배당하는 경우에 배당액을 당해 사업연도의 소득금액에서 이를 공제하므로, 법인세 과세대상에서 제외되는 혜택이 있다(조세특례제한법 제104조의31 제1항).

4. 부동산집합투자기구(부동산펀드)

(1) 의 미

부동산펀드는 「자본시장과 금융투자업에 관한 법률」(이하 "자본시장법")에 따른 집합투자기구로서, 투자자로부터 모집한 집합투자재산의 50% 이상을 부동산(부동산을 기초자산으로 한 파생상품, 부동산 개발과 관련된 법인에 대한 대출, 그 밖에 대통령령으로 정하는 방법으로 부동산 및 대통령령으로 정하는 부동산과 관련된 증권에 투자하는 경우를 포함)에 투자하는 집합투자기구를 말한다(자본시장법 제229조 제2호).

자본시장법상 집합투자기구는 투자회사, 투자신탁, 투자유한회사, 투자합자회사, 투자조합 및 투자익명조합의 형태로 설정될 수 있으나, 실무상 부동산 집합투자기구의 대부분은 투자신탁 또는 투자회사 형태로 설정된다.

투자신탁형 집합투자기구에서는 집합투자업자가 위탁자로서 신탁업자와 신탁계약을 체결하여 집합투자기구를 설정하게 된다(자본시장법 제188조 제1항). 그리고, 집합투자기구의 투자자들은 신탁의 수익자로서 참여하게 된다. 각 수익자들은 신탁원본의 상환 및 이익의 분배 등에 관하여 수익증권의 좌수에 따라 권리를 가진다(자본시장법 제189조 제2항 참조).

투자회사형 집합투자기구는 주식회사 형태의 집합투자기구로서(자본시장법 제9조 제18항 제2호), 발기인이 투자회사 설립시 발행하는 주식 총수를 인수하여야 한다(자본시장법 제194조 제6항). 집합투자업자는 투자회사의 법인이사로서 투자회사를 대표하고 투자회사의 업무를 집행한다(자본시장법 제197조 제1항, 제198조 제1항).

(2) 부동산집합투자기구의 이용

부동산집합투자기구 그 자체가 부동산 개발사업의 시행자가 되는 것은 적합하지 않으며, ① 부동산 개발사업 시행자가 건설하는 부동산을 매수하여 보유 및 임대하는 사업주체, 또는 ② 부동산 개발사업의 시행자에게 대출을 하는 대주로서 역할을 하는 것이 일반적이다.

(3) 부동산집합투자기구 관련 쟁점

① 집합투자기구의 자금 차입

집합투자업자는 집합투자재산을 운용함에 있어서 집합투자기구의 계산으로 금전을 차입하지 못하는 것이 원칙이다(자본시장법 제83조 제1항). 하지만, 집합투자재산으로 부동산을 취득하는 경우에는 자금차입이 허용된다(자본시장법 제94조 제1항).

자금차입의 상대방은 집합투자자총회(수익자총회)에서 달리 의결하지 않는 한, ① 자본시장법 시행령 제79조 제2항 제5호 각 목의 금융기관, ② 보험회사, ③ 국가재정법에 따른 기금, ④ 다른 부동산집합투자기구, ⑤ 이에 준하는 외국 금융기관 등이 되어야 한다(자본시장법 시행령 제97조 제1항).

② 집합투자기구의 자금 대여

집합투자업자는 집합투자재산을 운용함에 있어서 집합투자재산으로 자금대여(30일 이내의 단기대출 제외)를 할 수 없는 것이 원칙이다(자본시장법 제83조 제4항). 하지만, 부동산 개발사업을 영위하는 법인에 대하여는 예외적으로 자금대여를 할 수 있다(자본시장법 제94조 제2항). 위 부동산 개발사업을 영위하는 법인은 부동산신탁업자, 부동산투자회사법에 따른 부동산투자회사 또는 다른 집합투자기구를 포함한다.

그리고, 자금대여 시 ① 집합투자규약에서 금전의 대여에 관한 사항을 정하고 있을 것, ② 집합투자업자가 부동산에 대하여 담보권을 설정하거나 시공사 등으로부터 지급보증을 받는 등 대여금을 회수하기 위한 적절한 수단을 확보할 것 등의 요건을 갖추고 있어야 한다(자본시장법 시행령 제97조 제3항).

③ 집합투자업자의 주의의무

집합투자업자는 투자자에 대하여 선량한 관리자의 주의의무(자본시장법 제79조 제1항) 및 충실의무(자본시장법 제79조 제2항)를 부담한다. 자본시장법상 선관주의의무나 충실의무에 대한 별도의 규정을 두고 있지 않으므로 상법상 이사의 선관주의의무나 충실의무와 같이 보는 것이 일반적이다.

따라서, 금융기관 임원의 선관주의의무에 대한 판례, 즉 "경영판단을 함에 있어서 통상의 합리적인 금융기관 임원으로서 그 상황에서 합당한 정보를 가지고 적합한 절차에 따라 회사의 최대이익을 위하여 신의성실에 따라 대출심사를 한 것이라면 현저한 불합리가 없는 한 선관주의의무를 다한 것으로 볼 것"이라는 판례(대법원 2002. 6. 14. 선고 2001다52407 판결 등)는 집합투자업자의 경우에도 같은 취지로 적용될 수 있을 것이다.

V. 기타 자금조달 방식

1. 사모사채인수계약을 통한 자금조달

자금조달이 필요한 기관이 사모사채를 발행하여 투자자가 이를 인수하거나, 아니면 특수목적법인이 인수한 후에 ABCP, 전자단기사채 등의 방법으로 유동화하기도 한다. 2011년 4월 14일자 상법 개정으로 "사채 총액이 회사의 순자산액의 4배를 초과하지 못한다"는 제한이 삭제됨으로써 회사채 활용 가능성이 커졌다.

이러한 사모사채는 증권의 형식이 사채라는 점에서 자산유동화증권(ABS)과 유사한 면도 있지만, 자산유동화증권(ABS)이 사채의 담보로서 유동화 대상 자산을 전제로 하는 데 반하여, 사모사채는 발행하는 법인 또는 연대보증인의 신용을 전제로 발행되는 것이라는 점에서 차이가 있다. 그리고, 자산유동화증권(ABS)으로서 발행하기 위해서는 자산유동화법의 적용을 받아서 자산유동화법상의 절차(자산유동화계획 등록, 자산양도 등록 등)를 거쳐야 한다는 점은 앞에서 언급한 바와 같다.

사모사채인수의 성격에 대하여는 금전소비대차로 보는 견해, 증권 인수계약으로 보는 견해가 있는데, 과세 당국은 사모사채인수약정을 금전소비대차계약으로 보고 사채총액인수약정서를 인지세 과세문서에 해당하는 것으로 본 사례가 있다(인지, 서삼46016−10432, 2002.03.19, "사채총액인수약정서(일명 사모사채)의 인지세 과세문서 해당여부").

2. 수익권양도 또는 지정대가에 따른 자금조달

신탁에 따라 부여받는 수익권을 양도하거나 수익권자로 지정하고 그 대가를 취득하는 방식으로 자금조달이 이루어지기도 한다. 구체적으로는 자금조달이 필요한 기관이 자신이 보유하는 금전채권 등을 신탁하고, 특수목적법인(SPC)에게 수익권을 양도하여 양도대금을 받거나, 특수목적법인(SPC)이 직접 제1종 수익자로 지정되도록 하고 지정대가를 받음으로써 자금을 조달하는 방식이다.

부동산 개발사업과 관련하여, 시공사가 시행사 또는 신탁회사 등에 대하여 보유하는 공사대금채권, 또는 공사대금이 입금되는 예금채권을 신탁하는 방식으로 장래의 현금흐름을 현재에 앞당겨서 현금화하는 방식으로 사용된다.

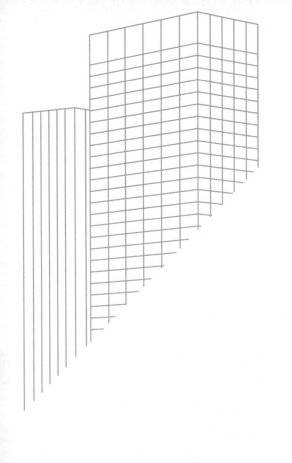
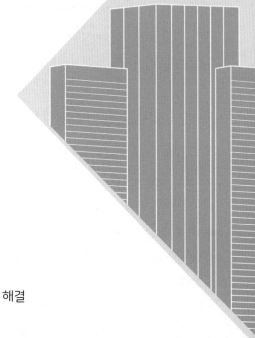

/ 부동산PF / 개발사업법 /

제2장

특수한 유형

제2장

특수한 유형

공모형 PF 사업의 분쟁과 해결

I. 서 론

공모형 PF 사업이란 공공부문이 보유하고 있는 특정 부지를 대상으로 개발사업을 수행할 민간 사업자를 공모해 선정하고, 공공부문과 민간부문이 공동으로 출자하여 SPC(특수목적회사)를 설립한 후 사업을 시행하는 민관 합동방식의 개발사업을 일컫는다. SPC는 주로 조세특례제한법의 요건을 갖춘 PFV(Project Financing Vehicle, 프로젝트금융투자회사)로 설립된다.

공모형 PF 사업은 민간의 창의성과 공공의 신뢰성을 결합한 대규모 복합건축 개발모델로 2001년경부터 활성화되었다. 민간부문은 사업계획 등 개발에 필요한 아이디어나 금융자본을 충당하고, 공공부문은 토지자본을 제공해 민간의 사업진행을 돕고 토지에 대한 인허가 업무를 지원한다.

이러한 역할분담을 통해 민간부문은 PFV 설립에 따른 세제상 감면 혜택을 얻을뿐 아니라 건설회사로서는 대규모 개발사업 수주 물량을 확보하고 금융회사는 장기간 이자수익 등의 수익성을 추구할 수 있다. 공공부문은 큰 금융자본을 투하하지 않으면서도 공공 편익시설을 적기에 공급하고 토지 활용성을 높여 공공성을 증진할 수 있다. 이런 측면에서 민관의 이해관계에 서로 부합하여 공모형 PF 사업이 대규모 개발사업의 모델로 확산되어 온 것이다.

반면 공모형 PF 사업은 다음과 같은 문제가 흔히 발생한다. 장기 사업의 특성상 대외 금융환경과 부동산 경기변동 등 시장변화에 능동적으로 대처할 필요가 큰데도, 사업성 악화가 우려되는 상황에서 대외 변화에 주도적으로 대응하지 못해 사업이 좌초되기 쉽다. 민간부문에서 다수 당사자가 참여하는데, 이들간 특히 건설투자자와 재무투자자 사이에 이해충돌이 발생하고 다자간 합의에 실패하는 사례가 빈번하다. 더구나 민간부문과 공공부문은 의사결정의 작동원리가 서로 다르기 때문에, 민간부문과 공공부문이 의견을 달리할 때 분쟁해결을 도모하는 것도 쉽지 않다.

공모형 PF 사업 참여자들로서는 공모형 PF 사업의 고유한 특징을 파악하고 주로 발생하는 분쟁유형과 해결의 특수성을 미리 검토해 둘 필요가 있다. 특히 이미 발생한 분쟁사례들의 개요와 법적 쟁점 및 법원의 판단을 살펴봄으로써 분쟁을 미연에 방지하고 분쟁이 발생한 경우라면 더 유리한 해결책을 찾을 수 있을 것이다.

II. 공모형 PF 사업의 개요와 특징

1. 사업 진행 개요

공모형 PF 사업은 공모와 심사, 계약과 시공, 사업진행과 완료 단계로 대별된다.

(1) 공모·심사 단계

공모·심사 단계에서는 사업타당성 검토, 공모·심사 기준 제시 및 사업자 선정 등이 진행된다. 공공기관은 사업대상지의 위치와 면적, 사업성에 대한 예비타당성을 조사·의뢰하고 간담회, 외부 전문가의 자문 등을 받아 통상 점수제로 사업자를 선정한다.

공공기관은 사업자 선정을 위해 개발방향·사업구조·시행방안 등을 고려해 개발건설·사업운영 및 토지가격에 배점을 부여한 공모지침서를 작성해 제시한다. 민간 부문은 공모지침서를 기초로 하여 사업계획서를 제출하고 사업자 선정을 위한 평가를 받는다. 사업계획서는 사업협약의 일부로 편입되는 경우가 많고 시장환경이 변화되었을 때 사업계획 변경을 놓고 공공부문과 갈등을 빚는 원인이 되기도 한다.

(2) 계약·시공 단계

계약·시공 단계에서는 사업협약서 등 제반 계약을 체결하고, PFV 설립, 사업의 착공, 시공 및 준공이 이루어진다. 공공부문과 민간부문의 권한과 책임·의무사항, 이행보증, 해지 및 손해배상 등을 정한 사업협약서를 체결하고 공동으로 PFV를 설립한다. PFV는 통상 사업금액(토지금액 포함)의 10% 자본을 확보하고 착공 후 시공 과정에서 추가 자금을 확보하기 위해 신주발행 등을 통해 자금을 조달하는 경우가 많다.

(3) 사업완료 단계

사업완료 단계에서는 분양과 지분 청산이 이루어진다. PF 사업 진행 정도에 따라 주상복합건물, 아파트, 오피스텔, 상가 등을 분양·완료하면 지분비율에 따라 수익과 손해를 청산하고 PFV를 해체하여 운영·관리를 위한 자산관리회사(AMC)로 전환하게 된다. 통상 PFV는 손해에 관계없이 현금으로 토지대금을 납부하도록 협약하고 있고, 토지대금을 납부하지 못하면 수분양자에게 토지소유권을 이전하지 못하는 문제가 발생할 수 있다.

2. 참여 주체의 특수성

민간부문은 통상 자금을 조달하는 재무투자자, 시공을 맡는 건설투자자, 완공 후 주요 건물에 입점을 하는 전략투자자로 구성된다. 사업협약 단계에서부터 일정 이율의 이자수익을 인적·물적 담보로 보장받은 재무투자자들과 시공 후 분양이 성공적으로 진행되어야 수익을 얻게 되는 건설투자자 사이에 사업지속 여부에 대한 이해관계가 충돌하기 쉽다. 일반적으로 사업의 수익성에 대해 재무투자자들보다 건설투자자들이 민감하게 반응한다. 이처럼 사업의 성공을 위한 사업계획 변경에 대해 민간부문 내에서도 태도를 달리해 갈등을 빚는 경우가 많으므로, 주주간 계약 또는 민간 컨소시엄협약에서 의사결정 절차와 방법을 구체적으로 정해 놓을 필요가 있다.

더구나 사업을 추진하는 공공부문은 최초 수립한 사업전체의 공공성에만 중점을 두므로, 사업계획 변경에 더 소극적인 태도를 취하게 된다. 공공부문은 사업계획 수립단계에서는 민간의 창의와 아이디어를 적극적으로 수용하더라도 일단 사업협약이 체결된 후에는 사업계획 변경에 경직된 태도를 보이는 경우가 많다. 무엇보다 '사업의 성공이 무엇인지'에 대해서조차 견해를 달리하게 된다. 민간부문은 수익성 창출을 우선시하는 반면, 공공부문은 공공성 증진을 필수요소로 파악하는 입장 차이를 보이게 된다.

나아가 민간컨소시엄과 공공부문이 공동으로 PFV를 구성해 공공부문과 토지매매계약 등을 맺게 되는데, 공공부문은 매도인이면서 동시에 매수인인 PFV의 주요당사자라는 지위를 겸한다. 이는 추후 사업좌초의 귀책사유를 따질 때에 복잡한 양상을 만들어내는 요인이 되기도 한다.

3. 사업내용의 특수성

공모형 PF 사업은 주상복합 건물, 주거용, 상업용 건물을 건축할 뿐만 아니라 때로는 대학과 초중등학교, 연구소, 공원을 포함하는 공공시설 및 사회간접자본까지 건설하는 일종의 도시계획을 포함하는 사업형태를 띠게 된다. 그렇기 때문에 각종 인허가가 수반되어야 할 뿐 아니라 상위 도시계획상의 용도지구 변경, 지구단위계획 변경이 요청되는 사례가 빈번하다. 나아가 사업을 계획대로 추진하기 위해서는 관계 법령 개정이 필수적인 사례가 많다.

통상 필수적인 인허가나 관계 법령 제·개정은 공공부문의 역할로 정하는데, 이러한 법령정비와 행정행위가 좌절되거나 지연되어 사업이 위기를 겪고 분쟁이 일어나는 경우가 생긴다.

또한 사업계획 수립 시 예측하지 못한 시장상황의 변화로 사업성 확보를 위해 사업계획을 변경해야 하는 사례가 발생한다. 종국적으로 사업 완료 후 건축물 매각을 통해 수익을 분배하여야 하는 사업이기 때문에, 손실이 예견되는 경우 사업을 추진할 동력이 사라지게 된다. 당장 추가 자금조달이 어려워지게 되면서 투자를 지속시키기 위해 사업계획을 수정해야 하는 어려움에 직면할 수 있다.

관계 법령 제·개정과 행정처분 거부와 같은 행정환경과 부동산 경기, 국내외 사업 조달금리 변경과 같은 시장환경 변화 모두 공모형 PF 사업의 주요 리스크 요인이 된다.

4. 사업협약 해제·해지의 특수성

통상 사업목적을 달성할 수 없거나 일방의 귀책사유로 사업을 더 진행할 수 없을 때 귀책사유 없는 일방이 사업협약을 해지할 수 있는 조항을 두고 있다. 이러한 사업협약 해지사유 요건은 대개 매우 추상적이다.

민간부문은 '사업의 손실이 발생할 때'를 사업목적 달성 불능으로 보는 데에 반해, 공공부문은 '공공성 확보가 불가능하게 되었을 때' 사업목적을 달성할 수 없게 되었다고 판단하므로, 사업불능을 바라보는 기본적인 관점이 상이하다. 사업이 좌초되는 경우 귀책사유가 어느 쪽에 있는지 판단하는 것도 쉽지 않다. 공모·심사와 계약·시공단계에 이르기까지 수년간 여러 변수에 공동으로 대응해 온 사업에서 어느 일방에만 귀책사유가 있다고 보기 어려운 것이다.

이러한 상황을 대비해 사업협약체결 단계에서부터 사업이 좌초될 때 어떻게 쌍방이 사업을 해소할 것인지 출구전략을 미리 계약서에 담아두는 것이 바람직할 것이다.

Ⅲ. 공모형 PF 사업 분쟁유형과 해결의 특수성

1. 주된 분쟁유형

(1) 공모지침서와 공모조건 변경의 문제

민간사업자들이 사업계획을 제출하는 데에 전제가 되는 공모지침서 내용은 사업협약의 내용으로 편입시키지 않는 것이 보통이다. 하지만 사업계획의 전제가 된 공모조건이 변경되는 경우 사업계획 역시 변경이 불가피해진다. 공공부문으로서는 민간부문의 전문가들이 여러 환경변화와 추이를 예측해 사업계획을 수립해야 한다고 지적하는 데에 반해, 민간부문은 공모조건이 변경되었다면 사업계획 역시 변경될 수밖에 없다고 주장하는 다툼이 생긴다.

민간부문으로서는 공모조건 중 사업진행을 위한 필수요소라고 판단하는 조항에 대해서는 사업협약의 내용으로 편입하고 공모조건이 충족되지 않는 경우 대응방안에 대해서 미리 정해두는 것이 바람직할 것이다.

(2) 사업계획 중도변경의 문제

사업계획 중도변경은 공모형 PF 사업 분쟁유형의 대부분을 차지한다. 세부적인 갈등 양상을 단순화해 보면 결국 사업계획을 변경하게 된 원인이 어디에 있는지, 사업계획 변경을 어디까지 허용할 것인지의 문제로 귀결된다. 사업성 악화를 이유로 사업진행에 어려움을 겪게 되는 경우 사업협약 변경 혹은 추가 협약 체결을 통해 사업계획을 수정하게 되는 사례가 많다.

통상 사업협약서에는 '필요한 경우 쌍방이 협의하여 사업계획과 내용을 변경할 수 있다'는 식의 조항만을 두고 있는데 사업계획 변경의 절차와 방법, 합의 방식에 대해서 보다 구체적인 내용을 정해둘 필요가 있다. 특히 변경이 불가능한 부분과 가능한 부분을 가급적 상세히 분류하는 사전 작업이 요청된다.

(3) 사업좌초 귀책사유와 해제·해지권 행사의 적법성 문제

사업계획 변경에 대해서 합의에 이르지 못하고 현재의 계획대로 사업을 진행할 경우 손실이 발생하게 된다면, 민간부문은 더 이상 사업을 진행하지 않겠다는 의사결정을 하게 될 것이다. 다만 민간부문은 사업협약을 체결할 때 상당 금액의 협약이행 보증금을 납부하기 때문에 공공부문의 귀책사유 없이 사업을 포기할 경우 보증금을 몰취당할 위험에 처하게 된다. 따라서 민간부문은 사업좌초의 귀책사유가 공공부문에 있다는 점을 입증해야 한다.

공공부문 역시 사업계획 변경 불가의 입장을 취할 때에는 협약 해제·해지권 행사를 염두에 두게 된다. 민간부문의 귀책사유가 없는 경우 공공부문은 해제·해지권을 행사할 수 없게 되거나 공공부문이 출자한 금액을 잃게 된다. 공공부문의 특성상 이른바 손절매를 하는 출구전략을 택하기 쉽지 않고 민간부문의 귀책사유를 주장·입증하는 데에 주력하게 된다.

장기간 다수당사자가 관여하는 복잡한 사업에서 일방의 귀책사유를 입증하는 것은 쉽지 않고 분쟁 역시 장기화되는 경향이 있다.

2. 분쟁해결의 특수성

(1) 협상을 통한 합의의 한계

민간부문 구성원 사이에서도 이해관계를 달리하고, 공공부문의 의사결정은 행정행위에 준하여 절차적 정당성을 확보하려고 하는 데다, 공공부문의 특성상 의사결정권자가 독자적으로 양보를 통한 합의를 결단하기 어렵다는 점에서 쌍방 협상을 통해 분쟁을 해결하는 데에 한계가 있다.

협약체결 단계에서 미리 중재합의를 하여 분쟁해결까지 소요시간을 단축하는 방법을 고려해 볼 수 있다.

(2) 행정기관을 통한 조정과 한계

대부분의 부실 사업장에서 당사자 간 자발적인 문제해결을 기대하기 어려운 반면, 사업부실이 국내경제에 미치는 부정적 파급효과는 매우 크기 때문에 행정기관이 분쟁에 적극 개입을 시도하기도 한다. 2011년 12월「민·관 합동 부동산 프로젝트금융사업 정상화를 위한 조정위원회의 설치 및 운영에 관한 규정」(국토해양부 훈령 제774호)이 제정된 이래 주무 관청이 주도적으로 정상화 방안을 제시한 사례를 볼 수 있다. 2012년 6월 5일 당시 국토해양부는 남양주 별내 복합단지 사업, 마산 로봇랜드 사업, 고양 관광문화단지 사업 등 3개의 공모형 PF 사업의 조정계획안을 발표했다.

이후에도 국토교통부는 2014년 1월 13일 공모형 PF 사업 정상화 대상사업 3차 공모를 하여 조정 업무를 지속하려는 입장을 견지하였으나, 3차 공모 이후 조정위원회에서 별다른 조정 성과를 내지는 못했다.

국토교통부의 조정은 조정대상 사업장으로 선정되기까지의 절차가 까다롭고 설령 조정안이 나온다고 해도 구속력이 없다는 한계가 있었다. 조정계획안은 민간과 공공부문 양측에 통보되며 양측이 30일 내에 동의해야만 확정되는 방식이었다. 만일 사업시행자와 발주처 중 어느 일방이 동의하지 않으면 조정은 무산되고, 해당 사업은 정상화 대상 사업에서 해제되어 실효를 거둘 수 없게 되는 한계를 극복하지 못할 것이다.

(3) 법원에서의 조정과 한계

법원에 의한 조정은 조정담당 재판부 또는 조정위원회에 의해 행해지며, 조정위원회는 판사 또는 상임조정위원인 조정장과 민간인 조정위원으로 구성된다. 조정 당사자 사이에 합의된 사항이 조서에 기재되어 조정이 성립되면 재판상의 화해와 같은 효력(확정판결효)이 있다. 조정이 성립되지 않으면 직권으로 당사자의 이익 그 밖의 모든 사정을 참작하여 강제조정결정을 하지만 당사자의 이의신청이 있으면 효력을 상실한다.

법원에 의한 조정은 확정판결효와 같은 강력한 법적 구속력을 가질 수 있다는 장점이 있지만, 당사자간 합의 또는 국토교통부 조정안과 비교할 때 공모형 PF 사업에 대한 전문적 이해와 식견이 충분하지 않은 상태에서 조정안이 도출될 여지가 많다. 또한 국토교통부는 정책적 관점에서 공공기관의 대승적 양보를 권고하는 등의 방식으로 문제를 해결할 가능성이 높은 반면, 법원은 사업협약 등에 기초하여 법률적인 관점에서 상호 양보를 통해 다자간의 이해관계를 조정할 가능성이 높다.

나아가 조정신청을 하고 조정이 불성립되면 바로 소송절차로 넘어가기 때문에 소송에서의 공격방어 방법에 대한 검토 없이 막연히 조정신청을 하는 것은 바람직하지 않다.

소송의 경우 분쟁사례를 보면 사건의 복합성 등으로 말미암아 제1심에서 소제기 후부터 최소 1년 이상 시간이 소요되고 상소를 해서 상급심의 판단을 다시 구하는 경우가 많다.

Ⅳ. 공모형 PF 사업 분쟁사례 검토

1. 천안국제비즈니스파크 조성사업 사례

(1) 분쟁 개요와 쟁점

2008년 9월경 이른바 리먼 브라더스 사태가 발생하면서 사업계획을 수립할 때 예상하지 못한 시장 변화가 발생했다. 미국발 세계금융위기가 시작되었고, 금융감독원은 2008년 9월 30일 시공사의 PF 보증을 관리하라는 내용을 포함한 금융권의 부동산PF 리스크관리에 관한 모범규준을 마련했다. 기존에 건설사의 여신한도에 포함되지 않았던 PF 보증금액이 시공사의 여신한도에 포함되면서 추가대출을 통한 사업자금조달이 사실상 불가능해졌다.

민간부문은 공영개발로 전환하는 사업계획 변경을 제안했으나, 공공부문은 변경 제안을 거절하면서 민간부문이 4회에 걸친 자본금 증자에 응하지 않아 민간사업비 조달이 되지 않는 등 사업추진이 불가능한 것으로 판단된다는 이유로 사업협약을 해지통보했다. 이때, 사업추진이 불가능하게 된 원인이 어느 쪽에 있는지가 핵심 쟁점이 되었다.

(2) 판결요지와 검토

민간부문은 사업추진이 불가능해지게 된 원인으로 공공부문의 귀책사유를 주장했고 법원에서 받아들여졌다(대전지방법원 천안지원 2014. 2. 21. 선고 2012가합 10587 판결, 항소심 대전고등법원 2014나10982 사건에서 2014년 6월 25일 강제조정으로 확정).

법원은, 이 사업 진행을 위해 필요한 도시개발구역 지정제안을 위해서는 대상 구역 토지면적의 3분의 2 이상에 해당하는 토지 소유자의 동의를 받아야 하고, 최초 사유지의 2/3 동의서 확보를 위한 목표 면적은 472,986평임에도 2010년 10월까지 동의서가 접수된 면적의 합계는 앞서 목표에 미치지 못한 464,000평가량에 불과하다고 지적했다. 즉, 사업 부지 중 공공부문이 공급하지 못하는 사유지에 대해서 사업에 필요한 동의를 받지 못하는 문제가 생긴 것이다. 이러한 이유로 토지공급자인 공공부문의 의무가 이행되지 못한 점을 지적해 사업이 진행되지 못한 데에 공공부문의 귀책이 더 크다고 보았다.

한편 민간부문의 경우, 공영개발 방식으로 사업내용을 변경하자고 제안했으나 거절당한 뒤에 PFV 이사회가 결의한 증자에 응하지 않거나 일부 민간사업자 회사들이 협약이행보증서 또는 협약이행확약서상의 보증기간 연장 조치를 하지 않았다고 하더라도, 그러한 사정만으로는 민간부문이 사업을 포기하였다고 단정하기 어렵다고 판시했다.

금융위기와 같은 대외 환경 변화에 대해 민간부문이 적극적으로 대응하고자 노력한 데에 반해, 공공부문이 지나치게 소극적이었다는 점이 판단의 배경이 되었다. 공모형 PF 사업에서 사업 진행을 위한 인허가와 도시계획 법제 조건을 충족하는 것은 공공부문의 핵심 역할임에도 이러한 부분이 제대로 진행되지 않은 사정에 비춰볼 때 공공부문의 책임이 더 크다고 인정된 사건이다.

2. 인천도화구역개발사업 사례

(1) 분쟁 개요와 쟁점

사업계획서에는 2,251억 원 상당의 이익이 발생할 것으로 전망되었으나, 사업 지연, 관련 규제 변경, 부동산 경기 하락, 지가 상승 등의 요인으로 987억 원에 가까운 순손실이 발생할 것으로 예상되었다. 이에 민간부문은 사업계획 변경을 제안했지만, 공공부문은 해당 안이 사업목적을 훼손하는 것으로 판단하여 사업계획 변경안을 받아들일 수 없다고 통보하고 협약상 PF대출계약 체결을 촉구했다. 대출계약이 체결되지 않자 공공부문은 민간부문의 귀책사유를 이유로 사업협약을 해지했다. 민간부문의 귀책사유로 사업이 좌초되었는지가 쟁점이 되었다.

(2) 판결요지와 검토

법원은 사업비 조달의무(PF대출계약 체결의무) 위반으로 인해 사업추진이 불가능하게 되었다는 공공부문의 주장을 받아들였다(인천지방법원 2011. 11. 11. 선고 2010가합3472 판결, 항소심 서울고등법원 2012나4796 사건에서 항소기각으로 확정).

법원은 PF대출에 대해 협약서에 "금융기관 내부 승인절차 이행 전제"라는 문구가 있었더라도 민간부문이 대출의무를 이행하지 않을 수 있는 전제 조건이 되기는 어렵다고 보았다. 즉, 여기서 금융기관은 곧 민간부문 재무출자자들이기 때문에 만일 금융기관 내부 승인절차 이행을 정지조건으로 PF대출계약 체결의무가 있다고 본다면 결국 PF대출계약 체결의무를 부담하는 재무출자자들의 의사에 따라 PF대출계약 체결 여부를 결정하겠다는 것에 다름 아니어서 그러한 합의를 공공부문이 했다고 인정하기에는 부족하고 설령 그런 합의가 있었다고 하더라도 계약관계에서의 기본 법리에 비추어 효력을 인정하기 어렵다고 판시했다.

나아가 장기적인 PF 사업에 있어 시공 지연, 금융상황의 변화 등 사업리스크는 항시 발생할 가능성이 있는 것이므로 민간부문으로서는 어느 정도의 손실에 대하여는 이를 수인할 의무가 있다고 지적했다. 그런 맥락에서, 제3의 사업평가기관에서 PF 사업을 추진할 경우 약 980억 원의 손실이 발생한다고 평가한 사실만으로는 PF대출계약 체결의무가 없다고 할 수 없다고 판단했다.

3. 용산국제업무지구투자사업 사례

(1) 분쟁 개요와 쟁점

당초 사업계획대로 사업 수익이 발생할 수 있을지에 대해 어두운 전망이 이어지고 경기침체로 결국 PFV가 대주에게 9차 대출약정에 따른 이자 52억 원을 납부하지 못해 대출약정의 기한이익을 상실하게 되었다. 이러한 사정 등으로 인해 사업을 계속 시행하는 것이 불가능하게 되었다고 판단한 공공부문은 사업협약을 해제하고 협약 해제의 효과로서 협약이행보증금 2,400억 원을 공공부문에 귀속시키려고 했다.

이에 민간부문은 사업좌초의 책임이 공공부문에게 있음을 이유로 협약이행보증금 상당의 금액에 대한 채무부존재확인소송을 제기했다. 대출약정의 기한의 이익을 상실하게 된 책임이 공공부문에게 있다는 민간부문의 주장이 받아들여질 수 있는지가 쟁점이 되었다.

(2) 판결요지와 검토

민간부문에서는 경영실적 악화를 우려한 공공부문의 반대로 인해 추가 자금조달에 실패하게 되었다고 주장했으나 받아들여지지 않았다(서울중앙지방법원 2014. 10. 10. 선고 2013가합50881 판결, 서울고등법원 2014나2043876 항소기각 후 2019. 10. 31. 대법원 2017다293582 상고기각 판결로 확정).

민간부문에서는 공공부문에서 PFV에 파견한 이사 3명이 전환사채 발행을 반대했기 때문에 추가자금조달에 실패했다고 주장했으나, 법원은 이들 이사 3명이 전환사채 발행을 반대한 것을 부당한 의결권 행사라고 볼 수 없다고 보았다. 나아가 추가자금조달에 실패한 것과 공공부문 이사 3인의 반대 사이에 인과관계도 없다고 판시했다. 즉, 당시 시공건설사 공모를 통해 전환사채를 발행하는 것이 자금을 조달할 수 있는 유일한 방안이 아니라고 하면서, 그럼에도 전환사채 발행을 시도한 때로부터 대출약정의 기한이익을 상실한 약 8개월 내지 1년에 이르는 기간 동안 이사들 중 일부가 명백히 반대의사를 표시한 이 방법 외 다른 방안을 시도하지 않은 문제를 지적했다. 그 외 공공부문의 귀책으로 인해 자금조달이 어려워진 다른 사정도 인정하지 않았다.

공모형 PF 사업에서 민간부문의 자금조달의무는 공공부문의 토지공급의무에 대응하는 핵심 의무로 인정된다. 공공부문의 뚜렷한 귀책이 없는 한 민간부문으로서는 자금조달의무를 쉽게 면할 수 없다는 점을 엿볼 수 있다.

4. 상암DMC지구 랜드마크빌딩 신축 사업 사례

(1) 분쟁 개요와 쟁점

상암 디지털미디어시티(DMC) 개발사업과 관련하여 공공부문은 개발지구 내에 랜드마크빌딩을 신축하는 사업을 공모형 PF 방식으로 추진했고, 이에 23개 회사와 단체로 구성된 A 컨소시엄이 우선협상대상자로 선정되어 위 컨소시엄이 개발사업 진행을 위한 특수목적법인(SPC)을 설립했다. 이에 공공부문과 민간부문(SPC) 사이에 랜드마크빌딩 건축부지에 관한 토지매매계약이 체결되었다.

그런데 당초 사업계획대로 사업 수익이 발생할 수 있을지에 대해 어두운 전망이 이어지면서 SPC는 토지 매매대금 납부를 위한 자금조달에 실패했고, 수차례 독촉에도 불구하고 매매대금 분납금 지급이 계속 지체되자 공공부문은 토지매매계약을 해제했다.

이에 민간부문은 매매계약이 해제된 것에 관한 책임이 공공부문에 있다는 이유로 기 납부한 매매대금 분납금 전액의 반환을 청구하는 소송을 제기했고, 공공부문의 귀책으로 인해 매매계약이 해제된 것인지가 쟁점이 되었다.

(2) 판결요지와 검토

민간부문에서는, 공공부문의 부당한 설계변경 요구, 사업개선안 불수용, 교통개선분담금 부과 예고 등으로 인해 사업성이 급격히 악화되었고, 공공부문이 자금조달에도 협조하지 않음으로써 사업이 실패하게 되었다고 주장했으나, 법원은 받아들이지 않았다(서울고등법원 2015. 6. 17. 선고 2014나2035301 판결, 2018. 11. 29. 대법원 2015다229204 상고기각 판결로 확정).

민간부문에서는 공공부문이 무리하게 요구한 설계변경으로 인해 사업성이 악화되었다고 주장했으나, 법원은 사업진척에 따른 설계변경은 애당초 정책목표에 부합하는 것이고 원고도 위 요구를 수용하여 매매계약을 체결했으므로 설계변경 요구로 인해 매매계약이 해제되었다고는 볼 수 없다고 보았다.

나아가 민간부문에서는 대출금융기관이 요구하는 담보조건 충족을 위해 민간부문이 공공부문에 대해 보유하는 매매대금(중도금)반환채권을 대출금융기관에 양도하는 것을 승낙해 달라고 요청했으나 공공부문이 이를 수용하지 않아 자금조달이 어렵게 되었고 이로 인해 매매계약이 해제되었다고 주장했다. 그러나 법원은 매매대금은 자력으로 조달해 납부하는 것이 원칙이고 자본조달 방법에 관한 사항은 공공부문이 관여할 사안도 아니며 매매대금반환채권에 대한 공공부문의 양도 승낙이 있어야만 대출금 조달이 가능했다고 보기도 어렵다며 민간부문의 주장을 배척했다.

또한 민간부문은 공공부문이 사업계획개선안을 받아들이지 않아 사업성이 악화되었다는 주장도 했다. 하지만 법원은, 민간부문이 변경을 요구한 내용들은 기존의 정책목표나 사업취지를 크게 훼손하는 사항으로 이를 받아들이지 않은 것에 잘못이 있다고 볼 수 없다고 판단했다. 그 외 공공부문의 귀책사유로 주장된 사항들도 받아들여지지 않았다.

공모형 PF 사업에서 민간부문의 자금조달의무는 공공부문의 토지공급의무에 상응하는 핵심 의무다. 그렇기 때문에 공공부문의 명백한 귀책이 없는 한 민간부문으로서는 자금조달의무를 쉽게 면할 수 없다는 점이 다시 확인되었다. 다만 법원은 원상회복 범위와 관련하여, '민간부문이 토지 매입 후 착공도 하지 못한 상황이므로 토지를 인도받아 계약이 해제되기 전까지 토지를 본래의 용도에 따라 사용·수익했다고 볼 수는 없다'는 이유로 위약금 외에 사용수익 상당액까지 추가로 공제할 필요는 없다고 판단했다.

5. 인천청라지구 국제업무타운 사업 사례

(1) 분쟁 개요와 쟁점

공공부문은 인천청라지구 내 국제업무타운 사업 등에 대한 사업자 공모를 공모지침서에 따라 공모하였다. 이 사업은 공공부문이 공모 절차에 따라 사업자를 선정하여 사업협약을 체결하고, 사업자는 사업을 수행할 외국인투자기업(프로젝트금융투자회사)을 설립하는 것을 예정하였다.

민간부문은 사업계획서를 제출하는 등 사업자후보자 선정 절차를 거쳐 공공부문과 사업협약을 체결하였다. 민간부문은 사업협약에 따라 협약이행보증서를 제출하였고, 외국인출자자, 재무출자자, 건설출자자로 구성된 프로젝트금융투자회사(Project Financing Vehicle; PFV)를 설립하였다. PFV는 공공부문과 사업대상토지 일부에 대해서는 매매계약을, 나머지 사업대상토지에 대해서는 임대차계약을 각 체결하였다. PFV는 매매대금의 마련을 위해 대주와 대출약정을 체결하면서 대주 및 공공부문에게 '대출상환금의 연체 등 기한의 이익이 상실되면 매매계약 해제 등 공공부문의 조치에 이의를 제기하지 않고, 공공부문이 매매계약을 해제하여 기 납부받은 토지분양대금을 환급해야 할 경우, 공공부문에 계약보증금이 귀속되고, 나머지 환불금 중 대주가 정한 채권 상당액을 공공부문이 직접 대주에게 우선상환하는 것에 동의한다'는 내용의 각서를 작성해 주는 한편, 공공부문에게 '토지분양대금 반환청구권을 대주에게 양도한다'는 취지의 채권양도통지를 하였다.

이후 대주는 공공부문에게 '민간부문의 대출원금 미상환으로 인한 연체이자의 발생'을 통지하면서 매매계약의 해제 및 채권금액 환불을 요청하였고, 이에 따라 공공부문은 PFV에게 매매계약 해제를 통지하였다. 그 직후 공공부문은 PFV에게 매매계약을 원상복구하고 매매대금을 완납할 것, 미납된 협약이행보증금을 납부할 것을 최고하였으나 PFV는 이행하지 않았고, 이에 공공부문은 사업협약을 해제하였다. 그러자 PFV 및 민간부문은 '공공부문의 협력의무 위반을 이유로 한 사업협약 해제'를 주장하면서 원상회복으로 이미 지급받은 토지매매대금의 반환, 신뢰이익에 기한 손해배상을 청구하는 소를 제기하였고, 공공부문은 'PFV의 매매계약상 대금납부의무 및 협약이행보증금 납부의무 미이행을 이유로 공공부문이 사업협약을 해제하였으므로, PFV를 포함한 민간부문은 손해배상 예정액을 지급해야 한다'는 취지의 반소를 제기하였다.

이 사건에서는 사업협약 해제의 귀책사유가 공공부문에 있는지, 아니면 PFV 및 민간부문에 있는지가 쟁점이 되었다.

(2) 판결요지와 검토

귀책사유가 누구에게 있는지를 판단하기 위한 전제로, 법원은 '사업계획 및 사업협약의 변경이 가능한지'부터 판단하였다[수원지방법원 성남지원 2015. 7. 24. 선고 2014가합201298(본소), 2015가합202885(반소) 판결, 서울고등법원 2015나2045060(본소), 2015나2045077(반소) 판결, 대법원 2017. 10. 12. 선고 2016다267449(본소), 2016다267456(반소) 판결]. 법원은, 사건의 사실관계 및 공모형PF 사업의 특성을 고려하면, 민간부문이 사업을 수행하며 발생하는 수익과 위험은 모두 민간부문에 귀속되는 것이고, 공공부문은 사업대상토지를 민간부문에 임대 또는 매매하며 그 토지대금이나 임대료를 수익하는 데 그칠 뿐이므로, 공공부문이 민간부문의 수익 추구를 위해 민간부문이 요구하는 내용대로 사업계획이나 사업협약을 변경할 의무를 부담한다고 볼 수 없는 것이 원칙이라고 판단하였다. 그러나 민간부문이 정당한 사유를 들어 사업계획이나 사업협약의 변경을 요구하는 경우에는 공공부문은 그 요구에 협력할 의무가 있고, 만약 공공부문이 협력의무를 다하지 않으면 채무를 불이행한 것이므로 민간부문은 사업협약을 해제할 수 있다고 보았다. 법원은 이와 같은 판단의 근거로, 공모형PF 사업은 사업계획이나 사업협약의 체결 당시 전제하고 있던 미래에 대한 예측의 변동가능성이 크고, 투자액의 규모가 크고 사업기간이 장기간이어서 위험성이 현실화될 개연성도 크며, 사업의 현실적 이행이 불가능함에도 민간부문에 손실을 모두 감수하도록 하는 것은 부당하고, 사업협약에도 상호 협의에 의한 변경 가능성을 두고 있다는 점을 들었다.

그러나 법원은, 공공부문의 협력의무는 ▲ 사업협약을 체결할 당시 예견할 수 없었거나 예견하기 어려웠던 위험성이 이후에 현실화되어 민간부문의 사업계획 수행에 중대한 장애를 유발하여 사업계획의 실현이 불가능하거나 현저히 곤란한 상황이 되었고, ▲ 사업계획이나 사업협약을 변경함으로써 이러한 장애가 해소되어 사업실현이 가능한 경우 등에 한정된다고 보았다. 응모자들이 사업계획서를 미리 제출하여 평가한 것이 사업자 선정에 중요한 요소가 되었고, 사업계획이나 사업협약의 변경도 경제자유구역 지정의 취지를 변경하지 않아야 한다는 한계가 있으며, 협약의 본질적인 내용을 변경하면 공모에서 탈락한 자들과의 관계에서 특혜를 주는 결과가 되기 때문이다.

위와 같은 판단을 전제로, 법원은 민간부문이 주장한 사정들은 대체로 인정하였다. 즉, 미국의 서브프라임 모기지 디폴트 상황의 발생 및 이로 인한 유동성 위기, 국내 부동산 경기 침체에 따른 미분양의 증가 및 부동산 가격의 하락 사태 발생, 관련 법령 개정에 따른 분양 예정 계획의 차질, 사업계획 당시 전제했던 경제자유구역 계획의 변경 등을 인정하였다.

그러나 위와 같은 사실 인정에도 불구하고 구체적인 사안 판단에서는 민간부문의 주장을 배척하였다. 민간부문의 수차례에 걸친 사업계획변경 요청에 대해 공공부문이 사업계획의 본질적인 내용을 제외한 나머지 요청에 대해 대체적으로 수용하는 입장을 취한 반면, 민간부문은 요청 사항의 관철이라는 입장을 고수한 사정 등을 고려하여 공공부문의 협력의무 위반이 인정될 수 없다고 보았다.

오히려 민간부문의 귀책(협약이행보증금 미납부, 매매대금 미지급)으로 사업협약이 해제되었으므로 민간부문은 공공부문에 손해배상 예정액을 지급해야 한다고 판단하였다. 그러나 손해배상 예정액은 25%로 감액하였다. 그 사유는, 민간부문의 귀책으로 사업협약이 해제되는 경우에 대해서는 손해배상액 예정 조항이 있는 반면, 공공부문의 귀책으로 해제되는 경우에는 손해배상액 예정 조항이 없다는 점, 사업의 투자비 규모가 크고 장기간에 걸친 사업이어서 사업협약의 변경가능성이 열려 있고, 이에 따라 투자비도 달라질 수 있다는 점, 민간부문이 협약을 이행하지 않은 사유에는 관련 법령의 개정이나 사업계획 당시 전제했던 경제자유구역 계획의 변경, 국제 금융위기와 국내 부동산 경기 침체 등이 있는 점, 사업이 성공하지 못한 채 종료됨으로써 당시까지 투입된 사업비용, 금융비용 등은 모두 민간부문이 부담하게 되는 반면, 공공부문은 사업대상 토지를 제3자에게 다시 매도할 수 있는 점 등을 들었다.

위와 같은 법원의 판단은 장기간에 걸쳐 막대한 자금이 투입되는 공모형 PF 사업에서 사업계획 및 사업협약의 변경가능성을 인정하면서, 공공부문이 사업계획 및 사업협약의 변경에 협력할 의무가 있다는 점을 인정했다는 측면에서 의미가 있다.

그러나 법원이 사업계획 및 사업협약의 변경가능성에 엄격한 요건을 요구하였다는 점에 유의해야 한다. 즉, 법원은 사업계획 당시 예상하지 못했던 위험성이 현실화된 상황에서 사업계획이나 사업협약을 변경함으로써 사업실현이 가능해야 사업계획 및 사업협약의 변경에 관한 공공부문의 협력의무를 인정할 수 있고, 이 경우에도 사업계획의 본질적인 내용은 변경할 수 없다는 점을 분명히 하였다.

법원은 구체적인 사업 경과(민간부문의 변경 요청 및 공공부문의 대응)를 꼼꼼히 살펴보면서 위와 같은 요건 충족 여부를 상세하게 판단하였다. 이러한 법원의 태도를 통해, 장기간에 걸쳐 진행되는 공모형PF 사업에서 이견이나 분쟁이 발생할 때마다 민간부문과 공공부문이 각자의 입장 방향을 어떻게 설정하는지가 중요하다는 점(사업계획의 본질적인 내용을 흔들지 않으면서 사업계획의 실현에 이바지할 수 있는 입장을 취해야 사후에 정당성을 인정받을 수 있을 것이다), 이에 관한 공문 등 객관적 자료를 충분히 갖추는 것이 매우 중요하다는 점 등을 알 수 있다.

V. 결 론

공모형 PF 사업의 법적 쟁점을 개괄적으로 살펴보았다. 공모형 PF 사업은 투하되는 자본규모가 크고 공공기관과 다수의 건설회사와 금융회사 등이 참여하는 데다 광범위한 지역을 개발하는 사업으로 국가와 지역사회 경제에 큰 영향을 끼친다. 사업의 중요도와 복잡성에 비해 사업이 표류하거나 좌초될 때 대응방안에 대한 사전 조치는 매우 취약한 경향이 있다.

우선 공모와 사업자 선정 단계에서는 공모조건과 사업계획 중에 협약의 내용을 구성하는 핵심 부분과 향후 변동될 수 있는 가변적인 사항을 구분하는 노력을 할 필요가 있다. 나아가 사업 진행 단계에서는 사업계획 변경에 대한 절차와 합의 방법을 구체적으로 정해놓는 것이 바람직할 것이다. 도시계획과 맞물려 장기간 다수 당사자가 참여해 진행하는 사업의 특성상 사업계획 변경은 피하기 어려운 면이 있다. 사업의 목적과 본질을 잃지 않으면서 대외 변화에 능동적으로 대처할 수 있는 장치를 마련해 두지 않는다면 사업의 성공을 담보하기 어렵다.

나아가 사업이 계획대로 진행되지 못할 때 전체 손실을 최소화하면서 동시에 합리적으로 다수 당사자들이 분담할 수 있는 출구전략을 세울 필요가 있다. 끝으로 만일 소송이 불가피하게 되었다면 승패를 판가름하는 입증의 문제에 대해서도 미리 대비를 해야 할 것이다. 장기간 다수가 관여하는 사업에서 사업의 시종을 일관하여 보여주는 증거는 오히려 찾기 어려울 수 있다. 공모형 PF 사업의 특성상 크고 작은 분쟁은 내재되어 있다고 볼 수 있다. 사업의 특성과 선례를 참조해 다툼을 미연에 방지하고 다양한 갈등을 최소의 시간과 비용으로 해결할 수 있는 지혜가 절실하다.

제2절 ▶ 해외사업과 PF

I. 들어가는 말

국내 금융기관들은 2000년대 중반 이후 해외 부동산 개발사업에 대한 프로젝트 파이낸싱에 많은 투자를 하고 있다. 투자대상은 리조트, 콘도미니엄, 상업시설, 신도시 개발사업 등 매우 광범위한 분야이고, 투자국가도 동남아, 중앙아시아, 중동 등 다양한 지역을 망라하고 있다. 부동산 개발사업뿐 아니라 발전사업이나 자원개발 프로젝트를 포함하면 해외 PF는 더욱 광범위한 분야에서 이루어지고 있다.

해외 PF도 국내 PF와 마찬가지로 법률문제가 매우 중요하다. 해당 국가의 법제에 대한 충분한 이해와 대관업무의 경험이 성공의 관건이다. 그러나 외국의 법제도 등에 관해 충분한 검토를 하지 못한 채 투자가 이루어지거나 또는 사업성에 대한 면밀한 검토 없이 진행된 일부 해외 PF사업장들이 부실화되는 문제도 나타나고 있다.

이 절에서는 해외 부동산 개발사업에 대한 프로젝트 파이낸싱을 진행할 경우 주로 국내 투자자 입장에서 검토하거나 유의해야 할 이슈를 살펴보려고 한다.

II. 해외PF 구조 및 이슈

1. 대출구조

해외 부동산 개발사업에 PF를 실행하려면 먼저 어떠한 구조로 대출을 진행할 것인지 검토가 필요하다. (i) 대주 측면에서, 대출금융기관이 직접 대출을 할 것인지 혹은 부동산펀드와 같은 도관체를 사용할 것인지를 결정해야 한다. 또한 (ii) 차주 측면에서는 해외 부동산 개발사업을 시행하는 해외 시행법인을 직접 차주로 할 것인지 혹은 국내에 별도 SPC(Special Purpose Company)를 설립하여 도관체인 국내SPC를 차주로 하고 국내SPC가 해외시행사에게 대여하는 형태를 취할 것인지 결정을 해야 한다. 다음의 그림 [1안]은 도관인 국내SPC를 차주로 하는 경우의 구조도이고, [2안]은 해외 시행사가 직접 차주가 되는 경우의 구조도이다. 대주와 차주가 결정되면, 대주는 차주로부터 직접 그리고 모든 사업 관련자들로부터 사업 관련 모든 담보를 제공받게 될 것이다.

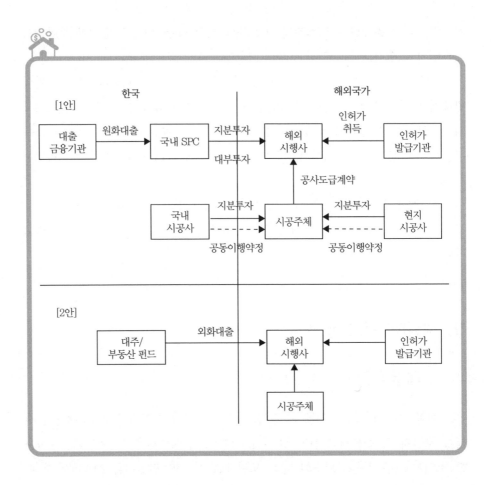

2. 체크리스트

국내금융기관이 해외 부동산 개발사업에 대출실행 여부를 결정하기 위해서는 해당 개발사업의 인허가 절차, 차주 적격성, 대출에 대한 제한이나 담보 확보 방안 및 담보 실행 절차 등에 대해 면밀하게 법률검토를 해야 할 것이다. 일반적으로 해외 부동산 개발사업 PF에서 사전에 체크해야 할 사항은 다음과 같다.

항 목	쟁 점	검토 사항
시행사	해외시행사의 적법설립 여부	• 해당 국가에서 적법하게 설립된 법인인지 • 정관 및 내규의 내용이 해당 개발사업 수행에 적절한지
	주주구성이나 임원 구성의 적법성	• 외국인 주주나 임원의 선임 가능 여부 및 필요성 • 외국인 주주 통제방안 마련
	차주 적격성 및 적법한 내부 수권절차	• 해외시행사의 차주로서의 적격성 및 제한 여부 • 해외시행사가 대출약정 및 각종 담보계약을 체결하기 위한 적법한 수권절차
사업인허가	사업부지 확보	• 소유권 취득 여부/사용권만 취득 가능한지 (사용권 취득 시)사용권 허용기한/기한 연장 가능성 및 연장절차/연장의 난이도
	개발사업 인허가 취득 절차 및 취득 여부	• 적법한 인허가 정부기관 확인/인허가 취득에 소요되는 기간 확인
	시공면허 취득 절차 및 조건	• 국내 시공사 참여 여부 및 참여가능성/시공을 위한 별도 현지법인 설립 필요성 • 해외 시공사와 합작 시 가능한 계약구조나 지분구조
	해외투자에 대한 인센티브	• 외국인투자자에게 제공되는 사업이나 대출 인센티브 검토
	분양 관련 인허가	• 해당 국가 분양만을 대상으로 할 것인지/국내 분양을 대상으로 하는지 • 사전 분양 및 국내 분양 가능성 • 국내 분양 시 분양대금 송금 관련 사항
담보 설정 및 담보 실행 절차	취득 가능한 담보	• 국내에서 제공되는 담보와 해외에서 제공되는 담보 구분 • 사업부지/시행사 주식/사업 관련 제반 계좌/인허가를 포함한 사업시행권/사업 관련 보험/연대보증 등 관여자(시행사 대표, 시공사 등) 신용공여 등
	각 담보별 설정절차	• 등기나 등록 시스템 존재 여부, 등록의 필요성

		확인 • 제3자(물상보증인) 담보제공 가능 여부 확인
	각 담보별 실행절차	• 공매 처분/사적 처분 가능성 • 유저당이나 유질 특약 적법성 • 담보 실행 시 대출금 상환 순위
대출 제한	대출에 대한 해당 국가 규제	• 해당 국가 중앙은행 등 정부기관 등록이나 보고 필요성/등록 소요기간 • 이자율 한도 제한 확인 • 자본금과 대출금 비율 규제 확인
계좌 개설 및 자금관리	자금관리 구조 및 내용 확정	• 계좌 종류 및 자금 흐름 결정 • 자금관리기관의 선정 및 계좌 개설 국가나 은행 결정 • 자금 출금 방법 및 절차 확인

Ⅲ. 해외PF의 주요 이슈

1. 대출구조 및 외국환신고

(1) 개 요

해외 부동산 개발사업 PF에서 누가 대주가 될 것인지, 누가 차주가 될 것인지는 국내의 외국환신고 이슈와 관련되어 있다. 또한 대출금액, 대출의 기초통화(원화대출인지 미화대출인지), 국내 거주자가 대출을 위해 담보를 제공하는지 등에 따라 외국환신고 요부, 신고수리기관, 신고내용, 신고주체 및 그 근거규정이 달라진다.

(2) 대주별 검토

국내PF와 마찬가지로 해외PF에서도 금융기관이 직접 차주에게 대출하는 경우가 있고 국내에 부동산펀드나 리츠 등과 같은 간접투자기구를 설정하여 대출을 하는 경우도 있다.

대주가 직접 해외시행사에게 외화대출을 하기 위해서는 해당 금융기관이 외국환거래규정상 비거주자에 대한 외화대출이 가능한 기관인지를 검토해야 한다(외국환거래규정 제2장 외국환업무취급기관). 이 경우 환리스크를 어떻게 적절히 헤지(hedge)할 것인지에 대한 방안도 마련해 두어야 한다. 경우에 따라서는 대주가 국내에서 비거주자에게 원화대출을 하고 원화를 달러화로 환전하여 해외로 송금하는 구조를 취하기도 하는데, 이때 해당 금융기관이 비거주자에 대한 원화대출취급이 가능한 기관이어야 한다.

외국환신고가 필요한지도 검토해야 한다. 외국환은행이 비거주자에게 외화대출을 하는 경우, 거주자의 담보제공이 없다면 관련 거래에 대해 별도의 외국환신고를 요하지 않는다(외국환거래규정 제2-6조 제1항). 외국환은행의 외화대출이라도 거주자가 담보제공을 하는 경우가 대부분이다. 즉, 통상 해외시행사의 대표가 국내 거주자인 경우가 많고 시행사 대표가 대출에 대해 연대보증을 하거나 시행사 보유 주식을 담보로 제공한다. 이 경우 외화대출을 받고자 하는 비거주자가 한국은행총재에게 외국환신고를 해야 한다(외국환거래규정 제2-6조 제1항 단서).

비거주자에 대한 대출이 일회에 그치지 않고 여러 차례 진행될 경우, 일회의 외국환신고로 족한지 혹은 매회 신고를 하여야 하는지가 문제되는데, 한국은행 신고의 유효기간이 60일인 점을 감안할 때 최초 외국환거래신고만으로 족하다고 보기는 어렵다. 이처럼 매회 인출 시마다 별도로 사전신고를 해야 함을 유의해야 한다.

해외 부동산 개발사업에서 간접투자방식인 부동산펀드가 많이 이용된다. 국내에 설정된 부동산펀드가 대주가 되는 경우 신탁형 부동산펀드는 그 자체로 법인격을 보유하고 있지 않으므로, 부동산펀드의 집합투자업자나 신탁업자가 대출에 관한 신고를 해야 하는지가 문제이다. 집합투자업자의 외화대출 운용지시나 신탁업자의 외화대출은 위 기관들에게 허용되는 외국환취급업무에 포함되기 때문에 별도의 외국환신고를 요하지 않는다(외국환거래규정 제2-14조 제1항 및 제7-2조 제2호). 나아가 실제 투자자인 부동산펀드의 수익자가 부동산펀드의 수익증권을 취득하는 행위가 외국환신고의 대상이 되는지 문제될 수 있는데,

국내 거주자가 원화로 표시된 원화증권인 수익증권을 취득하는 거래로서 위 거래는 외국환거래법이 예정하는 외국환거래가 아니므로 신고대상이 되지 않는다.

(3) 차주별 검토

차주 측면에서 본다면, 해외시행사가 국내 대출금융기관으로부터 직접 대출을 받을 수도 있지만, 국내에 별도의 SPC를 세워 이를 통해 대출을 받는 것도 가능하다. 즉, 후자의 경우 대출금융기관은 도관체인 국내SPC에게 원화대출을 하고, 국내SPC가 다시 해외시행사에게 외화대출을 하는 구조를 취할 수도 있다. 이 경우 대출금융기관 입장에서는 국내법인에 대한 원화대출을 하는 것이므로 별도의 외국환신고를 요하지 않는다. 위 대출에서 국내 금융기관이 비거주자인 해외시행사로부터 토지소유권/토지사용권 등에 대해 담보를 취득하는 경우라도 이와 같은 담보제공은 국내의 외환거래에 부정적인 영향을 줄 소지가 없는 거래이므로 이러한 취지에서 외국환거래규정은 비거주자의 담보제공을 별도의 신고대상으로 삼고 있지 않다.

위 구조에서는 국내SPC의 해외시행사에 대한 대출이 외국환신고의 대상이 될 것인데, 통상 국내SPC는 해외시행사의 주식 대부분을 보유하므로 국내 SPC의 해외시행사에 대한 주식취득 및 대출에 대해 외국환은행에 해외직접투자신고를 하면 된다. 만일 국내SPC와 해외시행사 사이에 지분관계가 존재하지 않거나 국내SPC가 10%미만의 지분을 취득하고 있고 해외시행사에 대해 임원 선임 등 경영권에 참여하고 있지 않은 경우 거주자는 비거주자에 대한 대출에 관해 한국은행총재에게 신고해야 함을 유의해야 한다.

이와 같이 대출금융기관이 국내SPC를 통해 대출하고자 하는 주요 이유는, 차주가 국내에 소재하므로 차주 관리가 편리하고, 국내SPC에게 원화대출을 함으로써 환리스크를 부담하지 않기 위함이다. 이 경우 해외시행사는 물상담보인으로서 직접 대주에게 제반 담보를 제공할 것인데, 어느 국가의 경우에는 시행사의 정관상 제3자 담보제공이 명시적으로 허용되는 경우에만 가능한 경우도 있으니 유의해야 한다.

그런데 해외시행사를 직접 차주로 하는 경우에는, 해당 국가에서의 대출에 대한 규제를 검토해야 한다. 즉, 해외시행사가 외국법인이나 외국금융기관에게 대출을 받는 것을 허용하고 있는지, 이자율 제한은 없는지, 해당 국가에서 대출에 관해 사전에 정부기관에 신고를 해야 하는지 등을 검토하고 준수해야 한다. 예를 들어, 중국이나 베트남에서는 해외대출에 관해 반드시 정부기관에 사전 신고를 하여야 하고, 필리핀의 경우 달러화와 페소화의 환전을 필리핀중앙은행이 통제하는 금융기관에서 하려는 경우 사전에 필리핀중앙은행에 신고를 하여야 한다. 그리고 국가에 따라서는 해외시행사의 자본/부채 비율(debt to equity ratio)을 엄격히 요구하는 경우도 있다. 즉, 회사의 부채가 지분보다 3배 혹은 4배 이상 되는 것을 금지하기도 하므로 대출구조 설계 시 유의해야 한다.

2. 국내 건설사의 해외PF 참여

(1) 참여 방식

국내 건설사가 해외 부동산 개발사업에 시공사로 참여하기 위해서는, 해당 시공사가 개발사업 시공의 어느 범위까지 참여할 것인지, 즉 Engineering, Procurement, Construction 업무 모두를 수행할 것인지, 해당 업무를 수행하기 위해 해당 국가에서 건설면허를 취득하여야 하는지, 또한 원하는 업무 수행을 위해 해당 국가에 별도의 법적 실체를 세워야 하는지(자회사 혹은 지사 형태) 등을 검토하여야 한다. 국내 시공사가 외국 시공사와 공동으로 참여하고자 한다면, 해외에 합작법인을 별도로 세울 것인지 아니면 공동이행약정 등 계약이나 조합 형태로 시공에 공동참여할 것인지도 결정하여야 한다.

(2) 유의점: 건설면허 취득

국내 시공사가 해외 부동산 개발사업에 참여하기 위해서는 국내 건설면허와는 별도로 해당 국가기관으로부터 인허가를 받아야 하는 경우가 많다. 특히, EPC 업무 중 Construction 업무를 수행하는 법인에 대해 많은 국가들은 해당 국가기관이 발급하는 건설면허 취득을 요구하고, 이를 위해서는 해당 국가에 시공을 위한 법적 실체가 있어야 하는 경우가 많다. 국가에 따라서는 자국민의 이익을 보호할 목적으로, 건설업을 자국민에게만 허용하거나 외국인이 건설면허를 가진 법인에 소수의 지분만을 취득할 수 있도록 하기도 한다. 또한 건설면허를 취득하는 법인이 건설면허를 취득하기 위해서는 일정 수준의 실적이 필요하거나 실제 건설면허 취득에 상당 기간이 소요되기도 한다. 필요에 따라서는 국내 시공사가 해당 국가에서 현지 시공 파트너를 찾아야 하고, 국내 시공사와 현지 시공사가 공동으로 사업에 참여하는 경우 공동투자/이행계약서 작성 또한 중요할 것이다. 다수 지분을 확보하지 못하는 국내 시공사는 특히 현지 시공사를 컨트롤하기 위한 방안을 마련해 두어야 할 것이다.

또한 construction업무 수행을 위해 해당 국가가 발급하는 건설면허를 요구하는 국가에서는 통상 해당 국가에서 하도급방식으로 업무를 수행하더라도 원도급자인 건설사가 해당 국가에서 건설면허를 보유할 것을 요구하는 경우가 많다. 이러한 경우는 국내 건설사가 해당 국가의 건설면허 없이 하도급의 방식으로도 건설업무를 수행하기 어려울 수 있다.

(3) 신용제공 방식: 책임준공, 연대보증, 채무인수 등

국내 금융기관들이 참여하는 해외 부동산 개발사업 PF에서 국내 시공사가 참여하는 경우, 국내 금융기관들은 국내 부동산PF에서와 마찬가지로 건설사에게 대부분 연대보증, 채무인수와 같은 신용공여나 책임준공을 요구한다. 국내 시공사가 construction업무를 직접 수행하지 않고 현지 시공사가 수행하는 경우라도 국내 금융기관들은 국내 시공사에게 책임준공확약을 하도록 요구하는 경우가 많은데, 이 경우 책임준공확약서에는 국내 시공사가 대주들에게 직접 건설을 수행하지 못하더라도 제3자인 현지 시공사를 선임하여서라도 준공할 것임을 확약하는 내용으로 규정된다.

3. 언 어

해외 부동산 개발사업 PF계약서 작성 시 유의해야 할 것 중 하나는 계약서 작성을 위한 언어의 선택이다. 국가에 따라서는, 자국법에 따라 설립된 법인이 체결하는 계약서는 반드시 해당 국가의 언어로 작성될 것을 요구하기도 한다. 인도네시아가 그러한데, 만일 인도네시아 법인에게 대출을 하면서 대출약정서나 담보계약서를 인도네시아어로 작성하지 않는 경우, 인도네시아 법원은 해당 계약서의 효력을 부인할 가능성이 있다.

다양한 이유로 해외 부동산PF 약정서들은 수개의 언어로도 작성될 수 있는데, 그 경우 각 언어로 작성된 계약서들 해석에 있어 미리 우선순위를 정해 두는 것이 필요할 것이다.

4. 자금관리

자금관리는 국내와 마찬가지로 해외 부동산 개발사업 PF에서도 중요하다. 사업 관련 제반 계좌를 어느 국가/어느 금융기관에 개설할 것인지, 자금관리는 누가 어떻게 할 것인지, 적절한 자금집행 통제가 가능한지 등을 면밀히 검토하고 자금관리 방안을 마련해야 한다. 국내 금융기관이 해당 국가에 진출해 있는 경우 국내 금융기관의 지점을 이용하면 편리하다.

5. 분 양

해외 부동산 프로젝트 금융에서 대출금의 상환재원은 해외의 현금흐름이 될 것이므로, 이러한 관점에서의 검토도 필요하다. 예를 들어, 부동산 분양이 해당 국가에서만 일어나는지, 국내에서도 일어나는지에 따라 해당 국가에서 외국인 분양을 인정하는지, 외국인 분양절차 등에 대한 검토도 선행되어야 한다. 특히, 해외 부동산 개발사업과 관련해서 국내 분양이 이루어지는 경우, 국내의 분양대금을 해외로 송금하지 않고 국내에서 해외시행사에 대한 대출금 상환을 위해 사용할 수 있는지도 검토되어야 한다.

6. 준거법/관할

해외 부동산 개발사업 관련 약정서를 작성할 경우, 유의해야 할 부분 중하나는 준거법과 관할법원 선택의 문제이다. 핵심은 국내법을 준거법으로 하고 국내법원을 관할법원으로 할 것인지이다. 국내 금융기관들이 참여하는 해외 부동산PF 계약서에서 대주들은 차주를 국내SPC로 하는 경우뿐만 아니라 해외 SPC에게 직접 대출을 하는 경우에도 대출약정서상 준거법과 관할법원을 한국법/한국법원으로 정하는 경우가 많은데, 담보권에 관한 재판이나 중재과정에서 대출약정의 준거법을 문제 삼는 경우도 있다. 특히 담보계약서와 관련해서 비거주자가 해외에 소재한 부동산/동산을 담보로 제공하는 경우, 혹은 해외법인이 설립된 국가의 법에 따라 재산에 대한 집행이 필요한 경우, 담보계약서상 준거법이나 관할법원 선택에 신중해야 한다. 준거법과 관할법원을 한국법/한국법원으로 정한 담보계약의 효력을 부인하는 경우도 있다. 해외에서 제공된 담보와 관련하여 한국에서 재판을 진행한다고 하더라도, 외국회사에 대한 송달의 문제가 있고, 한국법원의 판결로 해당 국가에서 집행이 가능한지 검토를 해야 한다. 한국법원의 판결이 다른 나라에서 집행되기 위해서는 통상 해당 국가에서 별도로 집행판결을 받아야 하는 경우가 대부분이고 집행판결을 받기 위해서는 상호주의가 적용됨을 유의해야 한다. 판결과 달리 뉴욕협약에 가입된 국가 간의 중재판정에 대한 집행은 용이한 편이다.

Ⅳ. 담보설정 및 실행

1. 개 괄

해외 부동산 개발사업 프로젝트 파이낸싱을 진행하는 경우 제공되는 담보의 종류는 국내 부동산PF와 거의 유사하나, 국내에서 제공되는 담보와 해외에서 제공되는 담보가 혼재되어 있다. 특히 도관체인 국내SPC를 통해 대출이 이루어지는 경우 국내SPC 주식에 대한 담보, 국내에 개설되는 예금계좌에 대한 담보, 국내SPC가 해외SPC에 대해 갖는 대출채권에 대한 양도담보, 국내 거주자의 연대보증 등이 담보로 제공될 것이다.

2. 담보별 설정 및 집행 시 유의점

(1) 담보의 종류

해외 부동산 개발사업 프로젝트 파이낸싱에서 대주에게 제공되는 담보는 다음 정도로 예상된다.

(i) 토지 소유권이나 이용권에 대한 저당권 등 담보
(ii) 제반 사업계좌의 예금반환청구권에 대한 담보
(iii) 시행사(국내SPC 또는 해외SPC) 주식에 대한 질권
(iv) (국내SPC가 차주인 경우) 국내SPC가 해외SPC에 대해 보유하는 대출채권 양도담보
(v) 시공사의 연대보증 등 신용공여, 책임준공
(vi) 사업인허가 등 사업권에 대한 양도담보
(vii) 해외시행사 대표의 연대보증
(viii) 무역보험공사의 보증(프로젝트위험, 국가나 시행사의 부도, 신용위험)
(ix) 제반 보험(건설보험, 화재보험 등)에 대한 담보
(x) 기타

(2) 사업부지에 대한 담보설정

먼저 해외시행사가 사업부지에 대해 어떠한 권리(소유권인지 사용권인지)를 보유하고 있는지 명확히 파악하고, 권리의 내용에 따라 해당 국가에서 부여된 절차 및 토지계약서에 정해진 바에 따라 담보권을 설정해야 할 것이다. 토지에 대한 등기나 등록 시스템이 존재하는 국가이고 해외시행사가 해당 시스템에 따

라 토지에 대한 권리를 취득하였다면, 담보권 역시 해당 시스템을 통해 등기나 등록이 되어야 할 것이다. 또한 국가에 따라서는 외국금융기관이 저당권자나 담보권자가 되는 것을 금지하거나 제한하는 경우도 있다. 따라서 해당 국가법에 따라 외국인이나 외국금융기관이 담보권자가 될 수 있는지도 반드시 사전에 확인해야 한다.

(3) 주 식

국내SPC가 차주인 경우, 국내SPC 주식을 담보로 설정하고 집행하는 방법은 국내 부동산PF에서와 동일하게 진행될 것이다. 해외법인의 주식에 대해서는 해당 국가의 법 절차에 따라 담보를 설정하고 실행해야 할 것인데, 담보권이 설정된 주식에 대해 사적 실행이 가능한지, 유질특약이 가능한지 등에 대해 검토하는 것이 필요하다.

특히 국내SPC를 통해 해외시행사에게 대출이 이루어진 경우, 국내SPC가 해외시행사 주식 대부분을 보유하고 있는 경우가 많으므로, 추후 대출금융기관이 해당 사업장에 대해 기한의 이익 상실 선언을 하고 담보 실행 절차에 돌입하거나 해당 사업장을 장악하기 위해서는 최우선적으로 국내SPC의 주식 담보를 실행하여 국내SPC의 경영권을 장악하는 것이 매우 중요하다.

외국시행사에 한국인 주주뿐만 아니라 해당 국가의 주주가 반드시 참여해야 하는 경우 주식 질권뿐만 아니라 외국인 주주에 대한 통제방안을 고민해야한다. 특히 다수의 외국인 주주가 참여해야 하는 경우 전체 사업 통제 측면에서 매우 중요한 요소가 될 것이다.

(4) 사업시행권

해외시행사가 보유하는 제반 사업인허가권을 포함하여 사업시행권에 대해양도담보를 설정하는 경우가 있다. 해당 국가의 인허가기관이 인허가 양도담보및 양도통지만으로 새로운 법인에게 인허가권을 인정해 줄 것인지를 검토해야한다. 그런데 국내 부동산PF에서와 마찬가지로, 통상은 별도의 인허가 발급 또는 인허가권자 변경 절차를 거쳐야 하는 경우가 많아 위 사업시행권 양도담보

설정만으로 곧바로 사업시행권을 인수해 오는 것이 쉽지 않을 수 있다.

V. 사례 검토

1. 필리핀 콘도미니엄 개발사업

필리핀 콘도미니엄 개발사업 PF 진행 시 특징적인 주요 쟁점을 간단히 살펴보려고 한다.

(1) 외국인 토지소유

필리핀에서는 필리핀인이 60%이상의 지분을 보유하는 법인이나 필리핀 현지인만이 토지소유권을 보유할 수 있다. 따라서 국내 회사가 필리핀에서 부동산 개발사업을 진행하기 위해서는 필리핀 현지인과 합작으로 토지소유권을 보유하는 현지시행사(외국인은 40%까지만 지분 취득이 가능함)를 설립해야 한다. 이를 위해 실제 투자자가 아닌 필리핀 현지인의 명의만을 빌려와서 현지시행사를 설립하기도 하는데, 필리핀에서는 현지인 명의만을 빌려와서 회사를 설립하는 경우 관여자를 처벌하고 해당 거래행위를 무효로 하는 Anti-dummy law가 존재하므로 유의해야 한다.

(2) 콘도미니엄 사업의 특징

필리핀의 콘도미니엄은 우리나라 아파트와 같이, 건물 개별 호수에 대한 소유권과 토지지분에 대한 소유권이 결합된 구분소유 개념의 부동산 권리이다. 위와 같이 외국인은 단독으로 필리핀에서 토지 소유를 할 수 없음에도 불구하고, 콘도미니엄법상 '콘도미니엄회사'를 설립하여 콘도미니엄 개발, 분양 사업을 진행하는 경우, 외국인에게 40%까지 콘도미니엄 소유권 분양이 가능하다. 토지를 소유하는 필리핀 법인에 대해 외국인의 지분취득이 40%까지 가능한 이유와 같은 논리이다. 콘도미니엄 수분양자들에게는 콘도미니엄에 대한 소유권

권리증서(Condominium Certificate of Title)가 발급된다. 콘도미니엄 형태가 필리핀에서 외국인이 토지에 대해 소유권을 보유할 수 있는 유일한 형태라고 말할 수 있다.

(3) 대출제한

외국인의 필리핀 시행사에 대한 대출에 대해 원칙적으로 반드시 필리핀 중앙은행 등의 신고가 필요한 것은 아니다. 그런데 필리핀 시행사가 국내 금융기관에게 대출금을 상환하기 위해서는 달러화가 필요할 것이고, 필리핀 현지에서 페소화로 사업수입이 입금되는 경우(즉, 페소화로 분양대금이 입금되는 등) 달러화 매입이 필요할 것이다. 필리핀 시행사가 필리핀 중앙은행의 통제 하에 있는 기관을 통해 달러화를 매입하고자 하는 경우 대출실행 전에 필리핀 중앙은행에 대출을 등록해야 한다. 대출에 대해 필리핀 중앙은행에 등록을 하는 경우 필리핀 중앙은행은 차주의 debt to equity ratio 등을 규제한다.

(4) 담　보

대출에 대해 제공되는 담보와 관련하여, 필리핀에서 외국인 소유가 금지되는 토지소유권에 대해서도 외국인에게 100% 담보로 제공될 수 있다. 대주는 공매절차를 통해 토지저당권 담보를 실행할 수 있고, 실행 시 그 환가금액으로부터 대출금을 상환받을 수 있다. 외국 금융기관이 현지 주식에 대해서도 질권을 설정할 수 있다.

2. 캄보디아 주상복합건물 개발사업

또 다른 예로, 캄보디아 주상복합건물 개발사업에 대한 PF 진행 시 특징적인 주요 쟁점을 간단히 살펴보면 다음과 같다.

(1) 외국인 토지소유

캄보디아의 경우 캄보디아인이 51% 이상의 지분을 보유하는 법인이나 캄보디아 현지인만이 토지를 소유할 수 있다. 따라서 국내 회사가 캄보디아 부동산 개발사업을 위해 캄보디아 현지인과 합작으로 토지소유가 가능한 현지 시행사를 설립할 수 있는데, 그 경우 국내 회사의 보유지분은 49%를 초과할 수 없다. 위와 같은 현지 시행사를 설립하기 위해 실제 투자자가 아닌 캄보디아 현지인의 명의만을 대여한 후, 그 현지인을 통제하기 위해 차명지분에 대한 확약서, 의결권포기각서, 포괄위임장 등을 징구하는 방법을 이용하는 경우가 빈번히 발생한다. 그러나 이와 같은 방법은 캄보디아 헌법 및 토지법에 따른 외국인에 대한 토지소유 제한규정에 저촉되므로 적발 시 처벌대상이 될 수 있다. 한편, 캄보디아 현지인에게 현지 시행사에 출연할 출자금을 대여해 주고, 대여금 상환에 대한 담보로 그 현지인의 지분에 질권을 설정하여 임의적 처분을 금지하는 방법은 캄보디아 현행법에 저촉되지 않는 통제방법 중 하나이다.

(2) 주상복합건물 사업의 특징

주상복합건물의 경우 2층 이상의 유닛부터 건물 총 유닛의 70%에 한해서는 외국인 또는 외국법인의 단독소유가 인정된다. 예컨대 주상복합건물의 골조공사가 완료되면 토지 등기를 말소한 후 시행자 명의 혹은 선분양된 전유부분 소유자의 명의로 전유부분이 구분된 주상복합건물 등기권리증서가 발급될 수 있는데, 위 한도 내에서는 외국인 또는 외국법인 수분양자도 주상복합건물에 대한 등기권리증서를 취득할 수 있다.

(3) 외국환거래

캄보디아의 경우 미국 달러가 일반적으로 통용되고, 거의 모든 상거래에서 현지 화폐(Riel)가 아닌 미국 달러가 사용된다. 외국환거래도 인근 인도차이나반도 국가들과는 달리 상당히 자유롭다. 특히 외국인이 캄보디아 시행사에 대출을 하는 경우 외화가 캄보디아 소재 상업은행을 통해 반입되어야 한다는 점 외에는 특별한 규제가 없다. 다만, 캄보디아 시행사가 추후 대출금을 상환하기 위해 외화를 해외로 송금하고자 할 경우에는 해당 거래은행이 송금인을 대신하여 캄보디아 중앙은행에 신고하여야 할 의무가 있다. 그 과정에서 송금인은 외화 해외송금사유의 근거가 될 만한 증빙서류(대출약정)와 송금인의 수권서류 등을 거래은행에 제출하여야 한다.

(4) 담 보

대출에 제공되는 담보와 관련하여, 외국인도 캄보디아 소재 부동산에 대한 저당권과 캄보디아 법인이 발행한 주식에 대한 질권을 취득할 수 있다. 실제로 국내 금융기관이 직접 캄보디아 시행사 소유의 토지와 시행사 발행 주식에 대해 담보권을 설정한 사례가 많이 있다. 토지에 대한 저당권의 경우 관할 국토관리부를 통해 해당 토지등기권리증서에 저당권을 등기하여야 하고, 주식에 대한 질권은 캄보디아 상무부에 질권설정계약을 등록, 공시함으로써 제3자에 대한 대항력을 취득할 수 있다. 저당권자가 토지에 대한 저당권을 실행하기 위해서는 캄보디아 법원 공매절차를 거쳐야 하는데, 매수의향자가 없을 경우에는 법원 명령에 따른 사적 매각 방식으로도 처분이 가능하다.

VI. 해외PF와 분쟁

해외 부동산 개발사업 PF에서도 어떠한 이유로든 차주에게 기한의 이익 상실 사유가 발생하는 경우 투자 금융기관은 채권회수를 위한 조치를 취하여야 하는 상황에 놓이게 된다. 그런데, 해당 사업에 대한 법적 검토가 충분히 선행되지 못하고 투자가 이루어진 경우 투자 금융기관은 담보 실행 절차에서 낭패를 보거나 해당 사업장과 관련해서 복잡한 법적 분쟁에 휩싸이게 되는 경우가 있다.

한 예로, 차주의 기한의 이익 상실 시 해당 사업장으로부터 채권 회수를 위해 중요하고 기본이 되는 사항은 투자 금융기관이 해당 사업장을 장악하는 것이다. 이를 위해 통상 금융기관들은 해외시행사의 주식에 대해 담보를 설정해 두는 방법을 취한다. 그런데 인도네시아 부동산 개발사업에 투자를 하였던 어느 국내금융기관이 인도네시아 시행사 주식에 대해 주식근질권설정계약서를 작성하면서 해당 계약서를 한글로만 작성해 둔 경우가 있었다. 앞서 설명한 바와 같이, 인도네시아법상 계약서는 반드시 인도네시아어로도 작성되어야 효력이 있다. 결국 위 국내 금융기관이 제기한 주식담보 관련 소송에서 인도네시아 법원은 한글로 작성된 주식담보계약서의 효력을 인정하지 않았고, 국내 금융기관은 인도네시아 시행사의 주식에 대해 담보를 실행하지 못하였다.

따라서 해외 부동산 개발사업에 투자를 하려는 금융기관은 해당 국가의 법제 및 인허가 상황에 관하여 면밀한 검토를 해야 할 것이고, PF자금이 해당 사업에 적절히 사용되도록 철저히 관리를 해야 할 것이다.

제3절 ▶ 부동산투자회사(리츠)[1]

I. 리츠의 정의와 유형

1. 리츠의 정의

부동산투자회사(Real Estate Investment Trusts: REITs, 이하 '리츠')란 다수의 투자자로부터 자금을 모아 부동산에 투자하여 운용하고 그 수익을 투자자에게 배분하는 부동산 간접투자기구로서 상법상의 주식회사 형태로 설립된다(부동산투자회사법 제2조 제1호).[2]

리츠는 1997년 말에 발생한 외환위기를 극복하기 위한 부동산시장 안정조치 및 기업구조조정과 관련된 분쟁해결과 국내 부동산시장의 선진화를 위한 방안으로 우리나라에 도입되어 2001년 4월 7일 부동산투자회사법이 제정되었다.

---

1) 초판발행 당시 본 절을 작성한 허성필 변호사가 이직함에 따라, 윤재민 변호사가 제2판 개정작업을, 이석재·강상원 변호사가 제3판 개정작업을, 강상원·차혜민 변호사가 제4판 개정작업을 각각 진행하였다.

2) 이하 부동산투자회사법의 규정 언급의 경우 법 명칭을 생략한다.

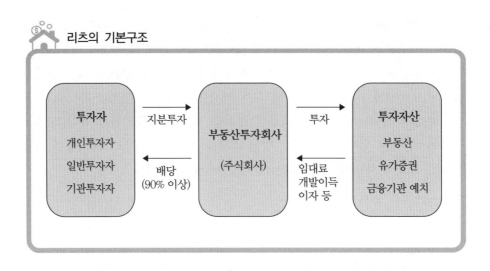

리츠의 기본구조

투자자	지분투자 →	부동산투자회사	투자 →	투자자산
개인투자자		(주식회사)		부동산
일반투자자	← 배당 (90% 이상)		← 임대료 개발이득 이자 등	유가증권
기관투자자				금융기관 예치

2. 리츠의 유형

부동산투자회사법에 따른 우리나라 리츠의 종류는 크게 ① 자기관리 리츠, ② 위탁관리 리츠, ③ 기업구조조정 리츠(CR리츠)로 분류된다.

한편, 자기관리 리츠, 위탁관리 리츠, 기업구조조정 리츠(CR리츠) 세 가지 중 하나의 형태를 취하되 주된 투자대상이 개발사업에 한정된다는 특징을 가졌던 개발전문 리츠는 개정된 부동산투자회사법이 2015년 10월 23일부터 시행됨에 따라 폐지되었다. 이에 따라 기존 개발전문 리츠는 상장에 관계없이 개발사업에 70% 이상 투자 운용해야 하고, 일반리츠는 상장 후 총자산의 30% 이내만 투자 가능하도록 되어 있었으나, 개발전문 리츠가 폐지됨에 따라 개발사업 투자비율을 자율화하여 주주총회 특별결의로 결정하도록 변경되었다(제12조 제1항 제4호의2, 제26조). 후술하는 바와 같이, 2024년 8월 현재 리츠를 통한 부동산 개발사업을 촉진하기 위하여 '프로젝트 리츠'의 도입이 추진되고 있다.

투자대상 부동산이 일반부동산인지 기업구조조정용 부동산인지에 따라 자기관리 리츠·위탁관리 리츠 및 기업구조조정 리츠(CR리츠)로 구분되며, 상근임직원을 두고 있는 실체 회사인지 상근임직원이 없는 명목상 회사인지에 따라 자기관리 리츠 및 위탁관리 리츠, 기업구조조정 리츠(CR리츠)로 구분할 수 있다.

> ▷ 리츠의 유형
> • **자기관리 리츠**: 실체형 회사로 상근 임직원을 두고 직접 자산을 투자·운용
> • **위탁관리 리츠**: 명목형 회사로 투자·운용을 자산관리회사(AMC)에게 위탁
> • **기업구조조정 리츠**: 명목형 회사로 기업구조조정용 부동산에 투자
>
> | 구 분 | 부동산 유형 | 상근 임직원 | 관리형태 |
> | --- | --- | --- | --- |
> | 자기관리 | 일반부동산 | 있음 | 직접관리 |
> | 위탁관리 | 일반부동산 | 없음 | 위탁관리 |
> | 기업구조조정 | 기업구조조정 | 없음 | 위탁관리 |

여기서, '기업구조조정용 부동산'이란 다음의 부동산을 의미한다(제49조의2 제1항).

> • 기업이 채권금융기관에 대한 부채 등 채무를 상환하기 위하여 매각하는 부동산[3]
> • 채권금융기관과 재무구조 개선을 위한 약정을 체결하고 해당 약정 이행 등을 하기 위하여 매각하는 부동산
> • 「채무자 회생 및 파산에 관한 법률」에 따른 회생 절차에 따라 매각하는 부동산
> • 그 밖에 기업의 구조조정을 지원하기 위하여 금융위원회가 필요하다고 인정하는 부동산

---

[3] 국토교통부의 『부동산투자회사 등에 관한 인가 및 등록지침』에 의하면, '기업이 채권금융기관에 대한 부채 등 채무를 상환하기 위해서 매각하는 부동산'이란 거래가격의 50% 이상을 채무를 상환하기 위해 금융기관 등 채권자와 약정을 체결하고 매각하는 부동산 등을 말한다(제17조 제3항).

자기관리 리츠의 구조

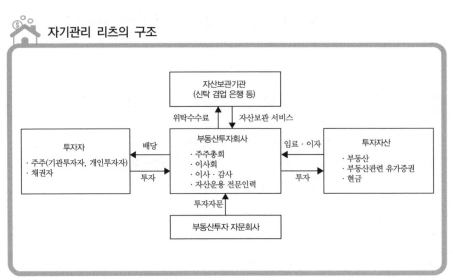

위탁관리 리츠 및 CR리츠의 구조

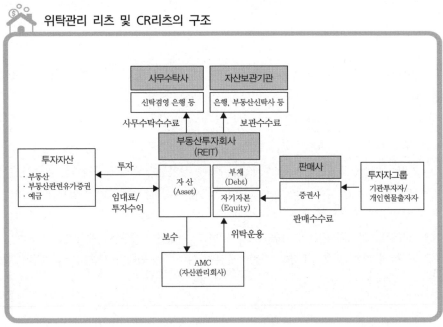

3. 공모형 리츠와 사모형 리츠의 구분

현행 부동산투자회사법에 의하면, 국민연금공단 등 1인 주식소유한도 예외기
관4)이 주식 총수의 50% 이상 인수하는 경우 및 부동산투자회사가 총자산의 70%
이상을 임대주택(「민간임대주택에 관한 특별법」에 따른 민간임대주택 및 「공공주택 특
별법」에 따른 공공임대주택을 말한다)으로 구성하는 경우와 기업구조조정 리츠(CR리
츠)를 제외하고 모든 리츠는 기본적으로 국토교통부로부터 영업인가를 받거나 등
록을 한 날(총자산 중 부동산 개발사업에 대한 투자비율이 30%를 초과하는 부동산투자
회사의 경우 그가 투자하는 부동산 개발사업에 관하여 관계 법령에 따른 시행에 대한 인
가, 허가 등이 있는 날을 말한다)로부터 2년 이내에 발행하는 주식 총수의 30% 이상

---

4) 1인 주식소유한도 예외기관은 제14조의8 제3항 각 호의 1 및 같은 법 시행령 제12조의3에
열거되어 있으며, 다음과 같다. 지방자치단체, 공무원연금공단, 사립학교교직원연금공단, 대한
지방행정공제회, 새마을금고중앙회(공제사업만 해당), 군인공제회, 한국교직원공제회, 신용협
동조합중앙회(공제사업만 해당), 「건설산업기본법」제54조에 따른 공제조합, 한국토지주택공
사, 한국자산관리공사, 「근로자퇴직급여 보장법」에 따른 퇴직연금사업자, 국민건강보험공단,
경찰공제회, 한국지방재정공제회, 건설근로자공제회, 「국가재정법」별표 2(같은 표 제3호, 제
8호, 제14호 및 제27호는 제외한다)에 규정된 법률에 따라 기금을 관리·운용하는 자, 과학기
술인공제회, 대한소방공제회, 「별정우체국법」에 따른 별정우체국 연금관리단, 산림조합중앙회
(공제사업만 해당한다), 중소기업협동조합(공제사업만 해당한다), 「우체국예금·보험에 관한 법
률」에 따른 우체국예금자금 또는 「우체국보험특별회계법」에 따른 우체국보험적립금을 관리·
운용하는 법인, 수산업협동조합중앙회(공제사업만 해당), 「교정공제회법」에 따른 교정공제회,
국민연금공단 또는 상기 사항 중 어느 하나에 해당하는 자가 단독으로 또는 공동으로 발행주
식 총수의 100분의 50을 초과하여 소유한 부동산투자회사(이 경우 해당 부동산투자회사(이하
"모회사"라 한다)는 다른 부동산투자회사(이하 "자회사"라 한다)의 발행주식 총수의 100분의
50을 초과하여 취득하여야 하고, 모회사의 자산관리회사와 자회사의 자산관리회사가 동일하
여야 한다), 위에서 열거한 어느 하나에 해당하는 자가 단독으로 또는 공동으로 「자본시장과
금융투자업에 관한 법률」제9조 제21항에 따른 집합투자증권 총수의 100분의 75 이상을 소
유한 부동산집합투자기구(이 경우 해당 부동산집합투자기구가 「자본시장과 금융투자업에 관
한 법률」제233조 제1항 각 호 외의 부분에 따른 자집합투자기구로 설정·설립된 경우로서
같은 항 각 호 외의 부분에 따른 모집합투자기구가 발행한 집합투자증권 총수의 100분의 100
을 소유한 경우에는 그 모집합투자기구를 포함), 부동산투자회사법 제20조에 따라 증권시장
에 주식이 상장된 부동산투자회사, 「자본시장과 금융투자업에 관한 법률」제9조 제5항 제3호
부터 제5호까지의 규정에 따른 전문투자자(이 경우 전문투자자가 투자한 부동산투자회사는
총자산의 70% 이상을 공모부동산투자회사 또는 기업구조조정부동산투자회사의 지분증권 또
는 채무증권으로 구성해야 한다), 「자본시장과 금융투자업에 관한 법률」제9조 제19항에 따
른 사모집합투자기구에 해당하지 않는 부동산집합투자기구, 49인을 초과하는 수의 위탁자와
각각 신탁계약을 체결한 「자본시장과 금융투자업에 관한 법률 시행령」제103조 제1호에 따른
특정금전을 운용하는 신탁업자.

을 일반청약에 제공하여야 하는 주식의 공모의무가 있으며(제14조의8 제2항, 제3항, 제49조의2 제3항), 「자본시장과 금융투자업에 관한 법률」(이하 '자본시장법') 제390조 제1항에 따른 상장규정의 상장 요건5)을 갖추게 된 때에는 지체 없이 같은 법 제8조의2 제4항 제1호에 따른 증권시장에 주식을 상장해야 한다(제20조 제1항).

이러한 주식 공모 및 상장 절차에 따라 일반투자자로부터 사업자금을 조달하는 리츠를 '공모형 리츠'라고 하며, 주식 공모 의무가 면제되어 불특정 다수가 아닌 소수의 기관투자자가 주식을 인수하여 운용되는 리츠는 '사모형 리츠'라고 한다.

II. 리츠의 설립 및 영업인가 등

1. 설립 관련 유의사항

자기관리 리츠, 위탁관리 리츠, CR리츠 모두 상법에 따른 주식회사이어야 하며(제3조 제1항), 리츠는 그 상호에 부동산투자회사라는 명칭을 반드시 사용하여야 한다(제3조 제3항).

리츠는 부동산투자회사법에서 특별히 정한 경우를 제외하고는 상법의 적용을 받는다(제3조 제2항).

리츠의 설립자본금은 자기관리 리츠는 5억원, 위탁관리 리츠 및 CR리츠는 3억원 이상이며(제6조), 발기인, 이사 및 감사는 결격사유가 없어야 한다(제7조, 제14조, 제14조의2).

실체형 회사인 자기관리 리츠의 경우 부동산투자회사법에 따른 자격을 갖춘 자산운용 전문인력 5인(영업인가 시 3인, 영업인가를 받은 후 6개월 경과 시 5인) 이상을 상근으로 두어야 하며(제22조 제1항, 시행령 제18조), 시행령 제46조에 따른 자격을 갖춘 준법감시인 1인을 상근으로 두어야 한다(제47조 제2항, 제3항).

리츠의 설립은 발기설립(설립 시 발행주식 전부를 발기인이 인수하는 방식)으로

---

5) 리츠 상장요건은 아래 V.의 4. 참조.

하여야 한다(제5조 제1항). 모집설립(설립 시 발행주식 중 일부는 발기인이 인수, 나머지는 모집한 주주가 인수하는 방식)으로 투자자를 모집하도록 할 경우, 영업인가제 도입취지가 훼손되고 모집과정에서의 사해행위 및 영업인가를 받지 못하는 경우의 투자자 손실을 고려하여 발기설립만 허용하는 것으로 이해된다.

리츠 설립 시에는 상법 제290조 제2호에도 불구하고 현물출자에 의한 설립을 할 수 없다(제5조 제2항). 현물출자를 받는 행위는 리츠의 성격을 고려할 때 영업행위라 할 수 있고 현물출자는 영업인가 후에 참여하는 주주의 이익에 영향을 미치게 되므로 현행 법에서는 배제하고 있다.

2. 영업인가 또는 등록

리츠가 부동산투자회사법 제21조 제1항 제1호부터 제5호까지[6]에 대하여 같은 조 제2항 각 호의 업무[7]를 영위하고자 할 때에는 리츠의 종류별로 국토교통부장관의 인가를 받아야 한다. 단, 인가 전에도 부동산 취득을 위한 조사 등 대통령령으로 정하는 업무[8]는 할 수 있다(제9조 제1항, 시행령 제8조 제3항).

한편, 일정한 요건을 갖춘 위탁관리 리츠와 CR리츠가 위와 같은 업무(단, 총자산 중 부동산 개발사업에 대한 투자비율이 30%를 초과하지 않아야 함)를 하려면 부동산투자회사법 시행령에 따라 국토교통부장관에게 등록하여야 한다(제9조의2 제1항). 해당 유형은 인가받은 자산관리회사가 투자, 운용을 전담하고, 전문성이 높은 기관이 투자하고 있어 1차적으로 검증이 된 측면이 있다. 따라서 '영업인가'보다 다소 완화된 '등록'을 의무화하는 것이다.[9]

---

6) 1. 부동산, 2. 부동산개발사업, 3. 지상권, 임차권 등 부동산 사용에 관한 권리, 4. 신탁이 종료된 때 신탁재산 전부가 수익자에게 귀속하는 부동산 신탁 수익권, 5. 증권, 채권

7) 1. 취득, 개발, 개량 및 처분, 2. 관리(시설운영 포함), 임대차 및 전대차, 3. 부동산개발사업을 목적으로 하는 법인 등 대통령령으로 정하는 자에 대하여 부동산에 대한 담보권 설정 등 대통령령으로 정한 방법에 따른 대출, 예치

8) 1. 투자대상을 취득하기 위해 국토교통부장관이 정하여 고시하는 방법에 따른 양해각서 및 매매계약의 체결, 2. 투자 여부를 검토하기 위한 법률자문, 시장조사, 감정평가 및 재무분석, 3. 사업자등록, 4. 부동산개발업 등록, 5. 주택건설사업 등의 등록, 6. 그 밖에 부동산개발사업 추진을 위해 미리 이행할 필요가 있는 것으로서 국토교통부장관이 정하여 고시하는 업무

9) 국토교통부 2016. 1. 18.자 '사모 리츠 등록제 도입 등 리츠 활성화 기반 마련' 보도자료 참고.

2023년 8월 16일 개정된 부동산투자회사법 제9조의2(등록) 제6항은 제9조(영업인가) 제8항[10]을 준용 대상에서 삭제하였다. 이로써 등록 대상인 리츠에 대해서는 한국부동산원이 사업계획의 타당성 및 적정성을 검토하지 않게 되어, 등록 절차가 한결 간소화되었다.

영업인가 또는 등록 이전에 주주 외의 자에게 신주발행을 할 수 없도록 하여 투자자를 보호하며(제9조 제4항, 제9조의2 제6항), 영업인가 또는 등록 이전에는 차입 및 사채발행이 금지된다(제29조 제1항).

국토교통부장관은 영업인가 또는 등록을 하는 경우에 경영의 건전성 확보와 투자자보호에 필요한 조건을 붙일 수 있으며, 영업인가 또는 등록을 한 경우에는 그 내용을 관보와 인터넷 홈페이지 등에 공고한다(제9조 제3항, 제5항, 제9조의2 제6항).

리츠는 영업인가 또는 등록 후 6개월까지(이하 "최저자본금준비기간")[11] 최저자본금을 확보하여야 한다(자기관리 리츠의 경우 70억원, 위탁관리 리츠 및 CR리츠의 경우 50억원)(제10조).

주주 1인과 그 특별관계자는 최저자본금준비기간이 끝난 후(제12조 제1항 제4호의2에 따른 투자비율이 100분의 30을 초과하는 리츠의 경우에는 부동산 개발사업에 관하여 관계 법령에 따른 시행에 대한 인가·허가 등이 있은 날로부터 6개월이 지난 후)에는 발행주식총수의 50%를 초과하여 주식을 소유하지 못하도록 되어 있어, 영업인가 신청 시에 주주 수 및 주주 구성에 주의해야 한다(제15조 제1항).[12]

주주 1인과 그 특별관계자[13]가 부동산투자회사법 제15조 제1항을 위반하

---

10) 제9조(영업인가) ② 국토교통부장관은 제1항에 따른 영업인가(이하 "영업인가"라 한다) 여부를 결정할 때에는 다음 각 호의 사항을 확인하여야 한다.
    2. 사업계획의 타당성 및 적정성
    ⑧ 국토교통부장관은 제2항제2호의 사항을 확인하기 위하여 필요한 경우 대통령령으로 정하는 기관에 검토를 의뢰할 수 있다.

11) 리츠 및 이해관계자 등이 다른 법령에서 정한 방법 및 절차 등을 이행하기 위하여 소요되는 기간으로서 국토교통부장관이 인정하는 기간은 제외한다.

12) 앞서 살펴본 1인 주식소유한도 예외기관의 경우 적용되지 아니한다.

13) 특별관계자란 자본시장법 제133조 제3항에 따른 특별관계자를 말하며, 같은 법 시행령 제141조에서 정하고 있다. 특별관계자라 함은 ① 특수관계인과 ② 공동보유자를 말하며, 특수관계인은 자본시장법 시행령 제2조, 「금융회사의 지배구조에 관한 법률 시행령」 제3

여 리츠의 주식을 소유하게 된 경우 그 주식의 의결권 행사 범위는 1인당 주식소유한도로 제한되며, 국토교통부장관은 6개월 이내의 기간을 정하여 1인당 주식소유한도를 초과하는 주식을 처분할 것으로 명할 수 있다(제15조 제2항, 제3항).

한편, 리츠 등의 영업인가 및 등록 등에 필요한 세부적인 사항은 국토교통부 예규인 「부동산투자회사 등에 관한 인가 및 등록 지침」에서 정하고 있다.

Ⅲ. 리츠 시장 현황

2024년 7월 31일 기준으로, 우리나라에서 총 384개 리츠가 운용 중이며, 자산총계는 98.55조원 상당이다.

구분	리츠(개)	자산규모(조원)	자산비율(%)
CR리츠	14	2.43	2.47
위탁관리 리츠	366	95.62	97.03
자기관리 리츠	4	0.49	0.50
계	384	98.55	100.0
(상장리츠)	(24)	(16.14)	(16.38)

2024년 7월 31일 기준으로, 규모별 현황을 살펴보면, 자산규모 5,000억 원 이상 대형 리츠는 54개에 불과하지만, 자산규모는 46.43조원으로 전체의 47.11%를 차지한다.

구분	리츠(개)	자산규모(조원)	자산비율(%)
500억 미만	77	1.40	1.42%

조 제1항에서 구체적으로 정의하고 있고, 공동보유자라 함은 자본시장법 시행령 제141조 제2항에서 구체적으로 정의하고 있다.

500억 이상~1,000억원 미만	64	4.61	4.68%
1,000억 이상~3,000억원 미만	132	23.78	24.13%
3,000억 이상~5,000억원 미만	57	22.34	22.66%
5,000억 이상~1조원 미만	40	27.31	27.71%
1조원 이상	14	19.12	19.40%
계	197	36.8	100.00%

2024년 7월 31일 기준으로, 운용부동산 유형별 리츠의 수 및 자산총계는 다음과 같다. 미국, 일본, 싱가포르 등 해외 리츠에 비해 국내 리츠의 운용부동산 유형은 제한적이며 국내 전체 리츠의 자산 중 76.13%(75.19조원)는 주택 및 오피스에 집중 투자되고 있는바, 다양한 상품에 투자할 수 있는 리츠의 개발과 이를 위한 제도적 지원이 필요해 보인다.

자산구분	주택	오피스	리테일	물류	호텔	복합형	기타	계
리츠(개)	189	87	26	43	10	22	7	384
자산규모(조원)	46.94	28.25	7.20	7.68	0.80	4.28	3.40	98.55
자산기준 비율(%)	47.64	28.67	7.31	7.79	0.81	4.34	3.45	100

한편, 국토교통부는 위 정보를 포함하여 종합적인 리츠 투자정보, 통계, 행정서비스 등을 통합 제공하는 리츠정보시스템(http://www.molit.go.kr)을 구축하여 운영하고 있으므로, 해당 홈페이지를 통하여 리츠에 대한 정보를 쉽게 확인할 수 있다.

Ⅳ. 리츠가 관여하는 사업의 구조

1. 일반리츠

리츠에 대한 투자자는 리츠에 출자한 후 배당을 받아 출자금을 회수하거나 대출을 하여 대출원리금을 회수한다.

앞서 살핀 바와 같이, 자기관리 리츠는 자산운용전문인력을 포함한 상근 임직원을 두고 자산의 투자 및 운영을 직접 수행하며, 위탁관리 리츠는 자산의 투자 및 운용을 자산관리회사에 위탁한다.

부동산투자회사법에서 리츠 자산의 투자·운용 범위에 대해 제한을 두고 있고, 이를 위반하는 경우 처벌을 받으며 영업인가 등의 취소사유가 될 수 있다(자산의 투자·운용 방법은 아래 V.의 1. 내용 참고).

부동산투자회사법에서 정하고 있는 자산의 투자·운용방법 중 하나인 '부동산 개발사업'에 대한 투자(제21조 제2호)는 리츠가 개발사업의 신축, 재축 업무를 하는 것으로 해석하고 있으며, 리츠의 대출은 부동산개발사업을 목적으로 하는 법인에 대하여 부동산에 대한 담보권 설정 등 일정한 요건을 충족하는 경우에만 허용된다(제21조 제2항 제3호, 시행령 제17조의2 참조).

따라서, 대부분의 리츠는 주로 부동산을 직접 취득(및/또는 건설)하여 임대차사업을 수행하고 일부 증권 및 현금을 예치하는 방법으로 자산을 운용하고 있다.

2. CR리츠

과거 부동산경기가 침체되어 미분양아파트가 많이 발생했을 때 미분양아파트 매입을 위한 vehicle로서 준공 이후 미분양아파트뿐만 아니라 준공 전 미분양아파트를 대상으로 한 미분양 CR리츠가 증가하였다.

다만, 2012년 6월 29일 자본시장법 시행령 개정으로 미분양펀드의 경우에도 집합투자계약에서 정하는 바에 따라 미분양주택의 처분을 제한기간 없이

자유롭게 할 수 있게 되면서(자본시장법 시행령 제80조 제7항 제1호 참고) 기존의 CR리츠가 미분양펀드에 비해 갖고 있던 투자 vihicle로서의 장점이 다소 희석되었다.

2023년 이후 부동산PF 시장의 침체 여파로 미분양아파트가 다시 증가하고, 2024년 국토교통부가 신탁회사가 수탁하여 보유한 미분양 주택도 CR리츠가 매입할 수 있다고 유권해석하면서, 미분양 CR리츠가 다시 활성화될 수 있을지 주목되고 있다.

V. 리츠의 투자·운용

1. 자산의 투자·운용 방법

리츠는 그 자산을 ① 부동산, ② 부동산 개발사업, ③ 지상권, 임차권 등 부동산 사용에 관한 권리, ④ 신탁이 종료된 때에 신탁재산 전부가 수익자에게 귀속하는 부동산 신탁 수익권, ⑤ 증권, 채권, ⑥ 현금(금융기관의 예금 포함) 중 어느 하나에 대하여 ① 취득, 개발, 개량 및 처분, ② 관리(시설운영 포함), 임대차 및 전대차, ③ 부동산개발사업을 목적으로 하는 법인 등 대통령령으로 정하는 자[14])에 대하여 부동산에 대한 담보권 설정 등 대통령령으로 정한 방법[15])에 따른 대출, 예치 중 어느 하나에 해당하는 방법으로 투자·운용하여야 한다(제21조).

위의 자산투자 운용 범위 및 방법을 위반한 경우에는 처벌을 받으며 영업

---

14) 부동산투자회사, 부동산집합투자기구, 부동산신탁업만을 영위하는 신탁업자, 「사회기반시설에 대한 민간투자법」 제2조 제7호에 따른 사업시행자, 「유료도로법」 제23조의2 제1항에 따른 민자도로사업자, 부동산개발을 위해 설립된 「조세특례제한법」 제10조의31 제1항의 요건에 해당하는 법인(PFV)

15) 정관에서 자산의 투자·운용방법으로서 대출에 관한 사항을 정하고 있을 것, 부동산에 대하여 담보권을 설정하거나 시공사 등으로부터 지급보증을 받는 등 대출금 회수를 위한 적절한 수단을 확보할 것, 대출의 한도를 자산총액에서 부채총액을 뺀 가액의 100%로 유지할 것, 그 밖에 대출의 방법 및 절차에 관한 사항으로서 투자자 보호를 위해 국토교통부장관이 정하여 고시하는 사항을 준수할 것

정지 등의 사유가 된다(제50조 벌칙, 제42조 제1항 제5호, 제39조 제2항).

대부분의 리츠는 주로 부동산을 직접 취득(및/또는 건설)하여 임대차 사업을 수행하고 일부 증권 및 현금을 예치하는 방식으로 그 자산을 투자 운용하고 있다.

2. 자산구성요건

리츠는 최저자본금준비기간이 끝난 후에는 매분기 말 현재 총 자산의 100분의 70 이상을 부동산(건축 중인 건축물 포함)으로, 100분의 80 이상을 부동산, 부동산 관련 증권 및 현금으로 구성해야 한다(제25조 제1항).

여기서 '부동산'에 포함되는 자산으로 산정되는 것으로는, 건축 중인 건축물의 개발사업을 제외한 부동산 개발사업에 투자한 모든 금액, 부동산의 소유권 및 지상권, 전세권, 임차권 등 부동산 사용에 관한 권리를 취득하기 위하여 투자한 모든 금액, 신탁이 종료된 경우에 신탁재산 전부가 수익자에게 귀속하는 부동산 신탁의 수익권을 취득하기 위하여 투자한 모든 금액, 총자산의 100분의 80 이상이 부동산(부동산으로 간주되는 자산 포함)으로 구성된 법인 또는 조합(법인 또는 조합이 설립 중인 경우를 포함한다)의 발행 지분증권의 100분의 50을 초과하여 취득하기 위하여 투자한 모든 금액, 총자산의 100분의 80 이상이 부동산개발사업에 투자한 금액으로 구성된 법인 또는 조합(법인 또는 조합이 설립 중인 경우를 포함한다)의 발행 지분증권의 100분의 20을 초과하여 취득하기 위하여 투자한 모든 금액,「사회기반시설에 대한 민간투자법」제26조에 따라 사회기반시설의 관리운영권 또는 관리운영권을 가진 회사의 주식, 사채 또는 대출채권을 매입하기 위하여 투자한 모든 금액,「유료도로법」제10조에 따른 유료도로관리권 또는 유료도로관리권을 가진 회사의 주식, 사채 또는 대출채권을 매입하기 위하여 투자한 모든 금액, 다른 리츠 또는 부동산투자회사법 시행령 제2조 제1항의 부동산집합투자기구(외국의 리츠 또는 부동산집합투자기구와 이에 따른 회사 또는 기구의 업무를 수행하는 외국의 부동산투자 관련 기관을 포함한다)가 발행한 지분증권, 수익증권 또는 채무증권을 취득하기 위하여 투자한 모든 금액, 부동산투자회사법 제21조 제2항 제3호에 따라 부동산개발사업을 목적으로 하는 법인 등에 대하여 대출한 모든 금액 등이 포함된다(시행령 제27조 제1항).

한편, '부동산 관련 증권'이라 함은 리츠의 주식 및 사채, 자본시장법상 집합투자증권과 「자산유동화에 관한 법률」에 따른 자산유동화증권 중 부동산과 관련되는 것, 주택저당채권담보부채권 및 주택저당증권 등이 포함된다(법 제2조 제3호).

리츠의 자산 구성 비율을 계산할 때 리츠를 설립할 때 납입된 주금(株金), 신주발행으로 조성한 자금 및 리츠 소유 부동산의 매각대금은, 최저자본금준비기간 만료일, 신주발행일 또는 부동산의 매각일로부터 2년 이내에는 부동산으로 간주한다는 자산구성계산에 관한 특례 규정을 통해 블라인드 리츠(blind reits) 설정이 가능하다(제25조 제2항).

CR리츠는, 위의 자산구성요건을 적용하지 않으며 기업구조조정용 부동산을 총자산의 100분의 70 이상 보유하여야 하므로(제49조의2 제1항), 최대 100분의 30까지는 기업구조조정용 부동산이 아닌 다른 자산으로도 보유 가능하다.

3. 주식의 공모

리츠는 영업인가를 받거나 등록을 하기 전(총자산 중 부동산 개발사업에 대한 투자비율이 100분의 30을 초과하는 리츠의 경우에는 그가 투자하는 부동산 개발사업에 관하여 관계 법령에 따른 시행에 대한 인가, 허가 등이 있기 전)까지는 발행하는 주식을 일반의 청약에 제공할 수 없다(제14조의8 제1항).

리츠는 영업인가를 받거나 등록을 한 날(총자산 중 부동산 개발사업에 대한 투자비율이 100분의 30을 초과하는 리츠의 경우에는 그가 투자하는 부동산 개발사업에 관하여 관계 법령에 따른 사용승인·준공검사 등을 받은 날)부터 2년 이내에 발행하는 주식 총수의 100분의 30 이상을 일반의 청약에 제공하여야 한다(제14조의8 제2항). 다만, ① 국민연금공단 등 시행령 제12조의3 각 호에서 정하는 주주가 단독으로 또는 공동으로 인수 또는 매수한 주식의 합계가 리츠가 발행하는 주식 총수의 100분의 50 이상인 경우 또는 ② 리츠 총자산의 100분의 70 이상을 임대주택(「민간임대주택에 관한 특별법」에 따른 민간임대주택 및 「공공주택 특별법」에 따른 공공임대주택)으로 구성하는 경우에는 공모 의무가 없다(제14조의8 제3항). CR리츠도 공모 의무가 없다(제49조의2 제3항). 리츠가 주식을 일반 청약에 제공할 경우 해당 청약에 관한 정보를 앞에서 살펴본 리츠정보시스템에 공개하여야 한다(제14조의8 제4항).

연·기금과 달리 은행 및 보험회사에 대해서는 주식공모의 예외를 적용하지 않는데, 연·기금은 일반국민의 자금으로서 그 가입자를 주주로 보는 것이 타당하고 수익 또한 그대로 일반국민에게 돌려주므로 사실상 공모의 성격이므로 예외를 인정할 것이나 은행 등은 일반국민의 자금인 것은 연기금과 유사하나 영리목적의 회사로 그 수익을 그대로 일반국민에게 돌려주는 연기금과 성격이 달라 인정하기 곤란한 측면이 있다는 것이 주무관청의 입장인 것으로 보인다.

4. 주식의 상장(제20조)

리츠는 자본시장법 제390조 제1항에 따른 상장규정의 상장요건을 갖추게 된 때에는 지체 없이 같은 법 제8조의2 제4항 제1호에 따른 증권시장에 주식을 상장하여 그 주식이 증권시장에서 거래되도록 하여야 한다(제20조 제1항).

현행 한국거래소 유가증권시장의 리츠 관련 주요 상장요건은 다음과 같다(유가증권시장 상장규정 제124조, 제127조, 제130조).

구분	내용
상장예정보통주식총수	100만주 이상
자본금 규모	자기자본금 100억 원 이상
자산구성	총자산 중 부동산 비중이 100분의 70 이상일 것.
모집 또는 매출로 발행하거나 매각한 주식의 총수	보통주식총수 100분의 25 이상
주주수	200명 이상

자본잠식	자본잠식이 없을 것(영업인가 또는 등록 후 3년이 경과하지 않은 리츠인 경우에는 자본금의 5%를 초과하는 자본잠식이 없을 것)
경영성과	영업인가 또는 등록 후 3년이 경과된 리츠의 경우 다음 각 목의 요건을 모두 충족할 것(최근 사업연도가 1년 미만인 경우 1년을 기준) 가. 최근 사업연도의 매출액이 다음의 어느 하나에 해당할 것 (1) 300억원(비개발 위탁관리 리츠의 경우 70억원) 이상일 것 (2) 부동산 개발사업이 총자산의 100분의 30을 초과하지 않는 리츠인 경우에는 매출액이 100억원 이상일 것. (3) 부동산 개발사업이 총자산의 100분의 30을 초과하는 리츠가 「민간임대주택에 관한 특별법」 제2조의 기업형임대사업자로서 같은 법 시행령 제3조 제1호의 임대주책을 건설하는 경우 세칙으로 정하는 요건을 모두 충족하는 경우에는 매출액이 200억원 이상일 것 나. 최근 사업연도에 영업이익, 법인세비용차감전계속사업이익과 당기순이익이 있고, 그 중 적은 금액을 기준으로 다음의 어느 하나에 해당할 것 (1) 최근 사업연도의 이익액이 25억원 이상일 것 (2) 최근 사업연도의 자기자본이익률이 100분의 5 이상일 것
감사의견	최근 3사업연도(1사업연도가 1년 미만인 경우 3년)의 개별재무제표에 대한 '적정' 의견
주식양도 제한	주식의 양도에 제한이 없을 것(다만, 법령, 정관 등에 따라 주식의 양도가 제한되는 경우로서 그 제한이 유가증권시장의 매매거래를 해치지 않는다고 거래소가 인정하는 경우에는 미적용)
상장폐지 매출액 요건	매출액 미달로 관리종목으로 지정된 상태에서 최근 사업연도 말 현재에도 매출액이 50억 원 미만인 경

우(부동산개발사업이 총자산의 100분의 30을 초과하지 않는 리츠인 때에는 30억 미만)

리츠는 '일반국민의 건전한 부동산 투자 활성화'를 위하여 도입되어 상장이 리츠의 본질적 목표이다(제1조 참고). 그럼에도 상장 리츠가 활성화되지 않아 소액 투자자들은 투자를 원해도 할 수 없는 상황이 장기간 이어졌다. 이러한 상장리츠의 부재 원인 중 하나로 과도한 상장요건이 지적되었고, 이후 매출액 기준 요건이 일부 완화된 결과[16] 2024년 7월 31일 기준으로 상장 리츠는 24개로 증가(자산기준 비율 16.14%)하였으며, 계속 증가할 것으로 전망된다.

리츠가 정당한 사유 없이 상장하지 않는 경우에는 국토교통부장관이 기간을 정하여 상장을 하도록 명할 수 있다(제20조 제2항). 물론 사모 리츠는 제외된다.

5. 부동산의 처분

리츠는 단기의 매매차익만을 노리고 리츠를 설립하는 것을 방지하기 위한 차원에서 국내 부동산을 취득한 후 1년(미분양주택과 국외에 있는 부동산의 경우 정관에서 정하는 기간) 이내에는 처분할 수 없으나, 부동산 개발사업으로 조성하거나 설치한 토지·건축물 등을 분양하는 경우와 리츠가 합병, 해산, 분할 또는 분할합병을 하는 경우에는 위 기간 이내에도 처분가능하다(제24조 제1항, 같은 법 시행령 제26조).

또한 리츠는 건축물이나 그 밖의 공작물이 없는 토지는 당해 토지에 대하여 부동산 개발사업을 시행한 후가 아니면 그 토지를 처분할 수 없으나, 부동산 개발사업을 하기 위하여 토지를 취득한 후 관련 법규의 제정, 개정 또는 폐지 등으로 인하여 사업성이 현저히 저하됨으로써 부동산 개발사업을 수행하는 것이 곤란하다고 객관적으로 입증되어 해당 토지의 처분이 불가피한 경우, 리

---

16) 국토교통부 2016. 2. 23.자 '일반국민의 투자기회 확대를 위해 상장 리츠 육성한다' 보도자료 참고.

츠가 합병, 해산, 분할 또는 분할합병을 하는 경우에는 그러하지 아니하다(제24조 제2항, 같은 법 시행령 제26조 제3항).

기업의 구조조정을 위해 신속히 자금을 지원하는 데 그 목적을 두고 있는 CR 리츠는 처분제한이나 개발사업 후 처분의 제한을 받지 않는다(제49조의2 제3항).

리츠는 부동산을 취득하거나 처분할 경우 자기관리 리츠 또는 자산관리회사는 시행령 제26조 제4항 및 시행규칙 제4조의2에 따른 실사보고서를 작성하여 국토교통부장관에게 미리 제출해야 한다(제24조 제3항).

6. 부동산 개발사업에 대한 투자

부동산투자회사법상 '부동산 개발사업'이라 함은 ① 토지를 택지, 공장용지 등으로 개발하는 사업, ② 공유수면을 매립하여 토지를 조성하는 사업, ③ 건축물이나 그 밖의 인공구조물을 신축하거나 재축(再築)하는 사업, ④ 그 밖에 위 ① 내지 ③까지의 사업과 유사한 사업으로, 건축물이나 그 밖의 인공구조물을 연면적의 100분의 10 이상의 범위에서 증축하거나 개축하는 사업으로서 증축 또는 개축되는 면적이 3,000제곱미터를 초과하는 사업, 건축물이나 그 밖의 인공구조물을 이전하는 사업 중 어느 하나에 해당하는 사업을 말한다(제2조 제4호, 같은 법 시행령 제2조 제4항). 따라서 현행 부동산투자회사법상 리모델링, 증축 또는 개축되는 면적이 3,000제곱미터를 초과하지 않는 사업 등은 부동산 개발사업에 해당되지 않는다.

종전에는 일반리츠는 상장 후 총자산의 30% 이내에서만 개발사업에 투자할 수 있고 개발전문 리츠는 상장에 관계없이 총자산의 70% 이상을 개발사업에 투자해야 했으나, 2015년 10월 23일부터 시행된 개정 부동산투자회사법에 의하면 모든 리츠에 대해 개발사업 투자비율을 자율화하여 주주총회 특별결의로 결정하도록 하고, 개발사업 투자시기를 자율화하며 개발전문 리츠는 폐지되었다.

그러나 공모의무, 주식분산의무 등 법상 제한으로 여전히 리츠가 개발사업에는 적합하지 않다는 비판이 있었고, 부동산개발사업은 주로 조세특례제한

법상의 프로젝트금융투자회사(PFV)를 통해 이루어져 왔다. 이에 후술하는 바와 같이, 2024년 8월 현재 리츠를 통한 부동산 개발사업을 촉진하기 위하여 '프로 젝트 리츠'의 도입이 추진되고 있다.

7. 배 당

리츠는 당해 연도의 이익배당한도[자산의 평가손실(직전 사업연도까지 누적된 평가손실을 포함한다)은 고려하지 아니한다. 이하 이 항에서 같다]의 100분의 90 이상 을 주주에게 배당하여야 하며, 이 경우 상법에 의한 이익준비금은 적립하지 않 는다(제28조 제1항). 종래 리츠에 적용되는 상법상의 배당가능이익 산정 방식과 법인세법상의 배당가능이익 산정 방식에 차이가 있어, 리츠가 보유한 자산 가 치가 하락하여 미실현손실(평가손실) 발생 시 상법상 배당가능이익의 90% 이상 을 배당해도 법인세법상의 소득공제 요건을 충족하지 못하는 경우가 발생할 수 있다는 문제가 있었으나, 2024년 2월 20일 법 개정을 통해 리츠의 이익배당한 도에서 자산의 평가손실(직전 사업연도까지 누적된 평가손실 포함)을 고려하지 않도 록 함으로써 이러한 문제가 해결되었다.

다만, 자기관리 리츠의 경우 2021년 12월 31일까지 상법 제462조 제1항에 따른 해당 연도 이익배당한도의 100분의 50 이상을 주주에게 배당하여야 하며, 상법 제458조에 따른 이익준비금을 적립할 수 있다. 이 경우 상법 제462조 단 서에도 불구하고, ① 상법 제462조 제1항에 따른 해당 연도 이익배당한도의 100분의 50 이상 100분의 90 미만으로 이익배당을 정하는 경우 상법 제434조 에 따른 주주총회의 특별결의, ② 상법 제462조 제1항에 따른 해당 연도 이익 배당한도의 100분의 90 이상으로 이익배당을 정하는 경우 상법 제462조 제2항 본문에 따른 주주총회 결의의 방법으로 이익배당을 정한다(제28조 제2항).

위탁관리 리츠의 경우 이익배당 시 상법 제462조 제1항에도 불구하고 이익 을 초과하여 배당할 수 있고, 이 경우 초과배당금의 기준은 해당 연도의 감가상 각비의 범위에서 시행령으로 정한다(제28조 제3항, 시행령 제32조 제1항~제3항).

제20조에 따라 상장된 리츠가 총자산에서 100분의 10 이상을 차지하는 부

동산을 매각하여 그 이익을 배당할 때에는 해당 사업연도 말 10일 전까지 이사회를 개최하여 이사회의 결의로 배당 여부 및 배당 예정금액을 결정하여야 한다(제28조 제4항, 시행령 제32조 제4항). 이에 따라 결정된 배당은 주주총회의 결의를 거쳐 실시하되, 다만 정관으로 이사회의 결의로 배당을 할 수 있다고 규정하는 경우에는 이사회의 결의로 배당을 실시할 수 있다(제28조 제5항).

8. 차입 및 사채발행

리츠는 영업인가를 받거나 등록을 한 후에 자산을 투자, 운용하기 위하여 또는 기존 차입금 및 발행사채를 상환하기 위하여 자금을 차입하거나 사채를 발행할 수 있다(제29조 제1항). 이에 따라 리츠가 자금을 차입하려는 경우 시행령이 정하는 금융기관 등으로부터 차입하여야 하나, 리츠의 정관이나 상법 제434조에 따른 주주총회의 특별결의로 달리 정하는 경우에는 그에 따라 차입할 수 있다(시행령 제33조 제1항).

위와 같은 자금차입 및 사채발행은 자기자본의 2배를 초과할 수 없으나, 다만 상법 제434조에 따른 주주총회의 특별결의를 한 경우에는 그 합계가 자기자본의 10배를 넘지 아니하는 범위에서 자금차입 및 사채발행을 할 수 있다(제29조 제2항).

9. 거래의 제한

리츠는 당해 회사의 임직원 및 그 특별관계자, 당해 회사의 주식을 10% 이상 소유하고 있는 주주(주요주주) 및 그 특별관계자, 당해 회사가 자산의 투자·운용업무에 관한 위탁계약을 체결한 자산관리회사와 자산의 투자·운용 업무에 관한 위탁계약을 체결한 다른 부동산투자회사, 해당 자산관리회사가 법 제22조의3 제3항에 따라 겸영하는 업무와 관련된 자로서 대통령령으로 정하는 자17)와는 거래할 수 없다(제30조 제1항). 다만, ① 일반분양, 경쟁입찰 및 이와

17) 해당 자산관리회사가 겸영하는 집합투자업과 관련하여 운용 중인 집합투자재산을 소유한 부

유사한 방식으로 거래당사자를 선정하는 거래, ② 이사회의 승인 및 주주총회 승인(제20조에 따라 상장된 리츠가 아닌 경우 상법 제434조에 따른 특별결의에 따른 주주총회 승인)을 받은 부동산 매매거래, ③ 부동산 매매거래 외의 거래로서 이사회의 승인 및 상법 제434조에 따른 특별결의에 따른 주주총회의 승인을 받은 거래, ④ 리츠가 보유하고 있는 부동산을 이사회가 정한 가격 이상으로 임대하는 거래(다만 당해 회사의 임직원 및 그 특별관계자에 해당하는 자와의 거래는 제외), ⑤ 리츠의 합병·해산·분할 또는 분할합병에 따른 불가피한 거래는 허용된다 (제30조 제2항, 시행령 제34조 제1항).

제20조에 따라 상장된 리츠가 위 ②에 해당하는 부동산 매매거래를 하는 경우 매매가격은 시행령이 정하는 기관 또는 단체가 추천하는 둘 이상의 감정평가업자에게 받은 감정평가액을 기준으로 산정하여야 하며, 이 경우 리츠가 매도하는 가격은 둘 이상의 감정평가액 중 높은 금액 이상으로 하고, 매수하는 가격은 둘 이상의 감정평가액 중 낮은 금액 이하로 한다(제30조 제3항).

리츠는 부동산투자회사법 또는 다른 법령에 의한 경우를 제외하고는 다른 업무를 겸업하지 못하고 리츠의 상근 임원은 다른 회사의 상근 임직원이 되거나 다른 사업을 영위할 수 없다(제31조).

10. 자산보관의 위탁

리츠는 자본시장법에 따른 신탁업자, 한국토지주택공사, 한국자산관리공사, 주택도시보증공사, 이에 준하는 기관으로서 시행령이 정하는 기관에 자산을 위탁하여야 한다(제35조 제1항).

리츠는 보유하고 있는 부동산, 증권 및 현금을 다음 각 호의 구분에 따라 보관하여야 한다(시행령 제37조 제1항). 이는 투자자산을 자산보유 주체 및 운영자와 분리하여 보관함으로써 투자자를 보호하고 도덕적 해이를 방지하기 위한 것이다.

동산집합투자기구(「자본시장과 금융투자업에 관한 법률」 제229조 제2호에 따른 부동산집합투자기구를 말한다)가 이에 해당한다(시행령 제34조 제1항).

① **부동산**(지상권·전세권 등 자본시장법 제103조에 따라 신탁의 인수가 가능한 부동산 사용에 관한 권리를 포함하며, 부동산투자회사법 제26조의3 제1항에 따른 토지로 보상을 받기로 결정된 권리는 포함하지 아니함): 취득하는 즉시 회사 명의로 이전등기와 함께 자본시장법에 따른 신탁업자 또는 신탁업을 겸영하는 금융기관, 한국토지주택공사, 한국자산관리공사, 주택도시보증공사, 외국의 법률에 따라 설립되어 신탁업을 영위하는 기관으로서 국토교통부장관이 인정하는 기관에 신탁.

② **증권 및 현금**: 자본시장법에 따른 신탁업자 또는 신탁업을 겸영하는 금융기관에 보관을 위탁.

11. 사업 관련 이사회 결의사항

부동산투자회사법에서는 다음 각 호의 사항에 대해서는 리츠의 이사회의 결의를 거쳐야 한다고 규정하고 있다(제13조, 시행령 제10조).

> 1. 부동산의 취득이나 처분 등 운용에 관한 사항
> 2. 총자산의 10%에 해당하는 금액 이상의 증권의 취득이나 처분에 관한 사항
> 3. 차입 및 사채발행에 관한 사항
> 4. 제47조에 따른 내부통제기준의 제정·개정 및 준법감시인의 임면에 관한 사항

12. 사업 관련 주주총회 결의사항

부동산투자회사법에서는 다음 각 호의 사항에 대해서는 리츠의 주주총회의 결의를 거쳐야 한다고 규정하고 있고, 다만 제4호, 제4호의2 및 제5호의 사항에 대한 결의에 관하여는 상법 제434조를 준용하므로 주주총회의 특별결의가 필요하다(제12조 제1항).

1. 해당 연도의 사업계획의 확정
2. 해당 연도의 차입계획 및 사채발행계획
3. 자산의 투자·운용에 관하여 총자산의 100분의 30을 초과하는 자산의 취득·처분 등 시행령으로 정하는 중요한 계약의 체결 또는 변경체결에 관한 사항
4. 부동산 개발사업계획의 확정 또는 확정된 부동산 개발사업계획의 목적·대상·범위 등 시행령으로 정하는 중요한 부분의 변경에 관한 사항
4의2. 총자산 중 부동산 개발사업에 대한 투자비율
5. 제19조에 따른 부동산의 현물출자에 관한 사항
6. 제35조 제1항에 따른 자산보관기관과의 자산보관계약의 체결 또는 변경체결에 관한 사항

13. 지주회사 관련 규정

최근 상장리츠가 증가하면서 상장리츠인 모리츠가 다수의 비상장리츠인 자리츠의 주식을 보유하는 이른바 '모자형 리츠' 구조 또한 증가하고 있는데, 종래 모리츠의 자산총액이 5천억 원 이상이면 「독점규제 및 공정거래에 관한 법률」(이하 '공정거래법')에 따른 지주회사 관련 규제가 적용되었다.

그러나 일반국민의 건전한 부동산 투자 활성화를 목표로 하는 상장리츠에 경제력 집중 억제를 위한 지주회사 규제를 적용하는 것은 부적절하다는 비판이 있어 왔다. 이에 2023년 8월 16일 신설된 부동산투자회사법 제49조 제5항은 공정거래법에 따른 지주회사에 관한 규정은 위탁관리 리츠 또는 CR리츠가 다음 각 호의 요건을 충족하는 경우에는 적용하지 않도록 하였다. 자산관리회사는 그 요건을 충족한 날부터 2주일 이내에 그 사실을 대통령령으로 정하는 방법에 따라 국토교통부장관에게 보고하여야 하며, 국토교통부장관은 그 사항을 공정거래위원회에 통보하여야 한다.

1. 상장 리츠일 것
2. 법 제4조의 업무 범위 내에서 부동산 등에 투자·운용하기 위해 다른 리츠(다른 회사의 주식을 보유하지 아니한 리츠로 한정한다)의 주식을 취득함에 따라 지주회사에 해당할 것
3. 공정거래법 제31조 제1항 전단에 따라 지정된 공시대상기업집단에 속하는 회사가 아닐 것
4. 제2호에 따라 취득한 리츠의 주식 외에 다른 회사의 주식을 보유하고 있지 아니할 것

Ⅵ. 리츠의 최근 동향

1. 임대주택 리츠 활성화

2015년부터 정부의 임대주택 공급확대 정책에 따라 임대주택 리츠가 지속적으로 활성화되고 있다. 민간임대주택에 관한 특별법 등 관련 법령의 비교적 잦은 개정에도 불구하고 분양전환공공임대주택사업, 공공지원민간임대주택사업 등에 임대주택 리츠가 꾸준히 참여함으로써 주택에 대한 투자가 크게 성장하여, 자산규모가 2017년 19조원에서 2024년 49.94조원(전체 리츠 중 47.64%)으로 급증하였다. 또한, 초고령화 사회가 도래함에 따라 시장에서 리츠를 통한 시니어 레지던스[18] 공급에 대한 관심이 높아지고 있으며, LH는 2023년 12월 LH 공급 용지에 리츠가 노인복지주택, 오피스텔 등을 복합개발하여 임대 또는 분양하는 사업의 시범적인 공모를 하였고,[19] 정부는 2024년 7월 23일 경제관계장관회의에서 프로젝트 리츠의 도입, 택지 활용 지원, 실버타운 설치요건 완

---

[18] '시니어 레지던스'란 가사·건강·여가 등 서비스가 제공되는 고령층 친화적인 주거공간을 말하며, 실버타운(노인복지주택), 실버스테이(민간임대주택), 고령자 복지주택(공공임대주택)이 있다.

[19] LH가 2023년 12월 공모한 『헬스케어 공모·상장 리츠사업 민간사업자 선정 공모지침서(화성 동탄2 의료복지시설용지)』 참조.

화, 위탁운영사 요건 개선 등을 통해 리츠를 통한 시니어 레지던스 개발을 촉진하는 내용이 포함된 『시니어 레지던스 활성화 방안』을 발표하였다.

2. 상장리츠의 꾸준한 증가

2018년 상장리츠가 최초로 등장한 후 2020년에 두 자릿수를 돌파하였으며, 2024년 7월 31일 기준 24개로 증가(자산기준 비율 16.38%)하였다. 상장을 통하여 일반 국민의 부동산 투자 기회를 확대하는 것이 부동산투자회사법의 취지에 부합하며, 국토교통부도 지원 의지를 보이고 있어 상장리츠는 계속 증가할 것으로 전망된다. 또한, 유가증권시장 상장규정에 '부동산투자회사 종류주권'에 관한 규정들이 도입되어 비개발 위탁관리 부동산투자회사가 보통주권과 함께 종류주권을 상장하는 것이 가능하게 되었고, 증권 인수업무 등에 관한 규정에 공모상장 시 '일반청약자에게 배정하는 전체 수량의 50% 이상을 최소 청약증거금 이상을 납입한 모든 일반청약자에게 동등한 배정기회를 부여하는 방식(균등배정 방식)'을 적용해야 함이 규정되는 등, 상장리츠 활성화에 필요한 제도적 장치들도 정비되어 가고 있다.

3. 프로젝트 리츠 도입 추진

'프로젝트 리츠'의 도입 여부가 최근 리츠 시장에서 주목받고 있다. 현재로서는 리츠가 국내 부동산개발사업을 시행하기 위해 인가, 공시, 공모 및 주식의 분산 등 법상 제한이 많아 리츠로 직접 개발하기 보다는 조세특례제한법상 프로젝트금융투자회사(PFV)를 통해 개발을 하고, 준공 후 리츠가 인수하는 방식이 주로 사용되어 왔다. 이러한 문제를 해결하기 위해 부동산개발사업에 투자하는 '프로젝트 리츠'를 도입하는 내용의 '부동산투자회사법 개정안'[20]이 2024년 8월 19일 국회에 발의되었는 바, 개발사업 기간 동안 부동산투자회사

---

20) 김정재 의원 등 10인 2024. 08. 19. 발의 부동산투자회사법 일부개정법률안 의안(의안번호: 2202957) 참조.

법상 규제들을 유예하되, 준공 이후에는 일반 리츠로 인가를 받고 공모의무, 주식의 분산의무 등을 준수하도록 하는 것을 큰 골자로 하고 있다.

구체적인 내용을 살펴보면, 일정한 요건[21]을 갖춘 프로젝트 리츠는 영업 인가 또는 등록 없이 신고만으로 현물출자와 차입·사채발행, 부동산개발사업 등을 할 수 있도록 하고, 부동산개발사업의 투자 위험이 일반 투자자에게 전가 되는 것을 막기 위해 개발단계에서 공모를 제한하며, 부동산개발사업을 완료하고 운영단계로 전환할 경우, 일정 기간 내에 영업인가나 등록을 받아 공모하도록 하되 공모의무기한도 영업인가일부터 최대 5년으로 연장[22]하였다. 또한, 프로젝트 리츠가 시행하는 개발사업에 대한 관리·점검을 위하여 국토교통부장관에게 투자보고서를 제출하도록 하였다.

프로젝트 리츠가 도입될 경우, PFV와 비교하여 아래와 같은 장점이 있을 것으로 보인다.

① PFV는 조세특례제한법 제104조의31 제1항 각 호의 요건을 갖추면 법인세 소득공제를 받을 수 있으나 해당 조항은 일몰기한을 두고 있는 한시적 규정이므로 일몰기한이 연장되지 않을 경우 혜택이 소멸할 위험이 있는 반면, 프로젝트 리츠의 법인세 소득공제에 관한 법인세법 제51조의2 제1항은 한시적 규정이 아니므로 혜택이 소멸할 위험이 없다.

② PFV는 국세청이 조세특례제한법상의 요건이 결격되었다고 판단할 경우[23] 법인세 소득공제를 받지 못할 위험이 있는 반면, 프로젝트 리츠는 강학상 의 신고수리절차를 거치므로 법인세 소득공제를 더 안정적으로 받을 수 있다.

---

21) (1) 리츠가 부동산투자회사법에 따라 적합하게 설립되었을 것, (2) 자본금이 50억 원 이상일 것, (3) 자산관리·일반사무·자산보관 업무위탁계약을 체결할 것, (4) 그 밖에 대통령령으로 정하는 요건을 갖출 것을 신고의 요건으로 하며, 국토교통부장관은 이를 충족하지 못한다고 판단하는 경우 신고를 수리하지 않을 수 있다.

22) 공모기한을 영업인가 후 5년으로 완화함에 따라 임차가 안정적으로 운용되는 시점에 공모를 할 수 있게 되었으며, 공모의무기한에 도달하기 전에 공모를 하지 않고 매각을 하는 것도 가능하다.

23) 조세특례제한법상 프로젝트금융투자회사로서 인정받기 위한 요건은 포괄적이어서 해석상 논란이 있으며 대부분 국세청의 해석 내지 질의회신을 통해 그 법리가 형성되어 왔다. 조세특례제한법 제104조의31 제1항 제1호의 '특정사업'의 범위에 관한 논란이 대표적이다.

③ PFV의 자기자본 비율은 경우에 따라서는 2~3%에 불과하지만, 프로젝트 리츠는 부채비율이 자기자본의 2배, 주주총회 특별결의를 한 경우에는 10배의 범위 내에서 허용되므로 개발사업을 안정적으로 진행할 수 있다.

④ 프로젝트 리츠는 PFV와 달리 감가상각비 초과배당이 가능하여 운용기간 중 배당에서 더 유리하다.

⑤ PFV는 설립 시 금융회사 등의 5% 이상 출자가 필수적이지만, 프로젝트 리츠는 이러한 제한이 없다.

⑥ PFV는 원칙적으로 임대업을 할 수 없으므로[24] 준공 후 사업건물을 매각해야 하지만, 프로젝트 리츠는 PFV와 마찬가지로 준공 후 즉시 매각을 할 수도 있고, 공모의무 및 주식분산의무 이행 후 장기 임대 운영을 할 수도 있으므로 투자자의 선택의 폭이 넓다.

⑦ 프로젝트 리츠가 준공 후 임대 운영을 선택하는 경우, 종래 사용되던 'PFV로 개발 후 리츠가 매입'하는 구조와 달리 불필요한 거래로 인한 취득세 기타 비용이 발생하지 아니한다.

프로젝트 리츠가 도입되어 리츠를 통한 부동산 개발사업이 활성화될 경우 부동산 개발사업의 구조에 상당한 변화가 있을 것으로 보이는 바, 이후 부동산 투자회사법 개정 및 시행 여부에 주목할 필요가 있다.

---

24) 국세청은 PFV도 (1) 건물 취득 후 철거 전까지 및 (2) 사업건물 준공 후 매각 전까지의 기간 동안 제한적으로 임대업을 할 수 있다는 입장이지만, 원칙적으로 임대업은 PFV가 영위할 수 있는 '특정사업'에 포함되지 않는다.

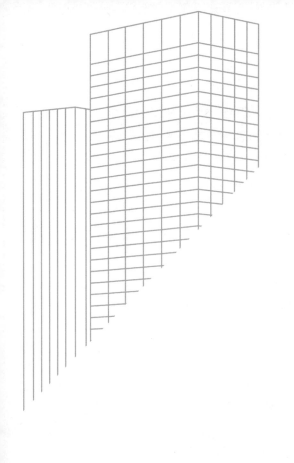
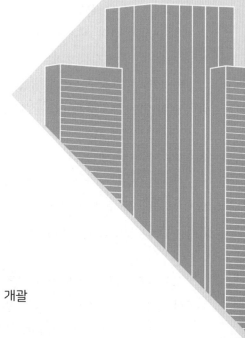

제3장

부동산 개발사업의 리스크
회피 방법과 신용공여

제3장

부동산 개발사업의 리스크 회피 방법과 신용공여

제1절 개발사업의 위험 회피 방법 개괄

I. 서 론

부동산 개발사업에서 시행사에게 사업 자금을 대출하는 대주는 시행사가 사업을 원활하게 진행하여 시행사로부터 대출원리금을 회수하는 것이 가장 중요하다. 그런데 시행사는 일반적으로 자력이 부족하고, 해당 부동산 개발사업이 유일한 사업인 경우가 많기 때문에 부도 기타 이와 유사한 사유가 발생하는 경우, 시행사의 채권자들이 사업부지를 비롯한 시행사의 자산에 대하여 가압류, 압류, 기타의 강제집행을 할 가능성이 있다. 따라서 대주는 시행사의 자산에 대하여 다양한 담보권을 설정한다. 담보는 대출원리금 상환을 현실적으로 보장하는 용도로 확보하기도 하지만, 해당 사업에 제3자가 간섭하는 것을 방지하기 위한 방어적 이유로 설정하기도 한다.

위와 같이 부동산 개발사업을 순조롭게 진행하기 위해서는 시행사의 자산인 사업부지, 건물, 분양대금채권, 예금채권 등에 대하여 미리 보호장치를 만들 필요성이 있고, 더 나아가 대주는 시공사에게 책임준공확약, 채무인수약정 등의 신용보강을 요구하기도 한다. 한편 불안정성이 큰 사업에서는 보험에 가입하여 위험을 분산시킬 필요도 있다.

이하에서는 대주, 시행사, 시공사, 수분양자 등 부동산 개발사업과 관련된 당사자들의 각종 위험 회피 방법에 대하여 살펴본다.

II. 대주의 위험 회피 방법

1. 시행사에 대한 조치

시행사는 부동산 개발사업의 주체로서 대주로부터 차입한 자금으로 사업부지를 취득하고, 건축허가 등 인·허가 업무를 진행하며, 시공사를 통해 건물을 신축하고, 수분양자에게 건물을 분양하여 분양수입금으로 대주의 대출금을 상환한다. 대주는 우발채무 발생 등 시행사의 신용 위험을 회피하고 시행사의 변제 자력을 유지하기 위하여 사업부지, 건물, 채권 등 시행사의 자산에 대하여 담보권을 설정하고, 일정한 사유 발생 시 사업시행권을 포기한다는 내용의 사업시행권 포기각서를 징구한다.

(1) 사업부지

부동산 개발사업에서 시행사가 취득하는 사업부지와 신축 건물은 시행사의 가장 중요한 자산이자 대주의 가장 중요한 담보목적물이다.

시행사가 사업부지를 매수하여 소유권이전등기를 경료한 단계에서 대주는 사업부지에 근저당권을 설정하거나(민법 제357조), 사업부지를 신탁하는 방법으로 대출채권에 대한 담보권을 확보한다. 신탁재산에 대하여는 강제집행, 담보권 실행 등을 위한 경매, 보전처분 또는 국세 등 체납처분을 할 수 없으므로(신탁법 제22조 제1항), 시행사의 다른 채권자가 사업부지에 대하여 강제집행 등을 할 수 없다.

대주가 담보권을 확보하기 위한 사업부지 신탁의 방법으로는 부동산담보
신탁과 관리형 토지신탁이 일반적으로 사용된다. 부동산담보신탁은 시행사가
사업주체로서 인·허가 명의를 유지하며 사업을 진행하되 사업부지만 수탁자에
게 신탁을 하고, 대주에게 우선수익권을 설정하는 방식이다. 시행사가 대출채
무를 변제하지 않는 경우에는 신탁재산인 사업부지를 처분하여 그 대금으로 우
선수익자인 대주에게 변제하고 잔액이 있을 때에는 시행사에게 반환한다.

관리형 토지신탁은 사업부지의 소유권 및 모든 인·허가 명의, 사업 관련
계약상 지위도 수탁자에게 이전하여 수탁자가 직접 사업주체의 지위에서 사업
을 진행하는 방식이다. 수탁자가 사업주체의 지위에서 수분양자와 직접 분양계
약을 체결하고, 분양대금을 수령하여 관리하며, 신축 건물에 대하여 사용승인
을 받은 후 수탁자 명의로 소유권보존등기를 완료하고, 수분양자에게 소유권이
전등기를 경료한다. 따라서 시행사의 다른 채권자로부터 사업부지, 분양수입금
등을 보호할 수 있으며, 시행사의 이중 분양 등 불법, 부당행위로부터 사업을
보호하고, 신축 건물에 대하여도 안정적으로 소유권 및 담보권을 확보할 수 있
는 장점이 있다.

한편, 시행사가 사업부지에 대하여 매매계약을 체결하였으나, 매매대금을
모두 지급하지 못한 단계에서 대주는 시행사의 매매계약에 따른 소유권이전등
기청구권, 매매계약 해제 시 시행사가 보유하는 매매대금반환채권 등에 대하여
근질권, 양도담보권 등의 담보를 설정하거나 일정한 사유가 발생한 경우 매수
인의 지위를 대주 또는 대주가 지정한 자에게 이전하도록 한다. 대주는 이러한
담보 설정과 관련하여 매도인의 사전 동의가 필요한지 매매계약을 검토하여야
한다. 특히 부동산에 대한 소유권이전등기청구권을 양도하거나 양도담보로 제
공하는 경우, 부동산 매수인의 지위를 이전하는 경우에는 반드시 매도인의 승
낙이 있어야 한다. 대법원도 "부동산의 매매로 인한 소유권이전등기청구권은
물권의 이전을 목적으로 하는 매매의 효과로서 매도인이 부담하는 재산권 이전
의무의 한 내용을 이루는 것이고, 매도인이 물권행위의 성립요건을 갖추도록
의무를 부담하는 경우에 발생하는 채권적 청구권으로 그 이행과정에 신뢰관계

가 따르므로, 소유권이전등기청구권을 매수인으로부터 양도받은 양수인은 매도인이 그 양도에 대하여 동의하지 않고 있다면 매도인에 대하여 채권양도를 원인으로 하여 소유권이전등기절차의 이행을 청구할 수 없고, 따라서 매매로 인한 소유권이전등기청구권은 특별한 사정이 없는 이상 그 권리의 성질상 양도가 제한되고 그 양도에 채무자의 승낙이나 동의를 요한다고 할 것이므로 통상의 채권양도와 달리 양도인의 채무자에 대한 통지만으로는 채무자에 대한 대항력이 생기지 않으며 반드시 채무자의 동의나 승낙을 받아야 대항력이 생긴다"고 판시하였다(대법원 2001. 10. 9. 선고 2000다51216 판결).

(2) 건 물

대주는 신축 중인 미완성 건물, 신축이 완료된 건물에 대하여도 담보권 설정을 고려한다.

이와 관련하여 대주가 담보권을 설정하기 위해서 해당 건물이 누구의 소유인지, 어느 시점부터 부동산으로 인정되는지 문제가 된다. 일반적으로 자기의 노력과 재료를 들여 건물을 건축한 사람은 그 건물의 소유권을 원시취득하므로(대법원 1992. 3. 27. 선고 91다34790 판결), 시행사가 자금을 조달하여 신축한 건물은 시공사 등과 달리 합의하지 않는 한 시행사에게 소유권이 원시적으로 귀속된다. 한편, 미완성 건물에 대한 소유권과 관련하여, 대법원은 "건축주의 사정으로 건축공사가 중단되었던 미완성의 건물을 인도받아 나머지 공사를 마치고 완공한 경우, 그 건물이 공사가 중단된 시점에서 이미 사회통념상 독립한 건물이라고 볼 수 있는 형태와 구조를 갖추고 있었다면 원래의 건축주가 그 건물의 소유권을 원시취득하고, 최소한의 기둥과 지붕 그리고 둘레 벽이 이루어지면 독립한 부동산으로서의 건물의 요건을 갖춘 것으로 보아야 한다"고 판시하였다(대법원 2007. 4. 26. 선고 2005다19156 판결). 즉, 건물이 그 당시에 사회통념상 독립한 건물이라고 볼 수 있는 정도의 형태와 구조를 갖추었는지에 따라 소유권자 및 법적 성질이 결정된다.

따라서 대주는 사업부지와 구별되는 별개의 부동산으로 인정되는 신축 건물에 대하여는 이를 원시취득한 시행사 명의로 소유권보존등기를 마친 후 별도로 근저당권, 신탁 등의 담보를 설정하여야 하고, 독립된 건물(부동산)이라고 인정되기 이전의 건축 중인 건물에 대하여는 동산양도담보권의 형식으로 담보권을 설정해야 한다.

한편, 부동산 개발사업으로 신축되는 건물이 거의 완공되었거나 또는 사용승인을 받은 단계에서 시행사에게 부도 사유가 발생하거나 시행사가 소유권보존등기 절차에 협력하지 않는 경우, 대주가 건물에 대하여 강제집행을 하거나 보전처분을 할 수 있는지 문제가 된다.

민사집행법에 의하면 일정한 요건에 따라 미등기건물에 대하여도 강제경매를 신청할 수 있고(민사집행법 제81조, 민사집행규칙 제42조), 미등기부동산에 대하여 법원의 촉탁에 따라 소유권의 처분제한의 등기를 할 때에는 직권으로 소유권보존등기가 경료될 수도 있다(부동산등기법 제66조 제1항).

다만, 미등기부동산에 대하여 강제경매 또는 처분제한등기촉탁에 따른 소유권보존등기를 하기 위해서는 건물이 독립한 부동산으로서의 실질을 가져야 하는데, 그 구체적인 판단은 사안마다 다르다. 참고로 대법원은 "완공이 된 건물뿐 아니라 완공되지 아니하여 보존등기가 경료되지 아니하였거나 사용승인되지 아니한 건물이라고 하더라도 채무자의 소유로서 건물로서의 실질과 외관을 갖추고 그의 지번·구조·면적 등이 건축허가 또는 건축신고의 내용과 사회통념상 동일하다고 인정되는 경우에는 이를 부동산경매의 대상으로 삼을 수 있다고 할 것이다"고 판시한 후 "이 사건 건물은 위생설비·전기설비·냉난방설비 등의 부대설비는 전혀 설치되지 아니하였고 창호공사·타일공사 등도 이루어지지 아니하였으나, 외벽, 내벽, 천장, 바닥 등 골조공사 등은 종료된 상태로서 건축허가의 내역과 같이 지하 1층, 지상 4층 건물로서의 외관을 갖추고 있는 사실 등을 알 수 있는바, 위의 법리와 이러한 인정 사실 등에 따르면, 이 사건 건물의 현상은 건축허가서에 나타난 지번·구조·면적과 별 차이가 없을 수도 있어 보이고 공사진행 정도도 상당하여 현재의 상태로도 부동산경매의 대상이 될 여지가 없지 않다고 보인다"고 판시하였다(대법원 2005. 9. 9. 자 2004마696 결정).

한편, 관리형 토지신탁으로 사업을 진행하는 경우에는 수탁자가 사업주체로서 신축 건물에 대하여 사용승인을 받은 후 수탁자 명의로 건물에 대한 소유권보존등기를 경료하므로, 신축 건물에 대한 소유권보존등기 및 담보권 설정이 지체될 위험이 없다.

(3) 분양대금채권

시행사가 직접 사업을 시행하면서 분양계약 등을 주관할 경우, 수분양자로부터 받게 될 분양대금에 관한 권리, 즉 분양대금채권에 대하여 시행사의 다른 채권자가 가압류하는 등 보전처분을 할 위험이 있다. 분양수입금관리계좌를 신탁회사 등의 명의로 개설하더라도 수분양자 명단을 입수하는 경우에는 분양대금채권에 대한 가압류 등은 충분히 가능하다.

사업부지에 대한 근저당권 설정 또는 부동산담보신탁의 방법을 유지하면서 이러한 위험을 피할 수 있는 방법은 분양대금채권을 금전채권신탁의 방식으로 신탁하는 것이다. 분양계약상의 채권자인 시행사가 위탁자가 되어 금전채권신탁업을 영위할 수 있는 신탁회사에게 장래 체결될 분양계약상의 분양대금채권을 신탁하고, 대주를 제1순위 우선수익자(제1종 수익자)로 지정한다. 이 경우에는 분양계약에 '분양대금채권이 분양계약의 체결과 동시에 신탁회사에게 신탁된다는 점'을 명시하고, 분양대금채권의 신탁(양도)에 관해 수분양자 및 제3자에게 대항하기 위하여 확정일자를 받아 두어야 한다.

한편, 관리형 토지신탁으로 사업을 진행하는 경우에는 수탁자가 사업주체로서 수분양자와 직접 분양계약을 체결하고, 수분양자로부터 분양대금을 수령하여 관리하므로, 시행사의 다른 채권자가 분양대금채권에 대하여 강제집행 등을 할 수 없다.

(4) 예금채권

부동산 개발사업에서 대주는 시행사의 자금 관리를 통제하기 위하여 대출금관리계좌, 분양수입금관리계좌, 이자유보계좌 등 필요에 따라 시행사 명의로 다양한 프로젝트계좌를 개설하도록 한다. 대주는 이러한 계좌에 대하여 근질권을 설정하여 대출채권을 담보하고, 시행사가 임의로 프로젝트계좌에 예치된 금원을 인출하여 사용하지 못하도록 통제한다.

일반적으로 예금거래약관에는 예금반환채권의 양도 또는 담보 제공에 대하여 계좌개설은행의 동의를 받도록 하므로, 예금채권에 대하여 근질권을 설정하는 경우에는 확정일자가 있는 증서에 의하여 계좌개설은행의 동의를 받아야 한다.

(5) 보험금채권

시행사는 자신의 사업 관련 위험을 회피하기 위하여 각종 보험에 가입하기도 하고, 대주가 시행사에게 일정한 수준 이상의 보험 가입을 적극적으로 요구하기도 한다. 대주는 시행사의 보험 가입에 추가하여 시행사의 보험계약에 따른 보험금채권에 대하여도 근질권 등의 담보를 설정한다.

일반적으로 보험약관에도 보험금채권의 양도 또는 담보 제공에 대하여 보험회사의 동의를 받도록 하는 경우가 있으므로, 보험금채권에 대하여 근질권을 설정하는 경우에도 확정일자가 있는 증서에 의하여 보험회사의 동의를 받고, 보험증권에 근질권자가 부기되도록 하여야 한다.

(6) 기타 채권

대주는 시행사가 제3자에 대하여 보유하는 기타 채권이 있는 경우, 이에 대하여도 근질권 등 담보권을 설정할 수 있다.

대주는 근질권 등 담보권을 설정하기 위하여 반드시 사전에 해당 채권의 기초가 되는 계약서, 약관 등을 잘 검토하여 담보권 설정에 제한이 없는지 확인해야 한다. 상대방의 동의가 있어야 해당 채권에 담보권 설정이 가능한 경우에는 확정일자가 있는 증서에 의하여 상대방의 동의를 받아야 상대방과 제3자에게 대항할 수 있다.

(7) 사업시행권 포기각서

대주는 대출약정에 따른 기한의 이익이 상실되는 경우, 사업부지에 대한 소유권, 수분양자에 대한 권리, 사업 시행과 관련된 인·허가권 등 사업과 관련하여 시행사가 가지는 일체의 권리를 포기하고 대주가 지정하는 자에게 양도하는 내용의 사업시행권 포기각서의 제출을 시행사에게 요구한다.

시행사는 일반적으로 해당 부동산 개발사업이 영업의 전부 또는 중요한 일부인 경우가 많으므로, 사업시행권의 전부를 포기하고 양도하는 내용의 사업시행권 포기각서 작성과 관련하여 사전에 주주총회 특별결의를 받아야 한다(상법 제374조 제1항 제1호, 제434조).

한편 부동산투자회사는 영업인가를 받거나 등록을 한 후에 "영업 전부의 양수 또는 양도"를 하려면 국토교통부장관의 인가를 받거나 등록을 해야 하고(부동산투자회사법 제40조 제1항 제3호), 이를 위반할 경우 1년 이하의 징역 또는 1천만원 이하의 벌금에 처해질 수 있다(동법 제52조 제9호). 사업시행권 포기 및 양도각서는 영업 전부의 양도에 해당하므로, 대주는 PF대출약정 시 부동산투자회사에게 이를 요구하지 않는 것이 일반적이다.

2. 시행사의 대표이사, 주주에 대한 조치

(1) 주   식

대주는 대출채권을 담보하고, 시행사에 대한 통제권을 확보하기 위하여 시행사 발행 주식에 근질권 등 담보권을 설정한다.

주식을 근질권의 목적으로 하는 때에는 주권을 근질권자인 대주에게 교부하여야 하고, 대주는 계속하여 주권을 점유해야 그 질권으로써 제3자에게 대항할 수 있다(상법 제338조). 또한 대주가 주식에 등록질을 설정하여 회사로부터 이익배당, 잔여재산의 분배 또는 상법 제339조에 따른 금전의 지급을 받아 다른 채권자에 우선하여 자기채권의 변제에 충당하기 위해서는 시행사로 하여금 질권설정자의 청구에 따라 질권자의 성명과 주소를 주주명부에 덧붙여 쓰고 그 성명을 주권에 적어야 한다(상법 제340조 제1항).

주권의 교부는 현실의 인도에 국한되지 않고, 반환청구권의 양도도 허용되므로 주권이 발행되지 않은 주식에 대하여는 주권반환청구권의 양도 방식으로 질권을 설정하기도 한다. 그러나 주식에 설정된 근질권을 실행하는 경우에는 일반적으로 주식에 대한 매각 절차가 수반되는데, 주식 양수인이 주권을 교부받아 점유하여야 주식 양도 등의 법률관계가 명확해지므로, 가능한 시행사의 주권을 발행하여 근질권자인 대주가 보관하는 것이 바람직하다. 또한 회사 성립 후 또는 신주의 납입기일 후 6월 내에는 주권발행 전에 한 주식의 양도는 회사에 대하여 효력이 없으므로(상법 제335조 제3항), 위 기한 내에 발행된 주식에 대하여 근질권을 설정하는 경우에는 반드시 주권을 발행하여 추후 질권 실행에 문제가 없도록 해야 한다. 다만, 대법원은 "주권발행 전에 한 주식의 양도가 회사성립 후 또는 신주의 납입기일 후 6월이 경과하기 전에 이루어졌다고 하더라도 그 이후 6월이 경과하고 그 때까지 회사가 주권을 발행하지 않았다면, 그 하자는 치유되어 회사에 대하여도 유효한 주식양도가 된다"고 판시하였다(대법원 2002. 3. 15. 선고 2000두1850 판결).

　　대주가 은행인 경우, 대주는 다른 회사 등의 지분증권의 20%를 초과하는 지분증권을 담보로 대출하는 경우에는 그 사실을 지체없이 금융감독원장에게 보고하여야 한다(은행법 제47조 제8호, 제65조, 동법 시행령 제24조의3 제1항, 제26조의2 제1항 별표 3. 제37호).

　　대주는 주식에 양도담보권을 설정하는 방안도 고려할 수 있다. 양도담보권이란 담보권설정자가 담보의 목적으로 담보목적물을 담보권자에게 양도하는 담보권을 말하고, 해당 담보목적물의 성격에 따라 소유권 이전의 요건을 갖추어야 한다. 다만, 대주가 은행 등 금융기관인 경우에는 「은행법」, 「금융산업의 구조개선에 관한 법률」 등에 따라 주식 소유 한도가 제한되거나 그 외에도 일정한 한도 이상의 주식 취득 등의 경우 「독점규제 및 공정거래에 관한 법률」(이하 '공정거래법')에 따른 기업결합신고, 계열회사 편입 등의 문제가 있으므로 유의하여야 한다. 일반적으로 대주가 금융기관인 경우에는 주식에 대하여 근질권을 설정하고, 대주가 SPC인 경우에는 주식에 대하여 양도담보권을 설정하기도 한다.

　　시행사의 정관에 회사 주식을 제3자에게 매각, 양도, 이전하고자 하는 경우 이사회의 사전 승인을 얻어야 한다는 규정이 있는지 확인이 필요하다(상법 제335조). 이와 관련하여 향후 주식 질권 실행으로 인한 주주 변경 시에도 이사회 결의가 있어야 하는지 논란이 있으므로, 주식 질권 설정 시 이러한 논란의 가능성을 없애기 위하여 정관의 해당 규정을 삭제하거나 수정할 필요가 있다.

(2) 자금보충약정

대주는 시행사의 채무 변제 능력을 확보하기 위하여 시행사의 주주에게 시행사에 대한 자금보충약정을 요구하기도 한다. 일반적으로 시행사의 주주의 자금보충은 시행사에게 추가 출자를 하거나 후순위로 대여하는 방식으로 한다.

(3) 연대보증

대주는 시행사의 대표이사 또는 최대주주 등 시행사의 운영을 실질적으로 책임지는 자에게 연대보증을 요구하기도 한다(민법 제428조, 제437조 단서).

「보증인 보호를 위한 특별법」(이하 '보증인보호법')은 보증의 방식, 보증채무 최고액의 특정, 보증기간 등 보증인 보호를 위한 여러 특례를 규정하고 있으나, 기업의 대표자, 이사, 무한책임사원, 국세기본법 제39조 제2항에 따른 과점주주 또는 기업의 경영을 사실상 지배하는 자가 그 기업의 채무에 대하여 보증채무를 부담하는 경우 등은 보증인보호법에 따른 보증인의 범위에 포함되지 않는다(보증인보호법 제2조 제1호 나목). 따라서 시행사의 대표이사 또는 최대주주 등 기업의 경영을 사실상 지배하는 자에 대하여는 보증인보호법이 적용되지 않는다.

한편, 「금융소비자 보호에 관한 법률」(이하 '금융소비자보호법')에 의하면, 은행 등 금융상품판매업자 또는 금융상품자문업자는 금융소비자에 대한 대출과 관련하여 제3자의 연대보증을 요구하는 행위가 원칙적으로 제한되고, 금융소비자가 개인인 경우의 개인사업자의 공동사업자, 금융소비자가 법인인 경우의 법인의 대표이사 또는 최대주주 등 일정한 자의 경우에만 예외적으로 연대보증이 허용되므로 유의할 필요가 있다(금융소비자보호법 제20조 제1항 제4호 다목, 동법 시행령 제15조 제2항, 「금융소비자 보호에 관한 감독규정」 제14조 제1항).[1]

---

1) 금융소비자가 법인인 경우, 「자본시장과 금융투자업에 관한 법률」에 따른 프로젝트금융(대출로 한정함)에 관한 계약을 체결하는 경우에 그 프로젝트금융의 대상이 되는 사업에 따른 이

3. 시공사에 대한 조치

대주는 시행사의 신용을 보강하기 위하여 시공사에게 신용공여를 요구하기도 한다. 시공사의 신용공여는 연대보증, 채무인수, 손해담보, 자금보충, 책임분양 등을 내용으로 한다(구체적인 내용은 제3장 제2절 시공사 신용공여 부분 참고).

대주는 부동산 개발사업이 잘 진행되어 건물이 준공되어야 건물의 분양대금, 매각대금을 재원으로 대출금을 회수할 수 있다. 따라서 대주는 시공사에게 불가항력적인 경우가 아닌 한, 예정된 공사기한 내에 건물을 준공해야 하는 책임준공의무를 부과하여, 건물미준공에 따른 위험을 회피한다(구체적인 내용은 제3장 제3절 책임준공의 법률관계 부분 참고).

또한 대주는 시공사에게 부도 사유가 발생하는 등 시공사가 시공 의무를 계속 이행하기 어려운 경우에 대비하여, 시공사가 시공과 관련된 모든 권리 및 유치권 등을 포기하고, 이를 대주가 지정하는 자에게 양도하는 내용의 시공권 및 유치권 포기각서의 제출을 요구한다.

참고로 시공사 교체와 관련하여 수분양자는 브랜드 가치 하락, 시공사의 시공 능력 저하 등을 이유로 분양계약을 해제할 가능성도 있다. 특히 시공사 변경이 주택의 공급가격에 변경을 초래하는 사업비의 증액을 가져오는 경우, 입주자모집공고 이후 시공사 변경 및 사업비 증액으로 인한 사업계획 변경 승인을 받기 위해서는 입주예정자 80% 이상의 동의를 얻어야 하므로(주택법 시행규칙 제13조 제3항 제1호), 이에 유의할 필요가 있다.

또한 시공사의 시공권 및 유치권 포기각서에도 불구하고 하수급인이 유치권을 행사할 가능성도 있다. 하수급인이 건설산업기본법에 따른 하도급대금 직접 지급의 요건을 갖춘 경우에는 사후관리의 측면에서 하수급인에게 하도급대

익을 금융소비자와 공유하는 법인의 연대보증도 예외적으로 허용된다(「금융소비자 보호에 관한 감독규정」 제14조 제1항 제2호). 금융위원회는 시공사의 경우 이에 따라 연대보증이 허용되는 '프로젝트금융의 대상이 되는 사업[차주가 특수목적법인(SPC)인 경우로 한정하지 않음]에 따른 이익을 차주와 공유하는 법인'으로 보아 시공사는 부동산 프로젝트금융 관련 차주인 법인에 대해 연대보증을 할 수 있다고 유권해석하였다[금융위원회·금융감독원의 2021. 4. 26. 자 금융소비자보호법 FAQ 답변(3차) 3. 참고].

금을 직접 지급하고 건설사업장의 정상화를 도모하는 것이 불가피한 경우도 있다(건설산업기본법 제35조).

4. 자금 관리

대주는 PF에 따른 대출금, 시행사의 분양수입금 등 금원의 입금을 관리하고, 사업부지 매매대금, 사업비, 공사비 등 금원의 출금을 관리하여 사업이 원활하게 진행되고 대출원리금 상환에 문제가 없도록 한다. 대주는 대출약정서에 자금 집행 순서를 명시하고, 이자유보계좌, 대출금관리계좌에 일정한 금액 이상의 이자지급재원, 대출금상환재원을 예치할 것을 요구하기도 한다.

또한 대주는 분양률이 일정한 수준에 미치지 못하는 경우에는 시공사에 대한 공사비 지급을 유보하고, 대주의 피담보채무가 모두 상환된 후에 공사비 지급이 가능하도록 자금 집행을 통제하기도 한다.

대주는 이러한 자금 관리를 위하여 프로젝트계좌에 근질권을 설정하여, 대주의 동의가 있는 경우에만 자금이 집행되도록 한다.

5. 미분양 담보대출 확약

일정한 경우 대주 이외의 다른 금융기관이 신축 건물 사용승인(보존등기) 이후 일정한 시점을 기준으로 분양계약이 체결되지 아니하거나 분양계약이 해제, 취소된 건물을 담보로 시행사에게 일정한 금액을 대출해 줄 것을 확약하기도 한다. 해당 담보대출 확약기관은 미분양 담보대출 확약의 대가로 담보대출 확약수수료를 수취한다. 시행사는 미분양 담보대출로 조달한 자금으로 대주의 대출금을 상환하므로, 대주는 이러한 방법으로 신축 건물 미분양으로 인하여 시행사가 대출금을 상환하지 못하는 위험을 피할 수 있다.

6. 보증상품

대주는 시행사의 신용을 보강하기 위하여 주택도시보증공사, 한국주택금융공사 등의 보증상품을 이용할 수도 있다.

주택도시보증공사의 주택사업금융보증이란 '주택을 건설·매입 또는 리모델링하여 수요자에게 분양 또는 임대하는 사업에 지원되는 금융의 원리금 상환을 책임지는 보증'을 말한다(주택도시기금법 제26조 제1항 제2호, 동법 시행령 제21조 제1항 제7호). PF보증(유동화보증 포함)의 경우 (i) 신용평가등급 BB+ 이상 및 (ii) 시공능력평가순위 700위 이내 또는 최근 5년간 주택건설실적 300세대 이상(2025. 6.까지 해당 요건 미적용)인 시공사의 책임준공의무 부담 등의 조건이 있으며, 분양사업의 보증금액은 총 사업비의 50%(2025. 6.까지 70%이고, 도시형생활주택·오피스텔 사업장의 경우 2024. 12.까지 총 사업비의 80%) 이내이다.

한국주택금융공사의 프로젝트금융(PF)보증이란 주택건설사업자가 분양을 목적으로 주택을 건설하는 데 필요한 자금을 금융기관에서 프로젝트금융방식으로 받는 대출에 대하여 지원하는 보증을 말한다. 선분양 사업인 경우 회사채 또는 기업신용등급 BBB- 이상이거나 기업어음등급이 A3 이상이고, 시공능력순위 200위 이내인 시공사의 책임준공의무 부담 등의 조건이 있다.

Ⅲ. 시행사의 위험 회피 방법

시행사는 직접 또는 시공사를 통하여 건설공사보험 등 각종 보험을 가입하여 사업 시행 중에 발생할 수 있는 위험을 회피할 수 있다. 이러한 보험의 가입 및 시행사의 보험금채권에 대한 대주의 담보권 설정은 PF를 위한 대주의 요구 사항인 경우가 일반적이다.

IV. 시공사의 위험 회피 방법

시공사는 대주가 담보를 설정한 담보목적물에 후순위 담보권을 설정하여 시행사에 대한 공사대금채권, 시공사가 PF와 관련하여 채무인수 등의 신용공여를 하는 경우에 발생하는 구상채권 등을 담보한다.

특히 시공사는 대주에 대하여 채무인수의무를 이행하거나 시행사의 대출 채무를 대위변제한 후 시행사의 주식에 설정된 근질권을 실행하여 시행사의 경영권을 확보하는 방안을 고려한다. 즉, 시공사는 (i) 주식에 대한 질권 실행(주식 인수), (ii) 기존 임원 해임(주주총회 특별결의), (iii) 신규 임원 선임(주주총회 보통결의) 및 대표이사 선임(이사회 결의), (iv) 임원 변경 등기, (v) 명의개서 등의 절차를 통하여 시행사의 주식을 인수한다.

시공사가 직접 또는 제3자를 통하여 시행사의 주식을 원활하게 인수하기 위해서는 시행사의 주식 100%에 대하여 담보를 설정하고, 담보주식에 대한 주권을 점유할 필요가 있다. 주식에 대한 담보권(질권)을 실행하는 경우 주식 이전의 요건인 합의와 주권의 교부가 필요하며(상법 제336조), 주주로부터 미리 징구한 양도증서의 수신인란을 보충하여 주식을 인수한다. 이 과정에서 담보권 실행 가격의 적정성을 확인하기 위하여 주식 가치에 대한 감정평가를 받아 두는 것이 좋다.

주식 인수인이 주주권을 행사하여 시행사의 기존 임원을 교체하기 위해서는 회사에 대한 대항요건인 명의개서를 하여야 하는데 기존 임원이 명의개서에 협조하지 않을 가능성이 크다. 그러나 부당하게 명의개서를 거부당한 주주는 명의개서 없이 주주권을 행사할 수 있으므로(대법원 1993. 7. 13. 선고 92다40952 판결), 이에 따라 주주총회 특별결의로 기존 임원 해임 절차를 진행한다. 상법상 주주총회를 개최하기 위해 이사회의 주주총회 소집결정 및 대표이사의 소집통지가 있어야 하며, 주주총회의 의장은 대표이사가 되어야 하므로, 다시 기존 임원의 협조가 필요한지 문제가 된다. 그러나 (i) 주주 전원이 참석하면 소집절차 흠결은 주주총회 결의 효력에 영향을 미치지 않고(대법원 1993. 2. 26. 선고 92다48727 판결), (ii) 주주 전원의 위임을 받은 대주주가 주주총회의 의장으로 총회를 진행해도 주주총회는 유효하므로(대법원 2008. 6. 26. 선고 2008도1044 판결), (i) 신규 주주 전원이 참석하고, (ii) 주주 전원의 의사로 대주주를 의장으로 선출하여 기존 임원을 해임하는 주주총회를 개최한다. 그 후 정관에 따라 주주총회 결의로 신규 임원을 선임하고, 이사회 결의로 대표이사를 선임한 후에 기존 임원 해임 및 신규 임원 선임 등기 절차를 진행하고, 신규 임원이 신규 주주 명의로 명의개서를 하면, 시행사 주식 인수 절차가 마무리된다.[2]

임기가 정해진 임원을 정당한 이유 없이 그 임기 만료 전에 해임하는 경우 해당 임원은 회사에 대하여 해임으로 인한 손해배상을 청구할 수 있으므로(상법 제385조 제1항 단서, 제415조), 해임 사유에 대한 입증 자료를 준비하는 것이 필요하다.

한편, 시행사의 정관에 주식 양도 제한 규정(주식 양도 시 이사회의 승인을 요하는 규정)이 있는 경우, 주식 근질권 실행으로 인한 주주 변경 시 시행사 이사회의 사전 승인이 필요한지 여부가 문제된다. 그러나 이에 관하여 명시적인 판례가 존재하지 않고, 학설이 대립되고 있다. 이와 관련하여 시행사가 주식근질권설정계약의 체결 및 이행에 대하여 사전에 이사회의 승인을 받은 경우, 추후 주식 근질권 실행으로 인하여 주식이 양도되는 사안도 이사회 안건에 포함하여 이사회의 사전 승인을 받도록 하고, 가능하면 시행사의 정관에 있는 주식 양도 제한 규정을 삭제할 필요가 있다.

또한 시공사가 직접 또는 간접으로 시행사 주식의 전부 또는 일부를 인수하는 경우에는 다음과 같은 이슈를 고려해야 한다.

• 기업결합 신고: 자산총액 또는 매출액이 3,000억 원 이상인 회사가 자산총액 또는 매출액이 300억 원 이상인 다른 회사의 발행주식(의결권 없는 주식 제외) 총수의 20% 이상을 소유하게 되는 경우 등에는 기업결합 신

---

2) 다만, 최근 엄격해진 주식회사의 등기 관련 실무를 참고하면, 기존 임원 해임 등기 절차에서 등기관에 따라 주주총회 의사록 공증본을 요청할 수 있고, 이 경우 공증사무실에서 주주총회 의사록 공증 시 기존 대표이사의 확인서를 요구할 가능성도 있다. 만약 등기관이 기존 임원 해임 관련 주주총회 의사록 공증본을 요청하는 경우, '소집권과 의장지명에 대한 법원결정문'(해당 결정까지 3~6개월 소요)을 받아 제출해야 공증이 가능하다.

고를 해야 한다(공정거래법 제11조 제1항 제1호, 동법 시행령 제15조 제1항 및 제2항, 제18조 제1항 및 제2항 등).

- 계열회사 편입: 다른 회사의 발행주식(의결권 없는 주식 제외) 총수의 30% 이상을 소유하는 경우로서 최다출자자인 경우 등에는 계열회사의 관계에 있게 된다(공정거래법 제2조 제11호, 제12호, 동법 시행령 제4조 제1항 제1호). 또한 의결권을 위임 받는 등 사안에 따라 시행사의 경영에 대하여 지배적인 영향력을 행사할 수 있다고 인정되는 경우 시행사가 계열회사로 편입되는 것으로 해석될 가능성이 있다(공정거래법 제2조 제11호, 제12호, 동법 시행령 제4조 제1항 제2호).

- 법인세법상 부당행위계산의 부인: 시행사의 경영권을 확보하기 위하여 시공사의 임직원을 시행사의 주주로 정하는 등 법인세법상 시공사와 시행사가 특수관계인의 관계에 있게 되는 경우, 추후 거래할 내용에 따라 법인세법상 부당행위계산 등의 문제가 제기될 수 있다(법인세법 제52조, 제2조 제12호, 동법 시행령 제2조 제8항).[3]

- 과점주주의 간주취득세 및 2차 납세의무: 법인의 주식을 취득함으로써 과점주주(주주 또는 그와 일정한 친족 기타 특수관계에 있는 자들의 소유주식의 합계가 당해 법인의 발행주식 총수의 50%를 초과하면서 그에 관한 권리를 실질적으로 행사하는 자)가 된 경우 그 과점주주는 해당 법인의 부동산을 취득한 것으로 보고, 주주에 대하여 간주취득세가 부과될 수 있고(지방세법 제7조 제5항, 동법 시행령 제10조의2, 지방세기본법 제46조 제2호), 과점주주의 경우 출자자로서의 제2차 납세의무를 부담할 가능성도 있다(국세기본법 제39조).[4] 따라서 이러한 사정을 고려하여 시행사 발행 주식을 양수할 자를

---

3) 법인의 행위계산이 부당행위계산의 유형에 해당한다 하더라도, 어떤 행위가 법인세법상의 부당행위계산에 해당되느냐의 여부는 거래행위의 제반 사정을 구체적으로 고려하여 과연 그 거래행위가 건전한 사회통념이나 상관행에 비추어 경제적 합리성을 결여한 것인지 여부에 의하여 판단된다(대법원 1990. 5. 11. 선고 89누8095 판결 등 참조).

4) 법인의 재산으로 그 법인에 부과되거나 그 법인이 납부할 국세 및 강제징수비에 충당하여도 부족한 경우에는 그 국세의 납세의무 성립일 현재 '과점주주'(주주 1명과 그의 특수관계인 중 일정한 자로서 그들의 소유주식 합계가 해당 법인의 발행주식 총수의 50%를 초과하면서 그 법인의 경영에 대하여 지배적인 영향력을 행사하는 자를 말함)에 해당하는 자는 그 부족한 금액에 대하여 제2차 납세의무를 부담한다. 다만, 과점주주의 경우에는 그 부족한 금액을 그

2인 이상으로 선정하여 어느 한 주주가 시행사 발행 주식의 50%를 초과하는 주식을 취득하지 않도록 해야 한다.

• PFV 주식 취득: PFV의 지위를 유지하기 위하여 시행사 주식 인수 이전에 PFV의 요건(주주, 이사, 감사, 자산관리회사 등) 충족 여부를 검토하고, PFV에 대한 지배권을 확보하여 이사, 감사 또는 자산관리회사가 변경된 경우 2주 내에 관할세무서장에 명목회사변경신고를 해야 한다(조세특례제한법 제104조의31, 동법 시행령 제104조의28 제6항).

한편, 시행사의 기존 주주 및 임원은 주주총회결의 무효확인소송, 임원선임효력정지가처분, 직무집행정지가처분, 직무대행자선임가처분(상법 제407조 제1항) 등의 절차를 통하여 시행사의 주식 인수 절차를 다툴 것이 예상되므로, 법령 및 정관의 요건을 잘 검토하여 이에 대비할 필요가 있다.

위와 같은 시행사 주식 인수 방안은 기존 시행사의 사업시행자 지위를 그대로 유지할 수 있으므로 사업시행주체 변경으로 인한 인·허가를 별도로 받을 필요가 없고, 사업부지를 이전할 필요가 없으므로 사업부지의 이전에 따른 추가적인 취·등록세의 부담이 없다. 다만, 시행사가 부담하고 있는 기존 부채가 그대로 유지되므로, 시행사의 기존 채무 및 우발채무의 규모가 명확하지 않은 경우에는 리스크의 정도를 예측하기 쉽지 않다는 단점이 있다.

시공사는 위와 같이 시행사의 주식을 인수하는 것이 아니라 시행사의 사업시행권 자체를 인수하는 방법도 고려할 수 있다(구체적인 내용은 제5장 제2절 시행권 인수 부분 참고).

법인의 발행주식 총수(의결권 없는 주식 제외)로 나눈 금액에 해당 과점주주가 실질적으로 권리를 행사하는 주식 수(의결권 없는 주식 제외)를 곱하여 산출한 금액을 한도로 한다(국세기본법 제39조).

V. 수분양자의 위험 회피 방법

1. 주택분양보증

수분양자가 주택이 완공되기 이전에 시행사와 분양계약을 체결하고, 계약금 및 중도금을 지급하는 경우, 주택분양보증 제도를 통하여 시행사가 파산 등의 사유로 분양계약을 이행하지 못하는 경우의 위험을 회피할 수 있다.

주택도시보증공사의 주택분양보증이란 사업주체가 주택법 제15조 제1항 본문 또는 같은 조 제3항에 따라 사업계획의 승인을 받아 건설하는 주택(부대시설 및 복리시설을 포함함) 또는 같은 법 시행령 제27조 제4항에 따라 사업계획의 승인을 받지 아니하고 30세대 이상의 주택과 주택 외의 시설을 하나의 건축물로 건축하는 경우, 사업주체가 파산 등의 사유로 분양계약을 이행할 수 없게되는 경우 해당 주택의 분양(주택법 제49조에 따른 사용검사 또는 건축법 제22조에 따른 사용승인과 소유권보존등기를 포함함)의 이행 또는 납부한 계약금 및 중도금의 환급(해당 주택의 감리자가 확인한 실행공정률이 100분의 80 미만이고, 입주자의 3분의 2 이상이 원하는 경우로 한정함)을 책임지는 보증을 말한다(주택도시기금법 제26조 제1항 제2호, 동법 시행령 제21조 제1항 제1호 가목).

공동주택 30세대 이상의 주택건설사업 등을 시행하려는 자는 주택법에 따른 사업계획승인을 받아야 하는데(주택법 제15조), 이러한 사업주체가 착공과 동시에 입주자를 모집하기 위해서는 주택이 건설되는 대지의 소유권을 확보하고, 주택도시보증공사 등으로부터 분양보증을 받아야 한다(주택법 제15조, 주택 공급에 관한 규칙 제15조 제1항). 즉, 시행사가 주택이 완공되기 이전에 선분양을 하는 경우, 수분양자는 주택분양보증 제도를 통하여 시행사의 파산 등의 사유로 발생하는 피해를 최소화할 수 있다.

2. 관리형 토지신탁

관리형 토지신탁에서는 사업주체가 시행사가 아니라 수탁자이고, 수분양자도 수탁자와 분양계약을 체결하여 수탁자가 관리하는 수탁자 명의 계좌로 분양대금을 지급하고, 수탁자가 건물에 대한 소유권보존등기 완료 후에 수분양자에게 소유권이전등기를 한다.

따라서 관리형 토지신탁 방식으로 진행되는 사업에서는 시행사가 임의로 분양대금을 유용하거나 시행사의 우발채권자가 건물에 보전처분을 하여 수분양자에게 소유권이전등기가 지체되는 등의 위험을 방지할 수 있다.

제2절 ▶ 시공사 신용공여

I. 서 론

1. 시공사 신용공여의 배경

프로젝트 파이낸싱(project financing, PF)은 사업주(sponsor)[5]가 특정 프로젝트에서 발생하는 미래의 현금흐름을 담보로 필요한 자금을 조달하는 금융기법을 의미한다. 사업주의 신용과 보증, 담보가 아니라 프로젝트의 현금흐름에 기초하여 파이낸싱이 이루어지므로, 프로젝트회사(project company)가 채무를 상환하지 못하거나 도산하는 경우에도 프로젝트회사의 자산만을 대상으로 채권을 회수한다. 이처럼 사업주에게 상환청구권을 행사하지 아니하는 비소구금융(non-recourse financing)이라는 점이 프로젝트 파이낸싱의 특징이다.[6] 비소구금융이 가능한 것은 프로젝트 관련 위험이 대주 이외의 여러 참여자들에게 분배되고, 개별적인 위험을 최소화하기 위한 방안이 마련될 뿐만 아니라, 프로

---

5) PF 사업에서의 사업주는 사업의 유형에 따라 다양하나, 국내 부동산 개발사업에서는 부동산 개발회사, 건설회사 등인 경우가 일반적이다.

6) 영미에서 non-recourse는 채무자가 담보물의 범위 내에서만 책임을 부담하고 그 초과분에 대하여는 자신의 일반재산으로 책임을 지지 않는다는 개념으로 사용되는 경우가 종종 있으므로 주의할 필요가 있다.

젝트 관련 자산이 대주에게 모두 담보로 제공되고 모든 현금흐름(cash flow)이 대주에 의해 통제되기 때문이다.

그러나 우리나라에서는 사업주가 프로젝트회사를 위하여 보증 및 담보를 제공하기도 하고, 프로젝트회사가 대출채무를 상환하지 못하거나 도산하는 경우 사업주가 직접 책임을 부담하기도 하며, 시공사도 다양한 형태의 신용을 공여하는 방식으로 PF가 이루어지고 있다. 국내 부동산 개발사업의 경우 영세한 부동산개발회사가 설립한 특수목적회사(special purpose company, SPC)가 프로젝트회사가 되는 경우가 많다. 특히 분양사업의 경우 미분양이라는 사업 자체의 리스크는 높은 반면, 사업주의 전문성에는 한계가 있고, 사업주의 출자금이 사업비에서 차지하는 비율도 매우 낮다는 점 등 때문에, 사업주의 신용공여 이외에 시공에 참여하는 건설회사의 신용공여까지 요구하는 것이다. 건설회사가 설립한 SPC가 프로젝트회사가 되는 경우도 있으나, 이러한 경우에도 건설회사는 사업주 및 시공사의 지위에서 신용공여를 제공하고 있다. 이하에서는 주로 건설회사가 SPC에 출자하지 않고 시공사로만 참여하는 부동산 개발사업 PF를 전제로 논의한다.

2. 신용공여의 의미

은행법은 신용공여를 대출, 지급보증 및 유가증권의 매입(자금지원적 성격의 것만), 그 밖에 금융거래상의 신용위험이 따르는 은행의 직접적·간접적 거래라고 정의하고 있다(제2조 제1항 제7호). 자본시장과 금융투자업에 관한 법률은 신용공여를 금전·증권 등 경제적 가치가 있는 재산의 대여, 채무이행의 보증, 자금지원적 성격의 증권의 매입, 그 밖에 거래상의 신용위험을 수반하는 직접적·간접적 거래라고 정의하고 있다(제34조 제2항). 이러한 신용공여는 은행이나 금융투자업자의 신용공여에 관한 것이기는 하나, 시공사의 신용공여에 있어서도 기본적으로 위 개념을 차용할 수 있을 것으로 생각된다.

그렇다면 시공사의 신용공여는 시공사가 SPC에게 대출을 하거나 SPC를 위하여 지급보증을 하거나 자금지원 목적으로 SPC에 출자하거나 기타 SPC의 신용위험이 따르는 직접적·간접적 거래를 하는 것으로 정의할 수 있다.

거래계에서는 신용공여라는 표현 이외에 신용보강이라는 표현도 널리 사용되고 있다. 신용보강은 신용공여를 포함하여 대주의 대출원리금 회수 가능성을 높이는 데에 기여하는 제반 수단을 가리키는 것으로 볼 수 있다. 이와 같이 신용보강이 신용공여와 동일한 기능을 한다는 점에서, 신용보강도 넓은 의미의 신용공여로 볼 수 있으므로, 이하에서는 신용보강을 포함하는 넓은 의미의 신용공여에 대하여 살펴볼 예정이다.

시공사의 신용공여는 단독 시공사가 제공하는 것이 통상적이나, 어느 시공사의 신용도가 충분치 아니한 경우 복수의 시공사가 신용공여를 제공하도록 하거나, 시공사의 모회사도 신용공여를 제공하도록 하는 방식도 있다. 신용공여는 그 유형과 규모에 따라 시공사의 내부수권절차가 상이할 수 있는바, 당사자들 사이의 분쟁을 사전에 방지하기 위하여 개별 신용공여에 필요한 적법한 내부수권절차가 무엇인지 면밀히 확인하고 이를 거치도록 하는 것이 중요하다.

PF는 통상적으로 1년 이상의 기간에 걸쳐 프로젝트 수입으로 상환이 예정되어 있는 것이다.[7] SPC는 그 이전단계에서 초기 사업비의 조달을 위해 1년 이내에 추가적인 브릿지론 또는 PF를 통해 상환하는 것을 전제로 브릿지론 대출을 받는 경우가 흔히 있다. 국내의 부동산 개발사업의 경우 브릿지론 단계에서도 시공사 신용공여가 요구되는바, 이는 주로 시공사의 책임으로 PF가 실행되도록 하고, PF가 실행되지 않아 브릿지론이 상환되지 않는 경우 시공사가 브릿지론 대출채권을 양수하거나 브릿지론을 대신 상환하는 형식으로 책임을 부담하게 하는 경우가 흔히 있다.

이하에서는 시공사의 신용공여 방법으로 사용되는 대출, 연대보증, 채무인수, 손해담보, 자금보충, 책임분양 등에 대하여 차례로 살펴본다.

---

7) 국내 거래실무에서는 PF를 브릿지론을 포함하는 개념으로 사용하고, 원래 의미의 PF는 본PF라고 부르는 경향이 있다.

Ⅱ. 대 출

시공사는 SPC에게 직접 사업비를 대출하기도 한다. SPC는 사업 초기 단계에 시공사가 해당 사업의 시공에 참여하는 것 등을 내용으로 하는 업무협약을 맺으며 시공사로부터 사업비를 대출받는 경우가 종종 있다. 그리고 다음의 자금보충 부분에서 살펴보는 바와 같이, 사업 진행 중에 사업비 부족 등 자금보충사유가 발생하여 대주의 요청에 따라 시공사가 SPC에게 대출을 실행하여야 하는 경우도 있다.

Ⅲ. 연대보증

1. 개념과 성립

연대보증은 보증인이 주채무자와 연대하여 채무를 부담함으로써 주채무의 이행을 담보하는 보증채무를 의미한다. 은행법상의 지급보증이라는 것은 주로 연대보증의 형식으로 이루어지므로, 연대보증은 지급보증과 동일한 의미로 사용되는 것이 일반적이다.

시공사의 연대보증은 시공사가 함께 날인하는 대출약정서상에 규정되기도 하고, 시공사가 대주에게 제출하는 연대보증서 또는 시공사, 대주 및 SPC 사이에 체결하는 연대보증계약의 형태로 이루어지기도 한다.

2. 대 상

시공사의 연대보증 대상은 SPC가 사업비 조달을 위해 체결하는 대출약정상 대출금 전액일 수도 있고, 일부 트렌치(tranche)일 수도 있으며, 이자만을 대상으로 하는 경우도 있다. 가령, 대출약정금 전액을 신탁 우선수익권으로 담보할 수 없는 경우, 대출약정금을 신탁 우선수익권으로 담보되는 부분과 그렇지 아니한 부분으로 트렌치를 나누어 후자에 대하여만 연대보증을 제공하게 할 수 있다. 그리고 대출약정금 전액이 신탁 우선수익권으로 담보되지만, 해당 사업의 예상 현금흐름에 비추어 이자 지급 재원이 부족할 위험이 있는 경우에는 이자에 대하여만 연대보증을 하게 할 수 있다. 여러 건설회사가 공동 시공사로 참여하는 경우에는 내부적으로 일정한 부담부분을 정하고 상호 연대하여 연대보증채무를 부담하기도 한다.

3. 「보증인 보호를 위한 특별법」의 적용 배제

「보증인 보호를 위한 특별법」은 보증인 보호를 위한 여러 규정을 두고 있으나, 기업이 영위하는 사업과 관련된 타인의 채무를 보증하는 경우 등은 보증인의 개념에 포함되지 않는 것으로 정의하고 있다(제2조 제1호). 그런데 시공사는 시공사의 사업과 관련된 SPC의 채무에 대하여 보증채무를 부담하므로, 이 법이 적용된다고 보기 어렵다.

4. 효 력

주채무가 무효이거나 취소되는 경우 연대보증채무도 무효가 되고, 주채무의 내용이 변경되면 연대보증채무의 내용도 변경되며, 주채무가 변제 등으로 소멸하면 연대보증채무도 소멸하게 된다(부종성). 주채무자에 대한 채권이 양도되어 대항요건을 갖춘 때에는 별도의 특약이 없는 한 이에 수반하여 연대보증인에 대한 채권도 양도되고 대항력이 발생한다(수반성). 한편, 통상적인 보증의 경우 보증인이 채권자에게 우선 주채무자에게 청구하고 주채무자의 재산에 대하여 먼저 집행하라는 주장을 할 수 있으나(보충성), 연대보증의 경우 채권자는 주채무자에게 먼저 청구하지 않고 연대보증인에게 직접 청구할 수도 있다.

연대보증채무의 내용은 주채무의 내용과 동일하다. 주채무의 범위가 이자, 위약금, 손해배상 등으로 확대되면 연대보증채무의 범위도 이에 따라 확대된다. 연대보증채무는 주채무보다 무거울 수 없으므로, 연대보증채무가 주채무보다 그 목적이나 형태가 무거워지는 경우, 연대보증채무는 주채무의 한도로 감축된다.

연대보증인에게 발생한 사유는 원칙적으로 주채무자에게 영향이 없으나, 변제, 대물변제, 공탁, 상계와 같은 채권을 소멸시키는 사유는 주채무자에게도 영향이 있다. 연대보증인이 수인인 경우 어느 연대보증인에 대하여도 주채무 전액을 청구할 수 있다.

5. 연대보증채무 이행의 효과

연대보증인은 주채무자에 대하여 출재액, 면책된 날 이후의 법정이자, 필요비, 기타의 손해를 청구할 수 있다. 이러한 연대보증인의 권리를 구상권이라고 한다. 다만, 연대보증인이 주채무자에게 미리 통지하지 않고서 변제 기타 출재로 주채무를 소멸시킨 경우에는 주채무자는 채권자에게 대항할 수 있는 사유로써 연대보증인에게 대항할 수 있다. 또한 연대보증인이 변제 기타의 출재로 주채무자를 면책케 하였으면서 주채무자에게 사후 통지를 하지 아니하여 주채무자가 선의로 채권자에게 변제 기타 면책행위를 한 때에는 주채무자는 자신의 면책행위의 유효성을 주장할 수 있다. 따라서, 위와 같은 상황이 발생할 가능성은 높지는 않지만, 연대보증인은 연대보증채무 이행 시 주채무자에게 이에 관한 사전, 사후 통지를 할 필요가 있다.

연대보증인은 변제할 정당한 이익이 있는 자(변제를 하지 아니하면 자신이 채권자로부터 집행을 받거나 자신의 권리를 상실하는 등의 지위에 있는 자)이므로 변제로 당연히 채권자의 대출채권 및 담보권을 구상권의 범위 내에서 행사할 수 있다. 이러한 경우 채권자의 승낙 없이도 채권자의 권리가 연대보증인에게 이전된다. 연대보증인이 주채무자 대신 변제하는 것을 대위변제라고 하고, 대위변제로 인해 채권자의 권리가 연대보증인에게 이전되는 것을 변제자대위라고 한다. 구상권은 연대보증인이 대위변제로 인하여 취득하는 자신의 고유한 권리인 반면, 변제자대위는 연대보증인이 대위변제로 인하여 법률에 따라 당연히 채권자의 권리를 이전 받는 것이라는 점에서 차이가 있다.

실무에서 연대보증인이 대위변제를 하는 대신 채권자로부터 대출채권 및 담보권을 양수하는 경우가 간혹 있다. 이러한 양수도는 대위변제와 경제적 실질은 동일하다고 볼 수 있으나, 양수도의 경우 별도의 대항력을 갖추어야 한다는 점에서 대위변제를 통한 변제자대위보다는 절차 등에서 번거로운 측면이 있다.

6. 법적 쟁점

(1) 공정거래법상 채무보증 금지

공정거래법은 상호출자제한기업집단에 속하는 회사는 국내회사는 계열회사에 대하여 채무보증을 해서는 안되고, 국내금융기관에 대한 자기 계열회사의 기존 채무를 면하게 함이 없이 동일한 내용의 채무를 부담하는 행위(병존적 채무인수)를 채무보증 금지의 탈법행위로 보아 규제하고 있다(제24조, 제36조 및 시행령 제42조 제1호). 따라서, 상호출자제한기업집단에 속해 있는 시공사가 SPC를 설립한 경우에는 시공사의 연대보증이 금지될 수 있다.

(2) 상법상 신용공여 금지

상법은 상장회사가 그 주요주주 및 특수관계인, 이사, 감사 등을 상대방으로 하거나 그를 위하여 신용공여(금전 등의 대여, 채무보증, 담보제공 등)하는 것을 원칙적으로 금지하고 있다(제542조의9 제1항). 따라서, 상장회사인 시공사가 SPC의 주요주주이거나 특수관계인의 지위에 있는 경우에도 연대보증이 금지될 것으로 보인다.

(3) 공정거래법상 부당지원행위

공정거래법은 사업자가 부당하게 다른 회사에 대하여 가지급금, 대여금, 인력, 부동산, 유가증권, 상품, 용역, 무체재산권 등을 제공하거나 현저히 유리한 조건으로 거래하여 다른 회사를 지원할 수 있는 행위로서 공정한 거래를 저해할 우려가 있는 행위를 금지하고 있다(제45조 제1항 제9호 가목, 제2항, 제3항, 시행령 제52조 및 별표 2 제9호 가목). 만일 시공사가 SPC를 위하여 연대보증채무를 부담하는 것이 현저히 유리한 조건으로 거래하여 SPC를 지원할 수 있는 행위로서 공정한 거래를 저해할 우려가 있는 행위에 해당한다면 이러한 연대보증은 금지될 수 있다.

(4) 「금융소비자 보호에 관한 법률」상 연대보증

금융소비자 보호에 관한 법률(이하 '금융소비자보호법') 제20조 제1항 제4호 다목은 대통령령으로 정하는 대출성 상품의 계약과 관련하여 제3자의 연대보증을 요구하는 행위를 불공정영업행위로 보아 금지하고 있다. 그러나 동법 시행령 제15조 제2항 제2호 라목 및 「금융소비자 보호에 관한 감독규정」 제14조 제1항 제2호에 의하면 '자본시장법에 따른 프로젝트금융(대출로 한정) 또는 이와 유사한 구조의 금융상품에 관한 계약을 체결하는 경우 그 프로젝트금융의 대상이 되는 사업에 따른 이익을 금융소비자와 공유하는 법인'은 예외적으로 연대보증이 가능하다.[8]

따라서 PF대출 시 PF대출의 대상이 되는 사업에 따른 이익을 공유하는 법인에 시공이익을 누리는 시공사도 포함된다고 본다면, PF대출 시 시행사 대출채무에 대한 시공사의 연대보증은 위와 같은 예외에 해당되어 허용된다고 해석할 수 있다. 금융위원회도 PF대출 시 시공사는 '프로젝트금융사업에 따른 이익을 차주(특수목적법인인 경우로 한정되지 않음)와 공유하는 법인'으로 보아 연대보증이 허용된다고 보고 있다.[9]

(5) 법인세법상 부당행위계산부인

법인세법은 납세지 관할 세무서장 또는 관할지방국세청장은 내국법인의 행위 또는 소득금액의 계산이 특수관계인과의 거래로 인하여 그 법인의 소득에

---

8) 참고로 「금융소비자 보호에 관한 감독규정」 제14조 제1항 제3호에 의하면, 「건축물의 분양에 관한 법률」에 따른 분양대금을 지급하기 위해 대출을 받는 경우 동법에 따른 분양사업자 및 해당 건축물의 시공사도 법인인 금융소비자와 체결하는 대출성 상품계약에 관하여 연대보증이 가능하다.

9) 금융위원회 금융소비자정책과 2021. 4. 5.자 '건설사업 대출 연대보증 관련 검토결과'.

대한 조세의 부담을 부당하게 감소시킨 것으로 인정되는 경우에는 그 법인의 행위 또는 소득금액의 계산에 관계없이 그 법인이 각 사업연도의 소득금액을 계산한다고 규정하고 있다(법인세법 제52조). 과세관청은 법인이 특수관계자의 채무보증을 위해 금융기관에 담보를 제공하는 것만으로는 부당행위에 해당하지 아니하나, 담보제공 등 보증과 관련하여 공정하고 합리적인 수수료를 받지 아니하는 경우 또는 담보의 실질이 자금의 우회대여일 경우 부당행위에 해당할 수 있다고 보고 있다. 따라서, 시공사의 연대보증이 이에 해당하지 않도록 유의할 필요가 있다.

IV. 채무인수

1. 개념과 성립

본래 채무인수는 채무를 그 동일성을 유지하면서 그대로 채무인수인에게 이전하는 것을 목적으로 하는 계약을 의미한다. 한편 병존적 채무인수는 채무인수인이 종래의 채무자와 더불어 새로이 동일한 내용의 채무를 부담하게 되는 계약을 의미한다. 종래의 채무자가 더 이상 채무를 부담하지 않는 면책적 채무인수가 채무인수의 원칙적인 모습이라고 볼 수 있으나, 시공사의 신용공여는 일반적으로 병존적 채무인수 형태로 이루어진다.

채무인수인이 대출약정서에 날인하는 경우 대출약정서에 관련 내용을 규정하는 것이 일반적이나, 채무인수인, 대주, SPC 사이에 별도의 채무인수약정서가 체결되기도 한다.

2. 내 용

종래의 채무자는 자신의 채무를 여전히 부담하고, 채무인수인은 채무자의 채무와 동일한 내용의 채무를 부담하게 된다. 종래의 채무자와 채무인수인과의 관계는 연대채무자의 관계와 유사하다고 보는 것이 일반적인 견해이다.

채무인수의 범위와 관련하여서는, 관련 조항에서 대출약정서에 따라 차주가 대주에 대하여 부담하는 모든 채무(통상 피담보채무라고 정의됨)라는 취지로 규정하는 경우도 있고, 대출원리금채무라고만 규정하는 경우도 있어, 개별 사안에서 대출약정을 체결하거나 이를 해석하는 경우 채무인수의 범위가 어디까지인지를 유의할 필요가 있다.

3. 채무인수인의 채무이행의 효과

채무인수인이 채무를 이행하는 경우 종래의 채무자와 채무인수인 사이에는 연대채무자 사이의 구상관계가 적용될 것이나, 주채무자와 채무인수인 사이에서 채무인수인의 부담부분은 0일 것이므로, 결과적으로 연대보증인이 연대보증채무를 이행한 경우의 주채무자와 연대보증인 사이의 관계와 유사하게 된다.

채무인수인이 채무를 이행한 경우 종래의 채무자와의 관계에 있어서 구상권을 가진다. 또한 채무인수인은 변제할 정당한 이익이 있는 자로서 종래의 채무자를 대신하여 변제한 것이므로 변제자대위의 법리에 따라 채권자의 대출채권 및 담보권은 채무인수인에게 이전하게 된다.

V. 손해담보

1. 개념과 성립

손해담보는 당사자의 한 쪽이 다른 쪽에 대하여 일정한 위험을 떠맡기로 하고, 그로부터 생기는 손해를 담보하는 것을 목적으로 하는 계약을 말한다. 연대보증과 달리 주채무를 전제로 하는 것이 아니고 담보자가 채권자에 대하여 독립해서 책임을 부담하는 것이다. 손해담보약정에 의하여 담보되는 손해금액, 기간은 반드시 처음부터 특정되어 있을 필요는 없다.

그런데 손해담보는 연대보증 또는 채무인수와는 조금 다른 역할을 수행한다. 가령 조합이 사업주체인 경우 통상적인 사업주체인 SPC와 비교하여 차입에 관한 내부수권절차에 하자가 발생할 가능성이 상대적으로 높은데, 주채무가 적법, 유효하게 존속할 것을 전제로 하는 연대보증 및 채무인수의 경우에는 조합의 내부수권절차의 하자로 인하여 차입행위가 무효로 되는 경우 이들도 무효가 될 위험이 있다. 따라서, 이러한 경우에는 주채무가 적법하고 유효하게 존속할 것을 전제로 하지 않는 손해담보가 필요하게 된다.

손해담보약정은 시공사가 함께 날인하는 대출약정을 통해 할 수도 있고, 시공사, 대주 및 SPC 사이에 별도의 손해담보약정을 체결할 수도 있다. 실무에서 연대보증서 또는 연대보증계약서나 대출약정서상 연대보증 조항에 손해담보약정을 포함시키는 경우도 종종 있으니 유의할 필요가 있다.

2. 내 용

손해담보약정은 연대보증과 달리 주채무를 전제로 하는 것이 아니므로 담보자가 채권자에 대하여 독립해서 책임을 부담하게 된다. 통상적으로 미상환 대출원리금을 손해배상액으로 하는바, 이러한 경우 위 금액은 손해배상예정의 성격을 가지므로 법원에 의해 감액될 가능성이 있다.

3. 손해담보의무 이행의 효과

담보자가 손해담보의무를 이행하는 경우 채무자에 대하여 구상권을 가지게 된다.

한편, 담보자는 변제할 정당한 이익이 있는 자이므로 대위변제를 할 수 있다. 다만, 주채무가 무효인 경우에는 채권자로부터 이전받을 권리가 없으므로, 이러한 경우에는 변제자대위 법리가 특별한 의미를 가지지는 않는다.

VI. 자금보충

1. 개념과 성립

자금보충은 사업비가 부족하게 되는 경우 대주의 판단에 따라 제3자가 출자 또는 대여의 방법으로 SPC에게 부족한 자금을 보충하는 것을 의미한다. 원래 의미의 자금보충은 부족한 사업비를 보충하여 사업이 계속 진행될 수 있도록 하는 데에 목적이 있으나, 실제로는 주로 대출원리금 상환재원 부족 시 자금을 보충할 목적으로 이루어진다.

자금보충의무자가 대출약정서에 날인하는 경우 대출약정서에 관련 내용을 반영하기도 하고, 자금보충의무자가 대주들에게 자금보충확약서를 제출하기도 하며, 자금보충의무자, SPC 및 대주 사이에 자금보충약정서를 체결하기도 한다. 다만, 자금보충확약서의 경우 자금보충의무자가 대여나 출자의 상대방인 SPC를 직접적인 상대방으로 하는 것이 아니라는 점에서, 자금보충의무자가 SPC에 대하여 직접 자금보충의무를 부담하는 것인지 여부와 관련하여 논란이 있을 수 있으므로, 대주의 관점에서는 적어도 수신인에 SPC를 포함시키는 것이 바람직하다고 볼 수 있다.

2. 내 용

사업비 부족, 대출원리금 상환재원 부족 등 대출약정서, 자금보충약정서 등에서 정하는 자금보충사유가 발생하는 경우, 시공사는 대주의 통지를 받은 날로부터 일정한 기한 내에 자금보충의무를 이행하여야 한다. 자금보충한도를 별도로 두는 경우도 있고 그렇지 않은 경우도 있다. 자금보충금의 상환기일을 미리 정해두는 경우 대출원리금 상환기일 이후로 한다.

3. 자금보충의무 이행의 효과

대여 방식으로 자금보충이 이루어진 경우 SPC와 자금보충의무자 사이에 채권채무관계가 발생하고, 출자 방식으로 자금보충이 이루어진 경우 자금보충 의무자가 SPC의 주식을 보유하게 된다. 시공사의 경우 특별한 사정이 없는 한 대여 방식의 자금보충을 하는 것이 일반적이다.

4. 공정거래법상 금지되는 채무보증에 해당하는지 여부

시공사가 100% 출자하여 설립한 SPC에 대한 시공사의 자금보충에 관한 약정이 공정거래법상 채무보증에 해당하는지 여부가 종종 문제가 된다. 자금보 충은 대여 또는 출자의 방식으로 이루어져 채무보증과는 거래 형식을 전혀 달 리하고, 자금보충금은 원래 대출원리금 상환이 아닌 사업비 용도로 사용되며, 자금보충의 취지(사업의 원활한 진행을 통한 사업 관련 채권의 회수)는 공정거래법상 채무보증 금지의 취지(여신편중, 문어발식 사업확장 방지 등)와 상이하므로, 공정거 래법상 채무보증에 해당한다고 보기는 어렵다.

법원도 기본적으로 자금보충약정의 법적 성질은 '보증책임'이 아니라 후순 위 상환조건부 금전소비대차계약에 해당한다고 보고 있다.[10] 다만, 법원은 계 약서의 명칭에 관계없이 그 실질을 중첩적·병존적 채무인수로 볼 수 있는 자 금보충약정의 경우에는 공정거래법이 금지하는 채무보증의 탈법행위(공정거래 법 제24조, 제36조 및 시행령 제42조 제1호)에 해당한다고 판단하고 있는 점에 유의 할 필요가 있다.[11] 또한 최근 공정거래위원회 기업집단국에서 2022년 상호출 자제한기업집단 채무보증현황 실태조사를 하면서 "채무보증과 유사한 효과를 가질 수 있는 자금보충약정"에 대해 전면적으로 조사를 한 바 있고, 공정거래 조정원이나 학계 측에서 "기존 규제를 우회한 방식을 통해 자금조달 및 보증의

---

10) 서울고등법원 2015. 6. 19. 선고 2014나47513 판결, 서울중앙지방법원 2015. 5. 14. 선고 2014가합40065 판결.

11) 서울중앙지방법원 2014. 9. 18. 선고 2014가합11678판결, 서울중앙지방법원 2014. 10. 17. 선 고 2014가합11395 판결, 서울중앙지방법원 2014. 9. 19. 선고 2014가합11623 판결.

수요를 맞추고 있을 가능성을 지적"하면서 채무보증, 자금보충약정, TRS를 모두 포괄하는 신용공여 개념을 도입해야 한다는 의견이 제시된 바 있는 점도 유의할 필요가 있겠다.

5. 금융소비자보호법상 금지되는 연대보증에 해당하는지 여부

금융위원회는 자금보충약정이 금융소비자보호법 제20조가 금지하는 연대보증에 해당하는지 여부와 관련하여, 자금보충의무자에게 최고·검색의 항변권이 있는지, 채권자가 자금보충의무자에게 직접 채무 전액을 청구할 수 있는지 여부를 기준으로 판단하고 있다. 따라서 계약의 명칭이 자금보충약정이라 하더라도 자금보충의무자가 차주와 동일한 채무를 부담하거나 자금보충의무자에게 최고·검색의 항변권이 보장되지 않는다면 그 계약의 법적 성격은 연대보증이라 보아야 한다.

다만, 위에서 살펴본 바와 같이, 시공사는 '프로젝트금융사업에 따른 이익을 차주(특수목적법인인 경우로 한정되지 않음)와 공유하는 법인'으로 간주되어 차주에 대한 연대보증이 허용되므로(금융소비자보호법 제20조 제1항 제4호 다목, 시행령 제15조 제2항 제2호 라목 및 「금융소비자 보호에 관한 감독규정」 제14조 제1항 제2호), 자금보충의 법적 성격이 연대보증으로 해석되는 경우에도 금융소비자보호법상 연대보증의 자격이 있는 시공사의 경우 자금보충확약이 가능하다고 볼 수 있다.

VII. 책임분양

1. 개념과 성립

책임분양은 분양대금 납입이 저조하여 상환기일에 대출원리금의 상환에 지장이 있는 경우 시공사가 자신의 책임으로 분양대금이 납입되도록 하여야 하는 것을 의미한다. 시공사가 책임분양의무의 이행으로서 분양대금을 납입하게 되면, 이는 대주 또는 신탁회사의 관리하에 있는 분양대금납입계좌로 입금될 것이고, 이 중 상당 부분은 결국 대출원리금의 상환 재원 등으로 사용될 것이다. 이와 같이 책임분양은 대출원리금의 회수가능성을 높이는 기능을 하므로, 신용보강, 즉 넓은 의미의 신용공여에 포함되는 것으로 평가할 수 있다.

시공사가 함께 날인하는 대출약정에서 책임분양에 관한 약정을 할 수도 있고, 시공사, 대주 및 SPC가 함께 체결하는 책임분양약정서를 통해 합의할 수도 있다.

2. 내 용

책임분양의 일반적인 사유는 분양대금납입계좌에 납입된 분양대금이 대출원리금 상환에 부족한 경우이다.

위 사유가 발생한 경우, 분양계약이 체결되지 아니한 경우에는 시공사가 직접 분양계약을 체결한 후 분양대금을 납입하거나 제3자로 하여금 분양계약을 체결한 후 분양대금을 납입하도록 한다. 한편, 분양계약이 체결되었으나 분양대금이 납입되지 아니한 경우에는, 기존 분양계약을 해지한 후 위와 같이 처리할 수도 있고, 기존 분양계약을 그대로 두고 분양대금을 대신 납입한 후 기존 수분양자에 대하여 구상권을 행사할 수도 있다.

3. 책임분양의무 미이행 시의 효과

책임분양의무는 그 자체는 금전채무가 아니고 '하는 채무'이므로 이행방법 특히 금전을 납부하는 방법을 자세히 정하지 않은 경우에는 채무이행을 어떻게 강제할 수 있는지 등이 논란이 될 수 있다. 따라서 책임분양의무를 이행하지 못할 경우 시공사가 채무인수를 하도록 약정하는 경우가 많다.

Ⅷ. 신용공여 기능을 하는 기타 사항

1. 관리형 토지신탁계약상 시공사의 위탁자 의무이행보증

관리형 토지신탁계약에서는 위탁자가 사업을 정상적으로 수행하지 못하는 경우 시공사가 위탁자의 의무를 대신 이행하도록 하는 것이 통상적이다. 이러한 시공사의 위탁자 의무이행보증도 시공사의 신용공여의 일종으로 해석될 수 있다.

2. 공사비 지급 유보

공사비 지급 유보는 대출원리금의 안정적인 상환 가능성을 높인다는 점에서 신용공여의 기능을 한다고 평가할 수 있다.

3. 시공권 및 유치권 포기 확약

시공사 및 하도급업체의 공사비 미지급 관련 유치권 행사의 포기 확약도 대출원리금 상환 가능성 제고에 기여한다는 점에서 신용공여의 기능을 한다고 볼 수 있다.

제3절 ▶ 책임준공의 법률관계

Ⅰ. PF와 책임준공

1. 책임준공의 개념

PF사업에서 대주는 시공사에게 책임준공을 요구하기도 한다. 책임준공이란 천재지변, 내란 등 불가항력적 경우가 아닌 한 어떠한 사유에도 불구하고 ('no matter what happens'), 시공사가 예정된 공사기간 내에 대상 건축물을 준공해야 할 의무를 말한다. 분양률이 저조하거나 공사대금을 지급받지 못했다는 이유로 시공사가 공사를 중단·포기하면 프로젝트 진행이 불가능해지고 대출원리금 회수에 지장을 초래하므로, 책임준공의무를 부담시켜서 미리 시공사의 항변을 차단하는 것이다. 통상의 PF대출금은 토지구입비를 초과하므로 대출금 회수를 위해서는 목적물이 완성되는 것이 중요하다. 분양에 실패한 경우에도 목적물이 완성된다면 할인매각 등을 통해 대출원리금을 회수할 수 있기 때문이다.

책임준공약정을 하는 방식은 다양하다. 사업약정 안에 시공사의 책임준공의무를 명시해두기도 하고, 대주가 별도로 시공사로부터 책임준공확약서를 받기도 한다. 예를 들어, "시공사가 천재지변, 내란, 전쟁 등 불가항력의 사유를 제외하고는 공사비 미지급 등 어떠한 사유에도 불구하고 준공일까지 공사를 완료한다"는 확약을 받는 식이다. 최근에는 "시공사가 책임준공을 하지 못하면 대출원리금채무를 중첩적으로 인수하겠다"는 내용으로 시공사의 책임준공과 채무인수를 결부시키는 것이 통상적이다.

한편, 시공사가 일차적인 책임준공의무를 부담하되, 시공사의 책임준공기한으로부터 일정 기간 내에 신탁사가 추가적으로 책임준공의무를 부담하는 형태의 책임준공확약도 종종 활용되고 있다. 신탁사가 자신이 부담하는 책임준공의무를 미이행할 경우 그 의무 위반으로 인하여 PF대주가 입은 손해를 배상할 것을 확약하는 방식이다.

2. 완공보증(Completion Guarantee)과 책임준공

책임준공은 해외PF사업의 완공보증 또는 완성보증(Completion Guarantee)이라는 개념이 국내에 도입되면서 사용하기 시작한 용어이다. 원래 완공보증이란 프로젝트 사업주가 대주에게 특정일까지 프로젝트 완공을 보증하는 약속을 의미하였다. 프로젝트 파이낸싱은 비소구금융(Non-Recourse Financing)으로서 사업 자체의 현금흐름을 통해서만 대출상환자금을 마련하고 사업주는 직접 대출원리금을 상환할 의무를 부담하지 않는 게 원칙이나, 현실적으로 프로젝트 자체의 수익성만을 담보로 대출이 이루어지기 어려우므로, 대주가 사업완공에 대해 갖는 이해관계를 고려하여 차주가 사업목적물의 완공을 통해 대출채권에 실질적인 담보를 마련하겠다는 약속을 '완공보증'의 형태로 하게 된 것이다. 즉, 프로젝트의 현금흐름이 중요하므로 공사의 완공이 중요한 의미를 가지게 된다.

그런데 국내 부동산PF사업에서는 이러한 완공보증을 '시공사의 책임준공 의무'라는 형태로 변형하여 활용하고 있다. 건축물 준공의 약속을 프로젝트 사업자가 아닌 시공사가 하는 방식이다. 시공사는 공사도급계약과 별개로 대주에게 책임준공을 약속하고, 정해진 기한 내에 준공을 하지 못할 경우 대주에게 일정한 책임을 부담한다. 대주 입장에서는 책임준공의무를 지급보증이나 채무인수처럼, 대출채권 담보를 위해 시공사가 제공하는 신용보강으로 활용하려는 인식을 갖는다.[12]

3. 책임준공과 신용공여

책임준공의무가 기업구조조정촉진법(이하 '기촉법')상 신용공여에 해당하는 지가 문제된 사례가 있다. 기촉법은 일정 채권금융기관으로 하여금 부실징후기업에 대한 공동관리절차에 참여하여 채권행사 유예, 채권재조정 등 의무를 부담하도록 하고 있다(제4조 내지 제21조). 해당 기업의 금융채권자로 구성된 금융채권자협의회는 공동관리절차 진행, 채권행사 유예기간 결정, 기업개선계획 수립, 약정체결, 채무 조정 등의 업무를 수행한다(제23조). 이때 금융채권이란 기업이나 타인에 대한 "신용공여"로 해당 기업에 행사할 수 있는 채권을 말하며 (제2조 제1호), 기촉법은 "신용공여"의 유형으로 대출, 지급보증과 함께 "거래상

---

12) 다만 실무상으로는 책임준공과 완공보증이라는 단어가 혼용되고 있다. 자세한 내용은 김승현, 프로젝트금융 하에서의 건설공사계약과 완공보증을 둘러싼 법률문제, 60쪽, 국제거래법연구 제23편 제1호 참조.

대방의 지급불능 시 이로 인하여 금융기관에 손실을 초래할 수 있는 금융거래"를 명시하고 있다(제2조 제8호).

이 사건에서 시공사는 금융기관에 지급보증과 함께 '준공보증확약'을 제출하였다. "분양률의 저조, 비정상적인 건설 내지 금융환경, 하도급인, 물품 및 자재공급업자, 운송업자 등 제3자에 의한 의무불이행 내지 지체, 건설자재의 부족, 노사분쟁 등에 의하여 공사도급계약상 공사대금 중 전부 또는 일부를 적기에 지급받지 못하더라도 이와 무관하게 이 사건 시설을 예정 준공일까지 준공"하겠다는 내용이었다. 이 건물은 공정률이 44%에 머무른 상태에서 공사대금 미지급으로 공사가 중단되었고, 그새 시공사는 기촉법상 부실징후기업으로 지정되어 채권금융기관의 공동관리절차가 개시되었다. 이후 대주단이 시공사의 책임준공의무 위반을 원인으로 손해배상책임을 구하는 소송을 제기하였으나, 시공사는 워크아웃절차에 들어가 책임준공확약을 이행하지 못하고 기촉법에 근거하여 의무이행을 거절하였다. 즉, 책임준공의무가 기촉법에서 규정하는 '신용공여'에 해당하여 절차적 통제를 받는 채권에 해당하는지가 쟁점이 된 것이다. 책임준공의무는, 형식상으로는 물적 담보가 될 시설을 준공하겠다는 '하는 채무'의 성격을 가지고 있어서 통상의 신용공여와 차이가 있기 때문이다.

제1심은 기촉법의 적용을 받는 채권이 기업에 대한 채권금융기관의 신용공여에 의한 채권으로만 한정되고, 기촉법상 신용공여란 대출, 지급보증, 지급보증채권, 어음 및 채권매입을 의미하는데, 시공사는 대출금상환의무가 아니라 준공의무를 부담하는 것이므로 신용공여와는 구별된다고 하였다. 따라서 시공사가 책임준공의무를 위반하여 대주에게 손해배상채권이 발생한다고 하더라도, 그 손해배상채권의 성질을 신용공여라고 볼 수는 없다고 하였다(서울중앙지방법원 2013. 9. 26. 선고 2012가합57854 판결).

그러나 서울고등법원은 시공사의 책임준공의무 위반에 따른 손해배상채권이 기촉법에 따른 신용공여에 해당한다고 판단하였다(서울고등법원 2014. 9. 26. 선고 2013나75283판결). 기촉법의 적용을 받는 채권금융기관은 단순히 기존 채권의 행사만을 제한받는 것이 아니라 새로 신용공여를 해야 할 의무를 부담하고, 이를 토대로 부실징후기업과 전체 채권자들이 회생에 따른 이익을 누리게 된다는 전제 하에, 실질적으로 기촉법의 적용을 받는 채권금융기관의 채권과 동종·유사 채권을 보유하고 있는 채권금융기관으로 하여금 위 법의 적용을 쉽게 회피할 수 있는 길을 열어둔다면, 채권금융기관 사이에 심각한 형평의 문제가 생길 수 있다는 점을 지적하였다. 또한 기촉법 문언상 '신용공여'는 "사실상 채권금융기관이 손실을 볼 수 있는 대부분의 거래"라고 규정하고 있어 금융기관에 손실을 초래할 수 있는 '모든 거래'가 신용공여에 해당한다고도 하였다. 나아가 책임준공의무는 대주단에게 있어 중요한 담보이고, 대주단이 대출을 해준 이유는 "경제적 신용과 시공능력을 갖춘 대기업인 시공사가 책임준공의무에 따라 시설을 완공하거나 이 사건 대출원리금 상당의 손해배상을 할 것"을 기대하였기 때문이라는 점도 고려하였다.

대법원은 원심판결을 확정하였다. 기촉법 및 감독규정의 문언, 책임준공약정의 기능이나 경제적 실질, 관련 당사자들의 책임준공약정에 대한 인식 등과 함께, 그 동안 기촉법에 따른 채권금융기관 공동관리절차 실무에서 채권금융기관의 제3자에 대한 대출채권을 부실징후기업이 보증한 경우 채권금융기관의 부실징후기업에 대한 보증채무이행청구권을 부실징후기업에 대한 신용공여로 보아 채권재조정의 대상으로 삼아왔던 점, 기업구조조정의 신속하고 원활한 추진이라는 기촉법의 목적 등을 종합적으로 고려하면, 이 사건 책임준공약정은 기촉법 제2조 제6호 (바)목에서 정한 '거래상대방의 지급불능 시 이로 인하여 금융기관에 손실을 초래할 수 있는 거래'에, 책임준공의무 위반으로 인한 손해배상채권은 위 법률의 위임에 따른 '기업구조조정 촉진을 위한 금융기관 감독규정' 제3조 제1항 본문에 정한 '부실징후기업에 대하여 상환을 청구할 수 있는 채권'에 해당한다고 판시하였다(대법원 2015. 10. 29. 선고 2014다75349 판결).

이 판결이 PF사업에서 책임준공확약의 법적 성격을 직접적으로 논의한 것은 아니나, 시공사의 책임준공확약이 사실상 시행사의 대출채무에 대한 보증으로서 기능이나 경제적 실질을 갖는다는 점은 분명히 한 것으로 보인다. 책임준공확약을 위반할 경우 손해배상책임이 성립된다고 한 기존 대법원 판결(대법원 2010. 3. 11. 선고 2009다20628 판결)에서 한 발 나아가 대주와의 관계에서 신용공여의 성격을 갖는다는 점을 인정한 첫 사례라는 데 의미가 있다.

4. 책임준공의 법적 문제점

부동산PF사업에서 시공사는 원칙적으로 시행사와 공사도급계약을 체결하고 시행사에 대해서 준공의무를 부담한다. 그런데 이와 별개로 대주에게 '건축물을 기한 내에 준공하겠다'라는 약속을 하게 됨으로써, 도급계약상의 준공의무가 아니라 대출채권 담보를 위한 준공의무를 추가로 부담하게 된다. 국내 PF사업의 여건상 프로젝트 자체의 현금흐름을 통한 상환보다 시공사의 자력과 담보제공능력에 의존하는 경향이 강하고, 시공사의 여러 신용보강 수단이 개발되면서 발생한 결과이다.

그에 따라 책임준공의무의 범위와 법적 효력이 불명확해지는 경우가 많다. 앞서 설명한 것처럼 책임준공은 '어떠한 사유에도 불구하고' 준공을 하기로 약속하는 형태로 체결되는데, 시행사가 공사도급계약상 의무를 불이행하거나 부도 등의 사정이 발생한 경우 시공사가 공사도급계약상 고유한 항변사유를 상실하는지가 문제될 수 있다. 대주단으로서는 공사도급계약과 별개로 책임준공확약을 받고 그 목적도 다르기 때문에, 공사도급계약의 항변사유는 책임준공확약의 거절사유가 될 수 없다는 입장을 갖게 된다. 반면, 시공사로서는 책임준공의무는 결국 PF사업구조 내에서 존재하는데, 프로젝트 책임자인 시행사가 1차적 의무를 이행하지 않음에도 무조건적으로 시공사에게 건물준공의무를 부과한다면 프로젝트의 책임을 사실상 시공사에게 전적으로 부담시키는 결과가 되어 부당하다고 볼 것이다.

책임준공의무를 다하지 않을 경우의 효과도 분명치 않다. 시공사가 책임준공의무를 이행하지 않으면 보통 대주는 그 이행을 강제하는 데 그치지 않고 손해배상책임을 요구한다. 그런데 그 손해의 범위가 대출원리금 전체에 미치는지, 아니면 당해 준공의 대상인 건축물 가액에 제한되는지도 다툼의 여지가 있다. 이하에서는 이러한 쟁점을 검토해보고자 한다.

II. 책임준공의 내용

1. 책임준공확약의 사례

PF사업약정과 함께 체결하는 책임준공확약은 대략 다음과 같은 내용으로 구성된다. 책임준공확약의 내용과 불이행 시 효과에 관한 사항을 정해두는 방식이다.

- 시공사는 [기한]까지 책임준공을 완료한다
- 책임준공이란 천재지변, 내란, 전쟁 등 불가항력적인 경우를 제외하고는 공사비 지급지연, 민원, 사업계획 승인 여부 등 일체의 이유를 불문하고 [기한]까지 사업건물을 준공할 의무를 의미한다.
- 기타조건: 책임준공의무를 이행하지 않을 경우 채무인수/손해배상책임

2. 책임준공의 범위

과거 PF사업약정에는 '책임준공을 완료한다'는 정도로만 의무를 규정해 놓았으나, 최근에는 "책임준공 기한까지 본건 건축물을 관계법령, 공사도급계약, 설계서, 시방서, 안전계획 및 품질관리계획에 따라 건설업계에서 일반적으로 승인되고 있는 주의의무를 다하여 그 시공을 완료하고, 관계주무관청으로부터 위 준공에 따른 사용승인(조건부·임시사용승인 제외)을 취득"해야 한다고 그 내용과 범위를 구체적으로 명시하는 것이 일반적이다. 건축물의 완공을 보증하여 프로젝트의 안전성을 확보하는 책임준공의 기능과 시공사의 예견가능성이 모두 고려된 결과로 보인다.

3. 공사도급계약과 책임준공확약

책임준공의무가 '시공사가 어떠한 경우에도 불구하고' 건물을 준공할 의무를 의미한다면, 공사도급계약과의 관계가 문제된다. 시공사는 공사도급계약에 따라 시행사에 대한 공사의무 이행거절의 항변권을 갖기 때문이다. 예를 들어, 시행사가 공사대금을 지급하지 않아도 시공사는 건물완공의 의무를 부담하는가. 사업허가가 나오지 않을 경우는 어떠한가. 민원이나 하도급업체와의 분쟁 등 공사를 지연시키는 사유들은 책임준공확약의 이행을 거절할 사유가 될 수 있을 것인가. 이른바 '귀책사유 없는' 시공사에게 책임준공확약의 의무를 부담시킬 수 있는지의 문제이다.

책임준공확약은 시공사가 공사를 중단할 경우 프로젝트가 좌초될 위험을 방지하기 위하여 체결한 약속이다. 공사도급계약에서 정한 사유에도 불구하고 시공사로 하여금 건축물을 완공하게 함으로써 프로젝트의 완성과 대출원리금 상환을 담보하겠다는 당사자들의 합의가 전제되어 있는 것이다. 책임준공확약은 공사도급계약과 별도로 대주에게 건축물의 완성을 담보하는 '보증'의 성격을 가지고 있으며, 따라서 공사도급계약의 항변사유를 대주에게 그대로 주장할 수 있도록 한다면 책임준공확약의 본래적 기능과는 맞지 않을 것이다.

대법원 판결도 유사한 입장으로 판단하였다. 공사도급계약에서 책임준공의 예외사유를 정하고 있다고 하더라도 이는 시공사가 시행사에 대하여 주장할 수 있는 것일 뿐, 금융기관에 대하여 주장할 수는 없다는 것이었다. 사업약정은 기본적으로 개발사업에 대한 대출금이 정상적으로 상환될 수 있도록 약정당사자들이 필요한 업무분담과 책임을 정한 것이라는 점, 시공사가 완공할 건물은 대출금의 중요한 담보가 되는 것으로서 금융기관으로서는 신용도가 높은 시공사로 하여금 건물을 정해진 기간 내에 책임준공하도록 약정할 필요가 있었다는 점, 사업약정이 공사도급계약의 효력보다 우선한다고 약정한 점 등이 그 근거였다(대법원 2010. 3. 11. 선고 2009다20628 판결).

하급심 판결 중에는 시행사가 공사대금을 지급하지 않는 경우 예외적으로 시공사의 공사중단이 허용될 수 있는 것처럼 판시한 사례도 있다. 시행사가 공사대금을 전혀 지급하지 않았고 공사대금 미지급이 악의적 동기에 기인한 것이라면, "사업약정 및 공사책임준공각서에도 불구하고 시공사에게 불안의 항변 내지 신의칙 등을 이유로 공사를 중단할 여지"가 있다는 것이었다. 다만 위 사안은 시행사, 시공사, 대주, 신탁사 사이에 사업약정 체결 시 제출받는 자 부분을 공란으로 하여 제출된 공사책임준공각서에 기하여 시행사가 시공사에게 공사 중단으로 인한 지체상금을 청구한 사안으로, 결론적으로 시행사가 기성금의 1/3을 공사대금으로 지급했고, 공사대금을 미지급한 근본 원인이 분양실적 저조에서 기인하였다는 이유로 시공사가 공사를 계속할 의무를 부담한다고 하여, 신의칙으로 권리를 제한할 수 있다는 일반론을 설시한 것으로 해석되며(부산고등법원 2010. 5. 13. 선고 2009나7786, 2009나7793 판결), 공사비지급채무의 주체인 시행사가 아닌 대주가 시공사에게 책임준공의무에 기한 책임을 물었다면, 공사도급계약상 책임준공의 예외사유를 대출기관에게 주장할 수 없다고 판단한 위 대법원 판결의 예에 비추어 볼 때, 시행사의 악의적 동기에 기한 공사대금 미지급 여부 등을 고려하지 않고 시공사의 책임을 판단하였을 수 있다고 보인다.

시행사가 '건물 디자인 변경'을 요청하여 설계변경이 이루어지고 공사기간이 연장된 사건에서, 당해 기간 동안 시공사에게 책임준공의무를 물을 수 없다고 한 하급심 판결도 있다. 책임준공확약에 시공사의 책임을 면할 수 없는 사유로 '시행사 편의를 위한 설계변경'이라는 사유가 따로 없었고, 사업약정에는 '대주, 시공사, 시행사의 합의로 준공기간을 연장할 수 있다'는 내용이 있었으며, 공사도급계약에서 "시공사의 책임 없는 사유로 공사가 지연되는 경우 책임준공의무기간이 연장될 수 있다"는 합의를 별도로 한 사안이었다(서울고등법원 2014. 9. 26. 선고 2013나75283 판결). 책임준공확약의 담보적 기능을 고려하면서도, 당사자들이 처분문서로 합의한 구체적 내용에 초점을 맞춘 판결로 이해된다.

실무적으로는 책임준공확약을 체결할 때 시공사의 공사중단 및 미이행을 정당화하는 항변을 열거하는 방식을 많이 취한다. "천재지변, 내란, 전쟁 기타 이에 준하는 불가항력적인 경우를 제외하고는 사업인허가 지연, 차주의 부도, 지급불능, 회생절차, 파산절차 또는 이와 유사한 절차의 개시 또는 신청, 공사도급계약에 따른 공사대금의 지급 지연 등 차주의 의무 불이행, 분양률 및 임대율의 저조, 본건 사업부지의 매입 및/또는 명도의 지연, 미착공, 문화재의 발굴, 비정상적인 건설 내지 금융환경, 하도급업자 및 운송업자 등 제3자의 의무불이행, 노사분쟁 및 민원 등 기타 여하한 사정"에도 불구하고 공사를 중단해서는 안 된다고 모든 항변사항을 열거하는 식이다.

코로나 19가 시공사의 책임준공의무 위반을 부정할 수 있는 '불가항력의 사태'에 해당하는지에 대하여, 최근 법원은 시공사가 책임준공의무 위반을 이유로 한 채무인수의 효력정지 가처분을 신청한 사건에서 불가항력 사태에 해당하지 않는다는 취지의 판단을 한 바 있다. 위 사건에서 시공사는 PF대출약정 체결시 '불가항력의 사태 등으로 공사가 지연될 경우에는, 시행사, 시공사, 대주, 신탁회사가 별도 합의하여 책임준공기한을 연장할 수 있다'는 내용이 포함된 책임준공확약을 한 후 책임준공기한을 도과하게 되자, 코로나 19의 확산 등으로 인하여 공기지연이 발생하였으며, 이는 책임준공확약상 '불가항력의 사태'에 해당하고, 이를 이유로 책임준공기간 연장 협의를 요청하였으나 거부당하였으므로, 자신은 책임준공의무를 위반하지 않았다고 주장하였다. 그러나 법원은 위 PF대출약정을 체결할 당시(2021년 3월)에는 이미 코로나 19가 발생한 때로부터 상당한 기간이 경과한 때로 코로나 19 사태로 각종 절차가 지연될 수 있음은 당시 충분히 예견 가능하며, 대한민국 정부는 코로나 19와 관련하여 전면적인 봉쇄조치를 취하지 않은 점 등을 들어 코로나 19가 불가항력의 사유에 해당한다는 사실이 소명되었다고 보기 어렵다고 판시하였다. 다만, 위 사건은 가처분 사건으로, 위 법원은 본안 소송에서 충실한 증거조사를 통해 해당 사건의 공사가 불가항력적인 사유로 인하여 지연된 것인지 판단될 필요가 있다고 보았다(서울중앙지방법원 2024. 7. 19.자 2024카합20757 결정).

요컨대, 책임준공확약상 책임준공의무가 제외될 수 없는 항변사유의 기재는 시공사의 항변을 원천적으로 차단하고 보증책임을 부담시키고자 하는 대주의 이해관계와 예측할 수 없는 공사기간 연장의 리스크를 모두 떠안을 수 없는 시공사의 이해관계가 정면으로 충돌하는 부분이다. 책임준공확약을 작성하는 단계에서 시공사의 항변사유와 제한사유를 명확하게 구별하여 적시할 필요가 있을 것이다.

4. 책임준공의무의 상대방

앞서 본 것처럼, 책임준공의무는 기본적으로 시공사가 대주에게 부담하는 의무이다. 그런데 여러 사업주체의 이해관계가 걸려 있는 PF사업의 특성상 대주가 아닌 당사자가 시공사의 책임준공의무를 요구하는 경우도 종종 발견된다.

예를 들어, 시행사가 시공사를 상대로 공사지연에 따른 지체상금을 청구하면서 시공사가 작성한 '공사책임준공각서'에 따라 공사대금 미지급을 이유로 공사를 중단할 수는 없다고 주장한 사례가 있었다. 제1심은 사업약정의 목적이 사업자금의 관리와 대출금의 안정적 상환을 목적으로 하고 있고, 이 사업약정에 기하여 시공사가 작성한 공사책임준공각서는 시행사가 아닌 금융기관을 상대로 제출되었다는 점에 근거하여, 시행사가 공사책임준공각서를 이유로 자신의 공사대금채무를 이행하지 않고 시공사에게 무조건적인 공사진행을 요구하는 것은 신의칙에 위반된다고 하였다(부산지방법원 2009. 5. 6. 선고 2008가합11385, 2009가합1279 판결). 다만 항소심은 이러한 사정만으로는 사업약정이 시행사와 시공사의 법률관계를 배제하고 오로지 금융기관에 대한 안정적 자금회수만을 목적으로 작성되었다고 보기 어렵고, 시행사가 일부 공사대금을 지급하였으며 공사대금을 지급하지 않은 근본원인이 저조한 분양실적에서 기인하므로 신의칙을 이유로 시공사가 준공의무를 거절할 수 없다고 하였다(부산고등법원 2010. 5. 13. 선고 2009나7786, 2009나7793 판결). 이 판결은 시행사의 권리행사가 신의칙에 위반되는지를 기준으로 판단하였다는 점에서 책임준공약정의 내용과 성질에 따라 책임준공의무의 상대방을 정확히 특정하였다고 보기는 어렵다.

수분양자가 책임준공확약을 이유로 시공사에게 책임을 구한 사례도 있다. 분양계약에 시공사와 시행사가 공동으로 날인하고, 분양대금 납입계좌도 시공사와 시행사가 공동명의이며, 시공사 명의의 책임보증서가 인쇄된 분양광고문이 분양계약 체결 시 제공된 사안이었다. 책임을 긍정한 사례(부산고등법원 2006

나8191)와 부정한 사례(서울고등법원 2007나76223)가 모두 있으며, 의견이 통일되어 있지는 않다. 이는 분양계약의 당사자가 아닌 시공사가 수분양자에 대하여 책임을 질 수 있는 특별한 사정이 문제된 경우로서 구체적 사안에 따라 판단이 달라질 수밖에 없을 것이다.

Ⅲ. 책임준공의무 위반의 효과

1. 책임준공확약 위반의 유형

시공사가 책임준공확약에 위반하여 공사를 못하게 되는 경우, 대주는 시공사에게 어떠한 책임을 물을 수 있을까. 예를 들어, 시공사가 예정된 기한 내에 준공을 하지 못할 수도 있고(이행지체), 회생이나 파산절차에 들어가 공사능력을 상실할 수도 있을 것이다(이행불능). 또는 책임준공의무의 이행이 가능한 상황임에도 그 의무의 내용을 다투거나 공사대금의 미지급을 이유로 공사를 중단하고 유치권을 행사하는 사례도 있을 것이다(이행거절).

2. 공사지연과 손해배상책임

책임준공의무는 본질적으로 '하는 채무'이다. 시공사가 책임준공확약에 위반하여 공사를 지체한다면 대주는 시공사에게 우선 책임준공의 이행을 구할 수 있을 것이다. 공사의 이행을 구하는 청구는 가능하고 실제 사례도 발견되지만 의무의 내용을 어떻게 특정할지, 의무이행을 못하는 경우 강제집행을 어떻게 할지, 대체집행을 할 것인지, 간접강제의 대상이 되는지 등에 대해서는 명확한 결론이 나오기 어렵다. 강제집행을 하더라도 실효성이 문제된다. 대주단 입장에서는 가급적 소송을 통해 이행을 강제하기보다 사업상 협의를 통해 공사를 진행시킬 유인이 클 것이다. 실무적으로는 예정한 공사기간보다 지체되거나 공사 자체가 불능에 빠지는 경우 손해배상을 구하는 방식으로 권리를 행사하는 경우가 많다.

다만 책임준공확약의 지연배상은 대주의 손해와 인과관계가 확정되어야 하는 문제가 있다. 공사도급계약의 지체상금과 구별되는 부분이다. 시공사가 준공기간을 도과하였으나 대출만기일이 도래하지 않았고, 대출약정상 시행사가 이자도 제때 지급한 경우라면 책임준공확약위반에 따른 대주의 손해를 특정하기 어렵다. 대출만기일이 지난 다음에 준공이 되었더라도 경기침체로 분양이 저조한 경우라면 인과관계에도 다툼이 생길 수 있다.

이행지체로 인한 손해배상의 범위도 대주와의 관계에서 문제가 될 것이다. 공사도급계약에서는 지연일수에 따른 지체상금율이 정해지지만 이는 도급인과의 관계에서 정해지고, 대주는 오히려 대출채권의 손해를 지연손해로 주장할 것이기 때문이다.

3. 공사불능 또는 이행거절에 따른 손해배상책임

책임준공과 관련하여 가장 많이 발생하는 분쟁은 대주가 시공사에게 책임준공확약의 이행불능 또는 이행거절을 이유로 손해배상책임을 추궁하는 사례이다. 책임준공확약의 핵심은 시공사가 대주에게 대출금 채권 담보를 위한 건축물을 제공하는 데 있고, 시공사가 책임준공의무를 이행하지 않을 경우 대주는 담보물에 대한 권리를 행사할 수 없으며 그로 인하여 대출금상환이 어렵거나 불가능해질 것이기 때문이다.

이와 관련하여 책임준공확약 위반의 효과를 명시적으로 판단한 2010년 대법원 판례를 참고할 필요가 있다(대법원 2010. 3. 11. 선고 2009다 20628 판결). 이 사건에서 원고는 PF금융의 대주인 생명보험회사였고 피고는 책임준공약정을 한 시공사였다. 개발사업약정서에는 "시공사는 공사도급계약에서 정한 기간 내에 책임준공하여야 한다"고 책임준공의무를 약속하고, "시행사가 사업을 정상적으로 운영할 수 없는 경우 시행권 일체를 시공사에게 양도"하는 사업시행권 양수 조항을 두었다. 그와 동시에 공사도급계약에는 "시행사의 책임 있는 사유로 사업상 법적인 문제가 발생하여 공사수행이 어려운 경우"를 책임준공의 예외사유로 규정하였다. 그런데 사업 진행 중 시행사가 관할 관청으로부터 분양 중지명령을 받고 사업부지가 가압류를 당하여 시공사에게 장기간 기성공사비를 지급하지 않자 시공사가 건물이 미완공된 상태에서 공사를 중단하고 미완성 건물에 대하여 유치권을 행사하였다. 대주는 시공사에게 주위적으로는 대출금 상환채무의 인수를, 예비적으로는 책임준공의무 위반에 따른 손해배상책임을 구하였다. 이에 대해 제1심과 원심은 공사도급계약상 책임준공의 예외사유로서 시행사의 귀책사유로 사업을 진행할 수 없는 사실이 인정되므로 시공사의 책임준공의무 위반으로 볼 수 없다고 판단하여 원고의 청구를 기각하였다.

그러나 대법원은 원심의 판결을 뒤집었다. 시공사의 책임준공의무가 금융기관의 대출에 대한 실질적인 담보의 역할을 하고 있고, 개발사업약정에 "개별약정보다 개발사업약정의 효력이 우선한다"고 규정한 점을 근거로, 시공사는 공사도급계약에도 불구하고 건물을 책임준공할 의무와 사업시행권을 인수할 의무가 있다고 본 것이다. 시공사의 책임준공의무 불이행에 귀책사유가 있는지, 의무 불이행으로 대주가 어떠한 손해를 입었는지에 대해서 더 심리해서 손해배상책임의 존부와 범위에 대해 판단해야 한다는 취지로 원심을 파기하였다. 시공사의 책임준공의무는 대출금의 담보적인 성격을 가지며, 시공사가 책임준공의무를 이행하지 않을 경우 대주에 대하여 손해배상책임을 부담하게 됨을 명시적으로 인정한 판결이다.13) 이 판결 이후 시공사가 공사를 중단하여 책임준공의무를 위반한 경우 그 위반에 따른 손해배상책임을 인정하는 하급심 판결이 나오고 있다(서울고등법원 2014. 9. 26. 선고 2013나75283 판결).

4. 손해배상책임의 범위

시공사의 책임준공확약 위반을 이유로 대주에게 부담해야 하는 손해배상책임의 범위는 어디까지인가. 위 대법원 판결은 손해배상책임을 부담한다는 원칙만을 제시하였을 뿐, 책임의 범위를 명시적으로 판단하지 않았다.14)

---

13) 다만 이 판결은 시공사가 책임준공의무를 위반할 경우 손해배상책임을 부담하는 근거를, 책임준공의무의 법적 성격과 관련하여 설명하고 있지는 않다.

14) 대법원 판결의 파기환송심에서는, 대주가 '중도금대출금 상당의 손해'만을 청구하여 대출원리

다만 대법원 판결 중에는 무효인 채무자 명의의 소유권이전등기를 신뢰하여 그 부동산에 관하여 근저당권설정등기를 경료하고 금원을 대출하였다가 후에 근저당권설정등기를 말소당하게 됨으로써 근저당권자가 입은 통상의 손해가, 채무자 명의의 이전등기가 유효하여 담보권을 취득할 수 있는 것으로 믿고 출연한 금액이며, 따라서 근저당목적물인 위 부동산의 가액 범위 내에서 채권최고액을 한도로 하여 채무자에게 대출한 금원 상당이라고 한 판례가 있다(대법원 1999. 4. 9. 선고 98다27623 판결). 이 대법원 판결에 기초하여 하급심 판결 중 "시공사의 책임준공의무 위반으로 대출금융기관들이 입은 손해는 해당 사건 시설이 완공되었을 경우의 가액을 한도로 하여 대출금융기관들이 상환 받지 못한 대출원리금 상당이라고 보는 것이 타당하다"고 한 사례들이 있다(서울중앙지방법원 2013. 9. 26. 선고 2013가합500447판결, 서울중앙지방법원 2013. 9. 26. 선고 2012가합57854 판결).[15] 시공사가 자신의 책임과 비용으로 약정된 기간 내에 건물준공을 마치고 대주는 그 건물을 담보로 하여 매각대금 등으로 대출원리금을 회수할 것이 당사자 사이에 합의되었다면, 담보시설이 완공되었을 경우의 가액을 한도로 대주가 상환 받지 못한 대출원리금 상당액을 책임준공확약 위반의 통상손해로 평가할 수 있을 것이다.

5. 손해배상 예정의 필요성

손해배상의 법리상 손해배상은 위반행위와 상당한 인과관계가 있는 손해를 대상으로 하며, 그 손해액은 위반행위가 없었을 경우의 재산상태와 위반행위가 있는 경우의 재산상태의 차액으로 산정한다. 그런데 책임준공의무가 이행

금과의 관계에서 손해배상책임의 범위를 확정하지는 않았다.

15) 서울중앙지방법원 2013. 9. 26. 선고 2013가합500447판결의 항소심에서는 대주에 대한 시공사의 손해배상책임만을 인정하고 그 범위에 대해서는 명시적으로 판단하지 않았다(서울고등법원 2014. 9. 26. 선고 2013나2023011 판결). 서울중앙지방법원 2013. 9. 26. 선고 2012가합57854 판결의 항소심에서는 시공사의 책임준공의무는 대출원리금채무에 대한 보증채무와 유사한 성격이 있다고 본 뒤, 시공사가 대주에 대하여 대출원리금 상당의 손해배상책임을 부담한다는 전제 하에, 그러한 손해배상채권을 가지는 대주도 기업구조조정촉진법에 따른 채권금융기관협의회의 의결의 효력을 적용받는 채권이라고 판단하였다(서울고등법원 2014. 9. 26. 선고 2013나2023011 판결).

된 경우를 가정하여도 결국 대상 건축물이 얼마로 환가될지에 따라 손해액이 산정될 것이어서, 책임준공의무 미이행으로 인한 손해가 반드시 대출원리금 상당액이라고 단정하기는 어렵다.

실무상 책임준공의무의 담보적 성격을 전제로, 시공사가 책임준공확약을 위반할 경우 대주에게 일정한 금액의 손해를 배상하도록 하는 방법이 고려될 수 있다. 민법상 손해배상액의 예정을 책임준공확약에 포함시켜서 손해의 범위에 관한 분쟁을 미연에 방지하는 것이다(제398조 제2항). 금액이 반드시 구체적으로 특정되지 않더라도, '공사대금 또는 건축물의 준공가액을 상한선으로 책임준공확약불능시의 대출원리금'을 손해배상액으로 미리 정할 수 있다. 손해배상액의 예정은 법원에 의해 직권으로 감액될 수 있다는 점을 고려하면, 위약벌로 합의하는 방식도 가능하다. 현실적으로는 시공사의 안전한 신용보강을 원하는 대주의 요청에 따라, 시공사가 책임준공을 하지 못할 경우 대출원리금 채무를 인수하는 형태의 책임준공확약을 받는 것이 일반적인 PF 관행으로 자리잡고 있는 것으로 보인다. 다만, 책임준공형 관리형 토지신탁에 따른 신탁사의 책임준공의무 위반에 대하여는 손해배상의무를 정하는 것이 통상적인 것으로 보이며, 미상환 대출원리금 상당의 손해배상을 해야 한다고 정하는 경우도 있는 것으로 보인다.

Ⅳ. 결 론

PF사업약정에서 책임준공의무는 대주와 시공사의 이해관계가 가장 첨예하게 충돌하는 쟁점 중 하나이다. 대주는 책임준공을 신용보강 또는 보증책임의 수단으로 이해하기 때문에 예외 없는 담보책임으로 구성하고 싶어 한다. 시공사는 대규모 공사에 필연적으로 내재되어 있는 리스크를 피하고 싶어 한다. 원칙적으로 책임준공의무는 PF사업의 안전성과 대출원리금 회수라는 관점에서 도입된 것이며, 판례의 태도상 보증책임의 성격을 가지고 있다는 점을 부인하기는 어렵다. 사업약정에 책임준공의무의 발생요건, 시공사에게 준공을 강제하기 어려운 책임준공의무의 예외사유 등을 구체적으로 열거하고, 책임준공의무 위반의 경우 손해배상액을 예정하거나 중첩적으로 대출원리금 채무를 인수하는 방식으로 분쟁발생의 여지를 사전에 최소화할 필요가 있다.

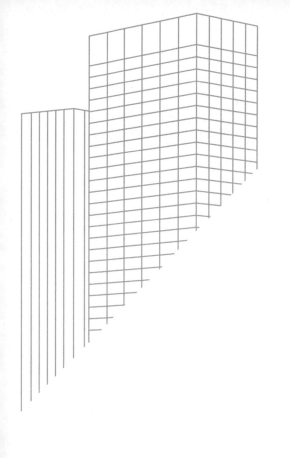
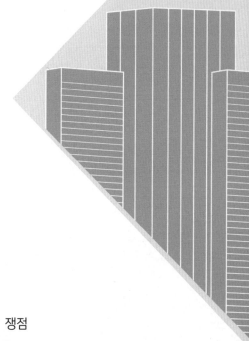

/ 부동산PF / 개발사업법 /

제4장

신 탁

신 탁

제1절 PF와 부동산 신탁

I. 부동산 신탁의 의의

부동산 개발사업에서 가장 중요한 자산은 부동산이다. 대주 등 채권자의
입장에서는 중요한 자산인 부동산을 시행사의 채권자로부터 보호하며 담보로
확보하는 것이 가장 중요한 문제이다. 이를 위해 널리 이용되는 방법이 바로
신탁이다.

'신탁'이란 신탁을 설정하는 자(이하 '위탁자')와 신탁을 인수하는 자(이하 '수
탁자') 간의 신임관계에 기하여 위탁자가 수탁자에게 특정의 재산(영업이나 저작
재산권의 일부를 포함함)을 이전하거나 담보권의 설정 또는 그 밖의 처분을 하고
수탁자로 하여금 일정한 자(이하 '수익자')의 이익 또는 특정의 목적을 위하여 그
재산의 관리, 처분, 운용, 개발, 그 밖에 신탁 목적의 달성을 위하여 필요한 행
위를 하게 하는 법률관계를 말한다(신탁법 제2조).

부동산 신탁이란 부동산을 신탁재산으로 하는 신탁이다. 부동산 개발사업에서 사업시행사인 위탁자가 수탁자에게 사업부지의 소유권을 신탁할 경우 위탁자의 채권자는 사업부지에 대하여 가압류, 압류, 기타 강제집행을 할 수 없게 되므로(신탁법 제22조 제1항), 위탁자는 사업을 안정적으로 수행할 수 있고, 대주 및 시공사는 사업 관련 대출금·공사대금 채권을 담보할 수 있다.

신탁에 관한 기본적 법률관계를 규율하는 법률은 신탁법이다. 1961년 제정된 후 별로 활용되지 않던 신탁법상 신탁은 부동산 개발사업에 금융이 결합하면서 널리 활용되기 시작하였다. 이에 다양한 법률문제가 발생하였고, 기존의 신탁법으로는 이를 해결하기 어려워지자 2011년 7월 25일에 전면 개정되었다(2012년 7월 26일 시행). 신탁법 개정을 통하여 사해신탁 취소소송의 요건 및 수탁자의 의무를 강화하고, 수익자의 의사결정방법 및 신탁당사자 간의 법률관계를 구체화하며 신탁의 합병·분할, 수익증권, 신탁사채, 유한책임신탁 등 새로운 제도를 도입하는 등 많은 변화가 생겼다. 변화된 경제 현실을 반영하고 신탁제도를 글로벌 스탠더드(Global Standard)에 부합하도록 신탁법이 개정되면서 향후 신탁의 활성화를 위한 법적 기반이 마련되었다고 할 것이다.

II. 부동산 신탁의 종류

부동산 신탁의 종류에는 담보신탁, 토지신탁, 관리 및 처분신탁, 분양관리신탁 등이 있다. 실제 부동산 신탁이 이루어지는 경우에는 이와 같은 종류의 신탁약관에 특약으로 여러 조항을 추가하므로, 구체적인 사안에서 당해 부동산 신탁의 유형을 판단함에 있어서는 그 신탁계약서의 제목에 구애받을 것이 아니라 신탁계약서의 전체 조항을 종합적으로 검토하여 그 신탁계약이 어떠한 유형의 부동산 신탁에 해당하는지 판단하여야 한다.[1]

---

1) 진상훈, "부동산신탁의 유형별 사해행위 판단방법", 민사집행법연구 제4권(2008), 316쪽.

1. 담보신탁

담보신탁이란 담보를 목적으로 하는 부동산 신탁을 말한다. 부동산 담보 물권의 대표적 유형인 근저당권을 대체하는 금융상품이다. 주택법 등에 따르면 토지에 근저당권을 설정하는 것을 금지하고 있고, 근저당권이 설정되면 사업 시행에도 불편한 요소가 되기 때문에 담보 목적의 신탁이 널리 활성화되기 시작하였다.

담보신탁이란 사업시행사인 채무자 또는 제3자가 위탁자가 되고 채권자인 대주를 우선수익자로 하여 위탁자가 신탁부동산의 소유권을 수탁자에게 이전하고 수탁자는 담보의 목적을 위하여 신탁재산을 관리한 후, 채무자가 채무를 변제하지 아니할 때에는 신탁재산을 처분하여 그 대금으로 채권자인 우선수익자에게 변제하고 잔액이 있을 때에는 위탁자에게 반환하는 것을 목적으로 하는 신탁을 의미한다. 즉, 담보신탁의 경우 위탁자인 채무자가 사업주체로서 인·허가 명의를 유지하되, 사업부지 소유권만 담보 목적으로 신탁한다.

담보신탁의 기본구조

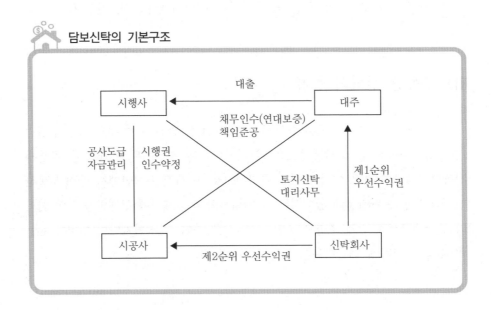

2. 토지신탁

토지신탁이란 신탁의 인수 시에 신탁재산으로 토지 등을 수탁하고 신탁계약에 따라 토지 등에 건물, 택지, 공장용지 등의 유효시설을 조성하여 처분·임대 등 부동산 사업을 시행하고 그 성과를 수익자에게 교부하여 주는 신탁을 말한다(「금융투자회사의 영업 및 업무에 관한 규정」제2-65조 제6항).

(1) 관리형 토지신탁

관리형 토지신탁은 수탁자인 신탁회사에게 부동산 등기명의를 신탁하는 것을 넘어서 사업시행권한을 부여하는 신탁을 말한다. 사업시행사인 위탁자가 사업부지의 소유권 및 모든 인·허가 명의, 사업 관련 계약상 지위도 수탁자에게 이전하여 수탁자가 직접 사업주체의 지위에서 사업을 진행한다는 점이 담보신탁 방식과 주요한 차이점이다.[2] 다만, 사업비의 조달 의무는 위탁자가 부담한다.[3]

수탁자는 수분양자와 직접 분양계약을 체결하고, 수분양자로부터 분양대금을 수령하며, 수분양자로부터 수령한 분양대금을 재원으로 위탁자가 차입한 대출금을 상환하고, 시공사에게 공사대금을 지급하는 등 자금을 관리한다. 또한 수탁자는 신축 건물에 대하여 사용승인을 받은 후 수탁자 명의로 건물에 대한 소유권보존등기를 완료하고, 수분양자에게 소유권이전등기를 경료한다.

수탁자는 직접 사업주체의 지위, 즉 해당 사업의 인·허가 명의, 사업에 따라 건축된 건물의 소유권을 보유하게 되므로, 신탁계약에 여러 면책조항을 규정함에도 불구하고 위탁자 및 시공사의 부도 시 사실상 사업에 대한 최종 책임을 부담하게 될 가능성을 배제할 수 없다. 이러한 이유로 신탁업자 입장에서는 관리형 토지신탁을 부담스러워 하는 경향이 있다. 다만 신탁수수료가 담보신탁에 비하여 높고, 사업으로 인한 위험을 회피하기 가장 적합하기 때문에 점차

---

2) 단, 경우에 따라서는 관리형 토지신탁으로 진행하는 사업에서 사업 관련 계약상 지위를 위탁자가 그대로 유지하는 경우도 있다.

3) 「금융투자회사의 영업 및 업무에 관한 규정」 별표 15 '토지신탁수익의 신탁종료 전 지급 기준' 참고.

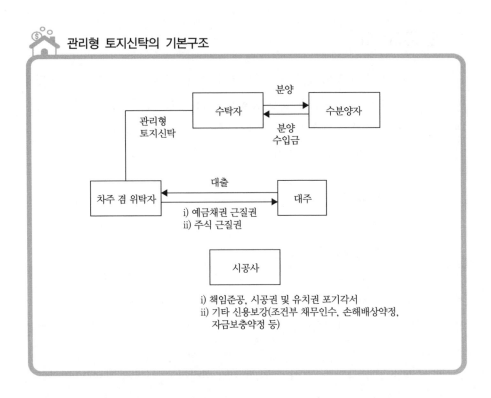

관리형 토지신탁의 기본구조

수탁자 — 분양 → 수분양자

관리형 토지신탁

분양 수입금

차주 겸 위탁자 ← 대출 — 대주
i) 예금채권 근질권
ii) 주식 근질권

시공사
i) 책임준공, 시공권 및 유치권 포기각서
ii) 기타 신용보강(조건부 채무인수, 손해배상약정,
    자금보충약정 등)

널리 활용되었다.

책임준공형 관리형 토지신탁은 시공사가 책임준공의무를 이행하지 않는 경우, 신탁회사가 대주에 대하여 추가적으로 책임준공의무(미이행시 손해배상의무)를 이행할 것을 확약하는 내용이 부가된 관리형 토지신탁을 말한다. 책임준공형 관리형 토지신탁은 신용도가 낮은 중소 시공사가 참여한 사업에서 시공사의 책임준공의무 미이행 위험을 줄이기 위한 방법으로 활용되었다.

(2) 차입형 토지신탁

관리형 토지신탁에서 사업비 조달 의무를 위탁자가 부담하는 것과 달리 차입형 토지신탁의 경우에는 사업비 조달 의무를 수탁자가 부담한다(「금융투자회사의 영업 및 업무에 관한 규정」 별표 15 '토지신탁수익의 신탁종료 전 지급 기준' 참고). 따라서 관리형 토지신탁의 경우 위탁자가 자금조달 의무를 부담하게 되므로, 사업주체는 수탁자로 변경되어도 PF대출약정의 차주는 위탁자가 되는데, 차입형 토지신탁의 경우 PF대출약정의 차주는 수탁자가 된다.

(3) 토지신탁의 규제

관리형 토지신탁 및 차입형 토지신탁의 수탁자인 신탁회사의 경우, 「금융투자회사의 영업 및 업무에 관한 규정」 별표 15 '토지신탁수익의 신탁종료 전 지급 기준'에 따라 다음과 같은 행위가 금지된다.

- 대출약정의 효력이 신탁계약의 효력과 동등하거나 우선하게 하는 내용의 신탁계약 체결 금지
- 신탁회사는 '토지신탁수익의 신탁종료 전 지급 기준'에 반하는 금융기관과의 임의인출 약정, 금융기관과의 자금집행순서 및 방법 임의변경약정 등 체결 금지
- 신탁회사가 당사자가 되는 토지비 대출약정 체결 금지
- 신탁재산(분양대금계좌, 운영계좌, 보험금 및 건축 중인 건축물 등)에 대한 대출금융기관의 질권 설정 또는 대출금융기관에 대한 양도담보 제공 등 금지
- 신탁회사의 분양수입금 관리계좌에서 선지급 및 사업비 집행을 위한 이체 외에 시공사 등 제3자의 계좌로 이체 금지

참고로 위의 '토지신탁수익의 신탁종료 전 지급 기준'은 토지비 대출원리금의 상환 등을 목적으로 신탁수익을 신탁종료 전에 선지급 할 경우 안정적 사업관리가 가능한 선지급 범위를 정하기 위한 것이며, 선지급 조건, 선지급 금액, 위 기준의 적용 없이 선지급이 가능한 예외적 경우 등이 위 기준에 별도로 명시되어 있다. 이러한 내용은 일반적으로 수탁자의 요청에 따라 신탁계약에 반영된다.

3. 관리 및 처분신탁

(1) 관리신탁

신탁회사가 소유자를 대신하여 임대차관리, 시설의 유지관리, 세무관리 등 일체의 관리를 해주고 그 수익을 수익자에게 교부하거나, 수탁재산의 소유권을 관리하여 주는 것을 목적으로 하는 신탁을 말한다. 관리신탁은 부동산을 종합적으로 관리, 운용하여 그 수익을 수익자에게 귀속시키는 '갑종관리신탁'과 단순히 신탁부동산의 명의만을 관리하는 '을종관리신탁'으로 구분된다.

부동산에 대한 전문지식이 부족하여 효율적 관리가 곤란한 경우이거나, 소유 부동산의 행정·세무·임대관리 등 종합적이고 복잡한 관리를 전문가에게 맡기고자 하는 경우에 활용된다.

(2) 처분신탁

부동산의 처분을 목적으로 수탁자에게 소유권을 이전하고 수탁자가 그 부동산을 처분하여 수익자에게 정산하여 주는 것을 목적으로 하는 신탁이다. 앞에서 설명한 담보신탁에서도 처분신탁의 조건을 결합하여 일정한 경우 처분을 통하여 수익자의 이익을 도모하기도 한다.

4. 분양관리신탁

「건축물의 분양에 관한 법률」에 따라 분양사업의 시행사가 분양사업의 선분양을 위하여 신탁회사에게 부동산 소유권 및 분양대금을 보전·관리하게 하는 것을 분양관리신탁이라고 한다. 건축물 분양과정의 투명성과 거래의 안전성을 확보하여 분양받는 자를 보호하기 위해 도입된 제도이다. 분양사업의 시행사가 부담하는 채무를 불이행하는 경우 신탁회사가 신탁된 부동산을 환가, 처분하여 정산할 수 있다.

분양관리신탁의 적용대상 건축물은 현행 법규로는 분양하는 부분의 바닥면적의 합계가 3,000㎡ 이상인 건축물, 30실 이상인 오피스텔 등이다.

Ⅲ. 부동산 신탁의 설정 방법

일반적으로 위탁자와 수탁자 간의 계약을 통하여 신탁을 설정하고, 등기할 수 있는 재산권의 경우 신탁의 등기를 함으로써 그 재산이 신탁재산에 속한 것임을 제3자에게 대항할 수 있다(신탁법 제3조 제1항 제1호, 제4조 제1항). 따라서 부동산 신탁은 신탁계약과 등기가 필요한데, 등기는 신탁의 성립요건이 아니라 대항요건이다.

신탁법상의 신탁으로써 대내외적으로 소유권 이전의 효과가 인정된다고 보기 위해서는 수탁자가 신탁재산에 대하여 '배타적인 관리·처분권'을 가지는 것이 필요하다. 이에 위탁자 또는 수익자 사이에 수탁자의 권리에 실질적인 제한을 가하고 있는지를 판단하여야 한다. 대법원은 신탁법상 신탁에 대하여 '신탁재산에 대한 수탁자만이 배타적인 관리·처분권을 가지는 것으로, 위탁자가 수탁자의 신탁재산에 대한 관리·처분권을 공동 행사하거나 수탁자가 단독으로 관리·처분을 할 수 없도록 실질적인 제한을 가하는 것은 신탁법의 취지나 신탁의 본질에 반하는 것'이라고 판시하고 있기 때문이다.[4]

앞에서 본 담보신탁의 경우 이러한 요건에 해당하는지 문제가 될 수 있으나 일반적인 부동산담보신탁계약의 경우를 예로 들면, 수탁자는 신탁재산의 처분방법, 처분가격, 정산방법에 대하여 위탁자의 지시나 동의 없이 단독으로 처분할 수 있다는 점에서 신탁의 요건을 갖추었다고 본다.

Ⅳ. 부동산 신탁의 효과 및 특징

부동산 신탁의 효과 및 신탁재산의 일반적인 특징은 다음과 같다.

---

4) 대법원 2003. 1. 27. 선고 2000마2997 판결.

1. 대내외적 소유권 이전

수탁자는 신탁재산에 대한 권리와 의무의 귀속주체로서(신탁법 제31조), 부동산 신탁으로 부동산에 대한 대내외적인 소유권이 수탁자에게 이전된다. 대법원은 "신탁법상의 신탁은 위탁자가 수탁자에게 특정의 재산권을 이전하거나 기타의 처분을 하여 수탁자로 하여금 신탁 목적을 위하여 그 재산권을 관리·처분하게 하는 것이므로(구 신탁법 제1조 제2항), 부동산의 신탁에 있어서 수탁자 앞으로 소유권이전등기를 마치게 되면 대내외적으로 소유권이 수탁자에게 완전히 이전되고, 위탁자와의 내부관계에 있어서 소유권이 위탁자에게 유보되어 있는 것은 아니라 할 것이며, 이와 같이 신탁의 효력으로서 신탁재산의 소유권이 수탁자에게 이전되는 결과 수탁자는 대내외적으로 신탁재산에 대한 관리권을 갖는 것이고, 다만, 수탁자는 신탁의 목적 범위 내에서 신탁계약에 정하여진 바에 따라 신탁재산을 관리하여야 하는 제한을 부담함에 불과하다"고 판시하였다.[5]

2. 강제집행 등의 금지

신탁재산에 대하여는 강제집행, 담보권 실행 등을 위한 경매, 보전처분 또는 국세 등 체납처분을 할 수 없다. 다만, 신탁 전의 원인으로 발생한 권리 또는 신탁사무의 처리상 발생한 권리에 기한 경우에는 그러하지 아니하다(신탁법 제22조 제1항). 이러한 신탁법 제22조 제1항의 문구로 인하여 신탁재산은 강제집행이 허용되지 않는다고 오해할 수 있으나, 이 조항은 신탁재산을 압류나 강제집행 금지 재산으로 규정한 것이 아니라, 일반적인 집행의 원칙을 신탁재산에 반영한 것이다.

신탁법 제22조 본문은 신탁이 되면 그 소유권 변동으로 인하여 위탁자의 채권자가 더 이상 신탁재산에 대하여 강제집행 등을 할 수 없다는 점을 확인한 것이다.

---

5) 대법원 2002. 4. 12. 선고 2000다70460 판결.

즉, 신탁법상의 신탁재산은 수탁자의 고유재산으로부터 구별되어 관리될 뿐만 아니라 위탁자의 재산권으로부터도 분리되어 독립성을 가지게 되는 것이므로,[6] 신탁재산에 대하여는 위탁자의 채권자가 강제집행 등을 할 수 없다.

신탁 전의 원인으로 발생한 권리에 기한 경우는 신탁재산에 대하여 강제집행 등을 할 수 있는데, 이는 신탁이 설정되기 전에 압류 혹은 등기를 통해 대항력을 갖춘 자가 존재한다면, 이러한 자의 집행행위는 집행의 원칙에 따라 허용되는 것을 반영한 것이다. 이와 관련하여 대법원은 신탁 전의 원인으로 발생한 권리라 함은 신탁 전에 이미 신탁부동산에 저당권이 설정된 경우 등 신탁재산 그 자체를 목적으로 하는 채권이 발생된 경우를 말하는 것이고 신탁 전에 위탁자에 관하여 생긴 모든 채권이 이에 포함되는 것은 아니라고 판시하고 있다.[7]

또한 신탁사무의 처리상 발생한 권리에 기한 경우에도 신탁재산에 대하여 강제집행 등을 할 수 있는데, 이는 신탁사무에 기하여 수탁자에 대하여 집행권원을 확보한 채권자는 신탁재산에 대하여 집행이 가능하다 점을 확인한 것이다. 신탁사무의 처리상 발생한 권리에는 수탁자를 채무자로 하는 것만 포함되며, 위탁자를 채무자로 하는 것은 포함되지 않는다.[8]

3. 신탁재산의 독립성

위와 같은 신탁재산에 대한 강제집행 금지 규정 외에도 신탁법은 신탁재산의 독립성을 보장하기 위하여, 다음과 같은 규정 등을 두고 있다.

(1) 수탁자의 사망 등과 신탁재산

신탁재산은 수탁자의 고유재산과 구별되는 별개의 재산이므로, 신탁재산은 수탁자의 상속재산에 속하지 아니하며, 수탁자의 이혼에 따른 재산분할의

---

6) 대법원 1987. 5. 12. 선고 86다545 판결.
7) 대법원 1987. 5. 12. 선고 86다545 판결.
8) 대법원 2013. 1. 24. 선고 2010두27998 판결.

대상이 되지 아니한다(신탁법 제23조).

(2) 수탁자의 파산 등과 신탁재산

신탁재산은 수탁자의 고유재산으로부터 분리되어 독립하여 존재하는 것이므로, 신탁재산은 수탁자의 파산재단, 회생절차의 관리인이 관리 및 처분 권한을 갖고 있는 채무자의 재산이나 개인회생재단을 구성하지 아니한다(신탁법 제24조).

(3) 상계 금지

신탁재산은 수탁자의 고유재산 또는 수탁자가 관리하는 다른 신탁재산과 구별되므로, 이와 관련한 채권·채무가 모두 수탁자 명의로 되어 있다고 하여도 서로 대립되는 관계에 있다고 보기 어려우므로 상계가 제한된다.

즉, 신탁재산에 속하는 채권과 신탁재산에 속하지 아니하는 채무는 상계하지 못하고, 신탁재산에 속하는 채무에 대한 책임이 신탁재산만으로 한정되는 경우에는 신탁재산에 속하지 아니하는 채권과 신탁재산에 속하는 채무는 상계하지 못한다. 다만, 양 채권·채무가 동일한 재산에 속하지 아니함에 대하여 제3자가 선의이며 과실이 없을 때에는 그러하지 아니하다(신탁법 제25조).

(4) 신탁재산에 대한 혼동의 특칙

신탁재산은 수탁자의 고유재산 또는 수탁자가 관리하는 다른 신탁재산과 구별되므로, 혼동의 법리가 적용되지 않는다. 즉, (i) 동일한 물건에 대한 소유권과 그 밖의 물권이 각각 신탁재산과 고유재산 또는 서로 다른 신탁재산에 귀속하는 경우, (ii) 소유권 외의 물권과 이를 목적으로 하는 권리가 각각 신탁재산과 고유재산 또는 서로 다른 신탁재산에 귀속하는 경우, (iii) 신탁재산에 대한 채무가 수탁자에게 귀속하거나 수탁자에 대한 채권이 신탁재산에 귀속하는 경우, 혼동으로 인하여 권리가 소멸하지 아니한다(신탁법 제26조).

V. 수익권

1. 수익권의 의의 및 성질

(1) 수익권의 의의

수익자는 신탁의 이익을 누리는 주체로서 신탁으로부터 발생하는 각종의 권리를 가지게 되는데, 수익권은 수익자가 가지는 신탁재산 및 수탁자에 대한 각종 권리의 총체를 의미한다.[9] 구체적으로 수익권은 (i) 수익자가 신탁재산 또는 수탁자에 대하여 기대하는 개인적인 편익과 관련된 권리로서 통상 신탁재산으로부터 급부를 받을 수급권인 자익권과 (ii) 수탁자 감독권, 신탁재산 보전권으로 이루어진 신탁의 감독권과 신탁운영의 참가권을 포함하는 공익권으로 구성되어 있다.[10]

(2) 수익권의 법적 성질

수익권의 법적 성질에 관하여는 채권설, 실질적 법주체성설(물적 권리설), 제한적 권리이전설(상대적 권리이전설), 수물권설, 병존설(부동산신탁·금전신탁 분리설) 등이 있다.

대법원은 "부동산의 신탁에 있어서 수탁자 앞으로 소유권이전등기를 마치게 되면 대내외적으로 소유권이 수탁자에게 완전히 이전되고, 위탁자와의 내부관계에 있어서 소유권이 위탁자에게 유보되어 있는 것은 아니라 할 것이며, 이와 같이 신탁의 효력으로서 신탁재산의 소유권이 수탁자에게 이전되는 결과 수탁자는 대내외적으로 신탁재산에 대한 관리권을 갖는 것이고, 다만, 수탁자는 신탁의 목적 범위 내에서 신탁계약에 정하여진 바에 따라 신탁재산을 관리하여야 하는 제한을 부담함에 불과하다"고 판시하고,[11] "부동산의 신탁에 있어서 신탁자의 위탁에 의하여 수탁자 앞으로 그 소유권이전등기를 경료하게 되면 대

---

9) 최동식, 신탁법, 법문사(2006), 321쪽; 이연갑, "신탁법상 수익자의 지위", 민사판례연구 제30집(2008. 3.), 917쪽.

10) 이중기, 신탁법, 삼우사(2007), 451~452쪽.

11) 대법원 2002. 4. 12. 선고 2000다70460 판결.

내외적으로 소유권이 수탁자에게 완전히 이전되고, 신탁기간의 만료 등 신탁종료의 사유가 발생하더라도, 수탁자가 수익자나 위탁자에게 목적부동산의 소유권을 이전할 의무를 부담하게 됨에 불과할 뿐, 당연히 목적부동산의 소유권이 수익자나 위탁자에게 복귀된다고 볼 수는 없다"고 판시한 점에 비추어 보면,[12] 채권설을 취하고 있는 것으로 보인다.

한편, 대법원은 담보신탁의 우선수익권이 담보적 기능을 한다고 하더라도 이를 법정 담보권에 준하여 볼 수 없다고 판시한 바 있다.[13] 또한 대법원은 담보신탁의 경우 "특별한 사정이 없는 한 우선수익권은 경제적으로 금전채권에 대한 담보로 기능할 뿐 금전채권과는 독립된 신탁계약상의 별개의 권리가 된다. 따라서 이러한 우선수익권과 별도로 금전채권이 제3자에게 양도 또는 전부되었다고 하더라도 그러한 사정만으로 우선수익권이 금전채권에 수반하여 제3자에게 이전되는 것은 아니고, 금전채권과 우선수익권의 귀속이 달라졌다는 이유만으로 우선수익권이 소멸하는 것도 아니다"라고 판시하여 우선수익권의 담보신탁계약상 피담보채권에 대한 부종성을 명시적으로 부정하고 있다.[14]

2. 수익권의 양도

수익자는 수익권의 성질이 양도를 허용하지 않는 경우를 제외하고는 수익권을 양도할 수 있다. 다만, 수익권의 양도에 대하여 신탁행위로 달리 정한 경우에는 그에 따르되, 그 정함으로써 선의의 제3자에게는 대항할 수 없다(신탁법 제64조).

수익권의 양도는 일반 지명채권 양도 절차와 유사하다. 수익권의 양도는 양도인이 수탁자에게 통지하거나 수탁자가 승낙한 경우에만 수탁자와 제3자에게 대항할 수 있고, 제3자에게 대항하기 위해서는 위 통지 및 승낙은 확정일자 있는 증서에 의하여야 한다(신탁법 제65조).

---

12) 대법원 1991. 8. 13. 선고 91다12608 판결.
13) 대법원 2013. 7. 27. 선고 2012다79347 판결.
14) 대법원 2017. 6. 22. 선고 2014225809 전원합의체 판결.

한편, 수익증권발행신탁의 경우에는 수익권을 표시하는 수익증권을 발행하는 정함이 있는 수익권을 양도할 때에는 해당 수익권을 표시하는 수익증권을 교부하여야 하고, 기명수익증권으로 표시되는 수익권의 이전은 취득자의 성명 또는 명칭과 주소를 수익자명부에 적지 아니하면 수탁자에게 대항하지 못한다 (신탁법 제81조 제1항, 제2항).

3. 수익권에 대한 질권 설정

수익자는 수익권의 성질이 질권의 설정을 허용하지 않는 경우를 제외하고는 수익권을 질권의 목적으로 할 수 있다. 다만, 수익권을 목적으로 하는 질권의 설정에 대하여 신탁행위로 달리 정한 경우에는 그에 따르되, 그 정함으로써 선의의 제3자에게는 대항할 수 없다(신탁법 제66조 제1항, 제2항).

수익권에 대한 질권 설정 방법도 일반 지명채권에 대한 질권 설정 방법과 유사하다. 수익권에 대한 질권의 설정은 수익자가 수탁자에게 통지하거나 수탁자가 승낙한 경우에만 수탁자와 제3자에게 대항할 수 있고, 제3자에게 대항하기 위해서는 위 통지 및 승낙은 확정일자 있는 증서에 의하여야 한다(신탁법 제66조 제3항). 수익증권발행신탁의 경우 수익권을 질권의 목적으로 할 때에는 그 수익권을 표시하는 수익증권을 질권자에게 교부하여야 하고, 이에 따라 수익증권을 교부받은 질권자는 계속하여 수익증권을 점유하지 아니하면 그 질권으로써 수탁자 및 제3자에게 대항하지 못한다(신탁법 제83조 제1항, 제2항).

일반적으로 신탁계약에는 수익자가 수익권을 양도하거나 수익권에 질권을 설정하기 위해서는 수탁자의 사전 승낙을 받아야 한다고 명시하고 있다.

대법원은 우선수익권의 담보신탁계약상 피담보채권에 대한 부종성을 부정하고 있으므로,[15] 우선수익권에 질권을 설정하려는 자는 우선수익권과 함께 그 피담보채권에 대하여도 질권을 설정하여 피담보채권이 우선수익권과 분리하여 양도 또는 처분되는 문제를 사전에 방지할 필요가 있다.

---

15) 대법원 2017. 6. 22. 선고 2014225809 전원합의체 판결.

VI. 신탁관계자 변경

1. 위탁자의 변경

개정 전 신탁법에서는 신탁계약에 있어서 위탁자의 변경이 가능한지에 대하여 명시적인 규정이 없어서 해석상 논란이 되었다. 개정 전 신탁법에 따른 「신탁등기사무처리에 관한 예규」에는 위탁자 자체를 변경하는 등기는 이를 신청할 수 없다고 명시되어 실무적으로도 위탁자를 변경할 수 없었다. 신탁계약에 있어서 위탁자의 변경은 사실상 부동산의 소유자를 변경하는 행위에 해당하나 형식적으로는 소유권의 변동을 수반하지 않게 되므로, 이를 인정하면 신탁등기를 해놓고 무수히 많은 중간생략등기가 가능해져 조세포탈 등의 탈법이나 범법의 우려가 있기 때문인 것으로 추정된다.

그러나 개정 신탁법에서는 이해관계인을 보호하고 신탁의 활성화를 도모하기 위하여 위탁자 지위 이전을 허용하는 규정이 신설되었다.[16] 위탁자의 지위는 신탁행위로 정한 방법에 따라 제3자에게 이전할 수 있다. 이러한 이전 방법이 정하여지지 아니한 경우에는 수탁자와 수익자의 동의를 받아 제3자에게 이전할 수 있고, 이 경우 위탁자가 여럿일 때에는 다른 위탁자의 동의도 받아야 한다(신탁법 제10조 제1항, 제2항). 현재의 「신탁등기사무처리에 관한 예규」는 위탁자 지위의 이전에 따른 신탁원부 기록의 변경 절차에 대하여 규정하고 있다.

2. 수익자의 변경

일반적으로 신탁계약에 따라 수익자를 지정하므로,[17] 수익자를 추가로 지정하거나 수익자가 수익권을 양도하는 방법 등으로 수익자를 변경할 수 있다. 통상 신탁계약에 수탁자의 사전 동의를 전제로 수익자 추가 지정, 수익권 양도,

---

16) 김상용 감수, 신탁법 해설, 법무부(2012), 105쪽.
17) 신탁법 제56조 제1항.

수익자 교체 등을 예정하고 있다.

부동산담보신탁에 있어 대출채권 등 피보전채권과 분리하여 우선수익권의 양도가 가능한지 문제되나, 대법원은 우선수익권의 담보신탁계약상 피담보채권에 대한 부종성을 부정하고 있다.[18] 다만, 실무적으로는 부동산담보신탁의 담보적 성격을 고려하여 대출채권과 함께 우선수익권을 양도하는 것이 일반적이고, 이러한 내용이 신탁계약에 반영되어 있기도 하다.

VII. 신탁부동산 매각

수탁자는 신탁계약에 따라 신탁부동산을 처분 또는 매각할 수 있다. 신탁계약에는 주로 위탁자(시행사)가 대출약정에 따른 기한의 이익을 상실한 경우 위탁자의 동의 없이 1순위 우선수익자의 요청으로 수탁자가 공매 또는 수의매각 등의 방법으로 신탁부동산을 처분할 수 있다고 규정하는 경우가 일반적이다. 다만, 경우에 따라서는 대주인 우선수익자 전원의 의사에 따르거나, 1순위 우선수익자 중 과반수의 의사에 따라 신탁부동산을 처분하는 것으로 약정하기도 한다.

수익자가 여럿인 신탁에서 수익자의 의사는 수익자 전원의 동의로 결정하는 것이 원칙이지만, 신탁행위로 달리 정한 경우에는 그에 따른다(신탁법 제71조). 일반적으로 순위가 다른 우선수익자가 여럿인 경우에는 신탁계약에 수익자의 의사 결정 방법에 대하여 구체적으로 명시되어 있다.

신탁부동산 처분에 따른 부동산소유권이전등기 절차에서 등기관이 "등기상 이해관계 있는 제3자의 승낙 입증 서류"로서 수익자, 우선수익자의 동의서 등을 요청할 수 있다. 이와 관련하여 1순위 우선수익자에게 신탁부동산 처분 요청 권한이 있다는 점과 1순위 우선수익자의 동의만으로 신탁부동산 처분이 가능하다는 점이 신탁계약서에 명시되어 있는 경우, 수탁자는 2순위 우선수익자 등 기타 다른 당사자의 동의가 없어도 1순위 우선수익자의 동의만으로 신탁

---

18) 대법원 2017. 6. 22. 선고 2014다225809 전원합의체 판결.

부동산 처분 및 부동산소유권이전등기 절차를 진행할 수 있다.

　신탁계약서에 수탁자가 신탁부동산을 처분 또는 매각할 수 있는 사유, 절차, 방법, 가격 등에 대하여 불분명하게 작성되어 있는 경우에는 수탁자, 위탁자, 우선수익자 사이에 분쟁이 발생할 수 있다. 따라서 수탁자가 어떠한 경우에 누구의 동의를 전제로 어떻게 신탁부동산을 처분할 수 있는지 등 신탁부동산의 처분 조건에 관하여 신탁계약서를 명확하게 작성하는 것이 중요하다.

제2절　토지신탁의 유형별 실무상 쟁점

I. 서 론

　부동산신탁 중 부동산개발사업에서 많이 활용되며 법리적 쟁점이 많은 유형은 담보신탁과 토지신탁 중 관리형 토지신탁 및 차입형 토지신탁이다. 담보신탁의 경우 토지의 소유권만 수탁자에게 이전되어 있고, 부동산개발 사업은 위탁자가 사업주체가 되어 수행하기 때문에, 사업과 관련된 권리관계가 신탁 외에서 형성된다. 반면 토지신탁은 부동산개발 사업 자체가 신탁의 목적이기 때문에 수탁자가 사업주체가 되고 사업과정에서 발생한 각종 계약이나 법률관계가 신탁 내에서 형성된다. 이하에서는 이러한 특징을 고려하여 각 신탁계약의 실무상 쟁점을 살펴보도록 한다.

II. 담보신탁의 실무상 쟁점

1. 담보신탁의 의의

　담보신탁은 (우선)수익자의 채권회수를 위하여 담보물인 신탁 부동산의 소유권을 안전하게 유지·관리하는 것을 목적으로 하는 신탁이다. 신탁기간 중 채무자[19]가 기한의 이익을 상실하거나 만기에 채무를 변제하지 않는 경우 수탁자는 신탁부동산을 처분하여 처분대금으로 채권을 변제하기도 한다. 그러나 이는 처분사유가 발생하였을 경우의 처리일 뿐 담보신탁의 기본 목적은 신탁부동산의 소유권을 신탁기간 동안 안전하게 보전하는 데 있다. 이 때문에 담보신탁의 수탁자는 신탁기간 동안 신탁부동산의 소유권을 이전받아 유지하는 것 외에 다른 사무에는 관여하지 않는다.

이러한 담보신탁은 위탁자가 사업부지를 담보로 사업추진에 필요한 자금을 조달하되 위탁자가 사업주체가 되어 사업을 추진하는 경우에 활용된다. 또한 위탁자가 사업부지를 확보하는 과정에서 매입자금 조달을 위해 브릿지 대출을 일으키는 경우에 활용되기도 하는데, 이런 담보신탁은 사업부지가 모두 확보되어 사업 전체에 대한 본 PF대출이 이루어지기 전까지만 유지되고, 본 PF대출이 성사되어 브릿지대출이 상환되는 경우 토지신탁으로 전환되는 경우가 많다.

2. 담보신탁을 통한 부동산개발사업의 특성

(1) 담보신탁 및 자금관리대리사무계약을 통한 진행

담보신탁으로 진행되는 부동산개발사업(이하 편의상 '담보신탁 사업')은 사업부지가 신탁된 상태에서 위탁자가 진행하는 특수성이 있다. 이 때문에 공사도급계약, 분양계약 등 사업진행에 필요한 각종 계약은 위탁자가 자신의 명의로 직접 체결하는데, 위 계약은 신탁과 구별되는 별개의 법률관계이다. 그럼에도 사업에서 발생한 분양수입의 관리 및 사업비 집행을 수탁자를 담당하는 신탁회사가 하는 경우가 많다. 그러나 이것은 담보신탁계약의 수탁자로서 하는 신탁사무가 아니다. 이는 위탁자, PF 대주, 시공사 등이 수탁자를 맡고 있는 신탁회

---

19) 위탁자가 채무자인 경우가 대부분이나, 채무자는 제3자여도 무방하다. 위탁자는 제3자의 채권을 위하여 자신의 부동산을 담보로 제공하는 것이 가능하기 때문이다. 다만 이하에서는 위탁자가 채무자인 경우를 전제로 설명한다.

사와 별도로 체결한 자금관리대리사무계약에 따른 사무이다. 담보신탁 사업에 자금을 대여하는 대주는 부동산개발사업에서 발생한 수익을 통해 채권을 회수할 것을 기대하기 때문에, 사업의 안정적인 수행이 중요하다. 위와 같은 대출에 대한 신용보강 의무를 부담하고 대출금 내지 분양수입을 통해 공사비를 지급받고자 하는 시공사 역시 마찬가지이다. 이 때문에 대주나 시공사는 PF대출금 및 분양수입금의 관리 및 자금집행을 시행사(위탁자)가 아닌 제3자에게 맡기고자 한다. 이러한 자금관리대리사무 기관을 담보신탁의 수탁자인 신탁회사가 겸임하면 대외적으로는 신탁회사가 사업부지를 소유하면서 분양수입도 수취하고 사업비도 집행하는 등 사업주체처럼 보이게 된다.

그러나 자금관리대리사무계약은 담보신탁과는 별개의 계약으로, 위 계약에 따른 법률관계는 담보신탁의 영향을 받지 않는다. 당연한 논리적 귀결로 자금관리계좌로 지급되는 분양대금 역시 신탁재산이 아니다. 이와 같이 담보신탁과 자금관리대리사무계약은 적용 법리가 서로 다르므로, 담보신탁 사업의 권리관계를 분석할 때에는 이 점을 유의할 필요가 있다.

(2) 신축된 건물의 추가신탁

담보신탁은 신탁된 토지를 담보물로서 보관하는 신탁이어서 위 토지 위에 건물이 신축되었다고 하여 위 부동산이 당연히 신탁부동산이 되는 것은 아니다. 신탁재산의 관리, 처분, 운용, 개발 등의 사유로 수탁자가 얻은 재산은 신탁재산에 속하지만(신탁법 제27조), 위 부동산은 수탁자가 개발한 것이 아니므로 신탁재산에 속한다고 볼 수 없다. 따라서 담보신탁사업에서 완성된 건물을 PF대출의 담보물에 포함시키고자 한다면, 건물을 기존 담보신탁의 신탁재산에 추가하거나 건물에 대한 추가 담보신탁계약을 체결해야 한다. 이를 위해 대주는 대출을 실행할 때부터 건물이 완성되는 경우 건물도 담보신탁하여 선순위 우선수익권을 제공할 것을 조건으로 대출을 실행한다. 위탁자는 이러한 약정을 이행하기 위하여 건물이 완공된 후 건물에 대한 보존등기를 경료함과 동시에 건물을 신탁한다.

(3) 분양계약의 이행

완성된 건물은 PF 대주에게 담보로 제공되기도 하지만, 위 부동산은 궁극적으로 수분양자에게 이전되어야 한다. 그런데 완공된 건물은 준공과 동시에 담보신탁이 되기 때문에, 위탁자가 분양계약을 이행하기 위해서는 먼저 담보신탁을 해지하여 해당 부동산에 대한 소유권을 회복한 후 이를 다시 수분양자에게 이전해야 한다. 이러한 절차적 번거로움을 피하기 위하여, 담보신탁계약에 수탁자가 수분양자에게 신탁부동산을 직접 이전하도록 하는 규정을 두는 경우가 있다. 통상 수분양자가 위탁자와 체결한 분양계약에 따른 잔금을 모두 지급한 후 우선수익자의 동의를 얻을 것을 조건으로 한다. 이러한 절차는 신탁해지 내지 종료 등에 따른 위탁자의 소유권이전등기청구권이 가압류된 경우 어려울 수 있다. 이 부분은 아래 3. (2)에서 설명하겠다.

3. 담보신탁 사업의 법적 쟁점

(1) 분양대금 반환주체에 관한 분쟁

담보신탁으로 진행되는 부동산개발사업에서는 분양대금이 신탁계좌로 수납되고 잔금이 완납되기 전까지 분양목적물의 소유권도 수탁자에게 남아 있다. 게다가 자금관리대리사무계약상 자금집행 대상에 분양대금반환금이 포함되어 있는 경우가 많아, 분양계약을 해제한 수분양자들이 신탁회사를 상대로 분양대금의 반환을 구하는 경우가 있다.

그러나 신탁회사가 자금관리대리사무계약에 따라 분양대금 반환금을 지급하는 것은 위탁자의 채무를 자금관리대리사무계약에 따라 대신 지급하는 것에 불과하다. 자금관리대리사무기관은 위탁자 및 다른 당사자들을 위해 관리하는 자금을 자금관리대리사무계약이 정한 용도로 집행할 의무가 있다. 원래는 위탁자가 계약이 허용하는 용도의 자금을 요청할 경우 해당 금액을 위탁자에게 지급하여 그 용도로 사용하게 하는 것이 원칙이다. 그런데 이렇게 하면 위탁자가 지급받은 금원을 달리 사용할 수 있고 집행도 지연되기 때문에 일정한 요건이 갖추어지면 신탁회사가 해당 금원을 직접 지급하는 것이다. 이는 자금관리대리사무계약에 따른 위탁사무의 수행일 뿐 지급처에 대한 의무이행이 아니다. 법원 역시 자금관리대리사무계약이 분양대금 반환금을 자금집행의 대상으로 규정하고 있더라도 수분양자가 신탁회사를 상대로 직접 분양대금의 반환을 구할 수는 없다고 판단하였다.[20] 나아가 법원은 자금관리대리사무계약이나 담보신탁계약이 자금집행 대상에 분양대금 반환금을 포함시키고 있다는 사정만으로 위 계약을 수분양자(제3자)를 위한 계약이라고 볼 수도 없다고 판단하였다.

수분양자가 수탁자에게 분양대금을 직접 청구하는 것은 가능하지 않지만, 자금관리대리사무계약상 위탁자가 수탁자에 대해 갖는 자금집행요청권한을 대위 행사할 수는 있다. 이 경우 수분양자가 행사할 수 있는 권리는 자금관리대리사무계약상 위탁자가 갖는 권리에 한정되므로, 자금집행순서 등에 따라 분양대금반환금이 지급될 수 있는 경우여야 한다.

(2) 수익자(위탁자)의 소유권이전등기청구권에 대한 (가)압류

사업부지가 신탁되면 위탁자의 채권자는 신탁재산인 사업부지를 집행의 대상으로 삼을 수 없다. 그러나 위탁자가 담보신탁계약상 가지는 권리, 예를 들어 위탁자가 위탁자 겸 수익자로서 원본수익권 혹은 신탁종료에 따른 소유권이전등기청구권 등을 집행의 대상으로 삼을 수 있다. 이러한 권리가 (가)압류되면 사업진행에 차질이 발생할 수 있다. 위탁자가 분양계약을 이행하기 위해서는 담보신탁을 해지하고 건물의 소유권을 회복해야 하는데, 위탁자의 소유권이전등기청구권이 (가)압류되어 있으면 수탁자는 위탁자에게 신탁부동산의 소유권을 반환할 수 없기 때문이다. 이 때문에 과거에는 수분양자가 잔금 지급을 완료한 경우 우선수익자의 동의를 얻으면 수탁자가 건물을 수분양자에게 직접 이전할 수 있다는 조항을 두는 것이 위와 같은 가압류에 대한 해결방안으로 여겨지기도 했다. 소유권이전등기청구권에 대한 (가)압류는 제3채무자가 채무자에게 소유권을 이전하는 행위만 금지할 뿐 제3채무자가 별개의 법률원인에 따라 제3자에게 소유권을 이전하는 행위까지 금지하지는 않는다. 그래서 수탁자

---

20) 대법원 2014. 12. 11. 선고 2012다70852 판결, 대법원 2014. 12. 11. 선고 2013다82388 판결.

가 위와 같은 직접 이전 조항에 따라 수분양자에게 소유권이전등기를 경료하여 주는 것은 가압류에 반하지 않는다고 본 것이다.

그러나 대법원은 위탁자의 소유권이전등기청구권이 (가)압류된 상태에서 위와 같은 직접 이전 조항에 따라 수탁자가 수분양자에게 소유권을 이전하는 것은 위 (가)압류에 반하는 처분행위라고 판단하였다.[21] 수탁자가 소유권이전 등기를 이전한 수분양자는 위탁자와 분양계약을 체결하고, 위탁자에게 잔금을 지급한 자이다. 위탁자는 위 금원을 별도의 지급관리계좌로 지급받아 PF대출 금 등 자신의 채무변제에 사용하고 신탁계좌에 입금하지 않는다. 등기에 필요한 원인서류로 수탁자와 수분양자 간에 매매계약서가 작성되기는 하나 수탁자가 매도인으로서의 권리와 의무를 부담하지 않는다는 점을 확인하는 서류도 함께 작성하는 것이 일반적이다. 또한 담보신탁계약에는 위탁자가 기한의 이익을 상실하는 등 채무불이행이 발생한 경우 우선수익자의 요청에 따라 신탁부동산을 처분하는 절차가 별도로 존재하는데, 이런 경우에는 수탁자가 실질적인 매도인이 되어 매매계약을 체결하는 한편 매매대금도 신탁계좌로 직접 지급받는다. 그러다 보니 대법원은, 위와 같은 직접 이전 조항이 신탁해지에 따른 소유권이전등기절차를 간편하게 처리하기 위하여 위탁자 대신 수탁자로 하여금 수분양자에게 신탁부동산의 소유권을 이전하게 하는 것일 뿐, 수탁자에게 새로운 처분권한을 부여하거나 수분양자에게 수탁자에 대한 소유권이전등기청구권을 취득하게 하는 규정이 아니라고 판단한 것이다.[22]

한편 대법원은 위탁자겸 수익자의 채권자가 신탁수익권의 급부청구권을 압류 또는 가압류한 경우, 특별한 사정이 없는 한 그 효력이 신탁원본의 급부 청구권에도 미친다고 판단하고 있다.[23] 즉 가압류의 대상이 신탁해지에 따른 소유권이전등기청구권이 아닌 신탁수익청구권이었던 경우, 위탁자겸 수익자가 신탁원본의 귀속권자라면 위 가압류의 효력이 수익자의 소유권이전등기 청구권에도 미친다고 본 것이다. 이에 의하면 가압류의 대상 권리가 소유권이전등

---

21) 대법원 2018. 12. 27. 선고 2018다237329 판결, 대법원 2022. 12. 15. 선고 2022다247750 판결.
22) 대법원 2022. 12. 15. 선고 2022다247750 판결.
23) 대법원 2018. 12. 27. 선고 2018다237329 판결.

기청구권으로 특정되어 있지 않아도 위탁자겸 수익자의 신탁수익청구권에 대한 가압류만으로 위와 같은 수탁자의 직접 이전행위가 제한될 수 있다.

III. 토지신탁의 실무상 쟁점

1. 토지신탁의 의의 및 종류

(1) 토지신탁의 의의

토지신탁은 수탁자가 사업주체가 되어 신탁받은 토지 위해서 부동산개발사업을 추진하는 것을 목적으로 하는 신탁이다. 토지신탁의 수탁자는 수분양자와 직접 분양계약을 체결하고, 수분양자로부터 분양대금을 수령하고, 시공사에게 공사대금을 직접 지급한다. 또한 수탁자는 신축 건물에 대하여 사용승인을 받은 후 수탁자 명의로 건물에 대한 소유권보존등기를 완료하고, 수분양자에게 소유권이전등기를 경료한다.

토지신탁 방식으로 부동산 개발사업을 진행하는 이유는 위탁자인 사업시행자의 제반 리스크로부터 해당 사업을 분리하여 사업을 보다 안정적으로 진행하기 위해서이다. 구체적으로 위탁자인 사업시행자에게 부도 등의 사유가 발생한 경우에도 사업의 주체인 수탁자가 사업을 계속 진행할 수 있고, 금융당국의 감독을 받는 전문 수탁자(신탁업자)가 직접 분양계약을 체결하고 대금을 관리하기 때문에 사업시행자의 이중분양, 분양대금 유용 등의 분양사고를 방지할 수 있다.[24]

(2) 토지신탁의 종류

토지신탁은 자금조달 의무를 누가 부담하는지에 따라 크게 관리형 토지신탁과 차입형 토지신탁으로 나뉜다.

---

24) 김천재, "부동산펀드와 관리형 토지신탁의 결합을 통한 부동산개발금융 활성화 방안", 한성대학교 부동산대학원 석사학위 논문(2009), 39~41쪽.

관리형 토지신탁은 자금조달의 의무를 위탁자가 부담하는 경우로, 이러한 자금조달은 책임준공약정과 같은 시공사의 신용보강을 토대로 위탁자가 받은 PF대출을 통해 이루어진다. 그래서 관리형 토지신탁의 1순위 우선수익자는 PF 대출의 대주인 경우가 많다. 위와 같은 관리형 토지신탁 중에는 신용도가 낮은 시공사의 신용을 수탁자가 보충하여 수탁자가 최종적인 책임준공의무를 부담하는 경우가 있는데 이를 책임준공형 관리형 토지신탁이라고 한다. 이러한 관리형 토지신탁에서 수탁자는 사업주체로서의 사업이 안정적으로 진행되도록 관리하는 역할만 수행하기 때문에 각종 법률행위의 당사자가 되기는 하나, 사업진행에 중요한 의사결정은 우선수익자 혹은 위탁자의 의사에 따르고, 필요한 실무행위도 위탁자가 대신하는 경우가 많다.

차입형 토지신탁은 자금조달 의무를 수탁자가 부담하는 형태이다. 차입형 토지신탁의 수탁자는 당초 사업계획에 맞추어 일정한 사업자금을 조달하기로 하고, 고유재산(신탁회사 명의로 조달한 대출금 포함)에서 신탁계좌로 필요한 사업비를 대여한다. '신탁계정대여금'이라 지칭되기도 하는 이러한 대출금은 신탁사무처리비용에 준하여 신탁보수 등과 함께 신탁재산에서 최선순위로 변제된다. 일종의 대주의 역할까지 겸하게 되는 차입형 토지신탁의 수탁자는 시공사를 직접 선정하고, 사업의 진행여부를 결정하는 등 사업주체로서의 실질적인 의사결정을 하는 경우가 많다. 위와 같은 차입형 토지신탁에도 우선수익자가 존재하는 경우가 있다. 사업부지를 조달하기 위하여 위탁자가 조달한 자금의 브릿지대출의 대주가 우선수익권을 담보로 제공받거나 사업자금 중 일부를 위탁자가 조달하는 경우이다. 그러나 이러한 우선수익자는 신탁사무처리 비용에 준하는 신탁계정대가 모두 변제되고 남은 신탁수익에서 우선 변제를 받을 권리를 가질 뿐이다.

2. 토지신탁을 통한 부동산개발사업의 특성

(1) 수탁자의 신탁사무로 추진되는 부동산개발사업

토지신탁은 부동산개발사업의 추진을 목적으로 하는 신탁이기 때문에, 수탁자는 인허가부터 계약 체결에 이르기까지 사업주체가 수행하는 모든 행위의 주체가 된다. 수탁자가 사업과 관련하여 처리하는 모든 업무는 신탁사무가 되고, 수탁자가 체결한 계약상 채무와 상대방의 권리는 각각 신탁채무와 신탁채권을 구성한다. 이러한 법률관계는 모두 신탁법의 영향을 받는다. 예를 들어 특정 사업장에서 발생한 신탁채권은 수탁자가 동일하더라도 다른 사업장에 대한 채무와 상계할 수 없고(신탁법 제25조), 신탁채권은 수익자가 신탁재산에 대하여 가지는 급부 청구권 이른바 수익채권보다 우선한다(신탁법 제62조). 또한 신탁채권은 신탁사무의 처리상 발생한 권리에 해당하여 신탁재산에 대하여도 강제집행을 할 수 있다(신탁법 제22조).

(2) 신탁채권에 대한 수탁자의 책임

대법원은 신탁재산에 대하여 강제집행을 할 수 있는 채권자에 대하여 부담하는 채무에 관한 수탁자의 이행책임은 신탁재산의 한도 내로 제한되는 것이 아니라 수탁자의 고유재산에 대하여도 미치는 것으로 보고 있다.[25] 이 때문에 수탁자는 신탁채권자와 계약을 체결할 때 수탁자의 계약상 책임이 신탁재산 범위 내로 한정된다는 이른바 '책임재산한정 특약'을 포함시키는 경우가 많다. 이러한 특약은 사적자치의 원칙에 따라 계약 당사자가 자유롭게 정할 수 있는 내용이므로, 이러한 특약의 유효성을 인정되고 있다. 위와 같은 특약이 존재하는 계약에 따른 금전청구 소송이 제기된 경우, 법원은 수탁자에게 신탁재산 범위 내에서 금전을 지급하라는 판결을 내린다. 위와 같은 판결 이후 수탁자가 금전을 지급하지 않는 경우 채권자는 신탁재산에 대하여 강제집행을 개시할 수 있는데, 이때 채권자는 집행의 대상 재산이 신탁재산임을 증명해야 한다.

한편, 수탁자는 자신의 명의로 각종 계약을 체결하기 때문에 신탁이 종료된 후에도 계약의 당사자로서 분쟁의 대상이 될 수 있다. 이 때문에 수탁자는 신탁이 종료되거나 해지되면 계약상의 권리·의무가 위탁자에게 포괄 승계된다는 조항을 포함시키는 경우가 많다. 이러한 조항이 존재하는 경우 신탁이 종료되면 수탁자는 해당 계약에서 탈퇴하게 되므로, 수탁자가 제기한 소송 중 신탁

---

25) 대법원 2004. 10. 15 선고 2004다31883 판결.

이 종료되면 수탁자의 청구는 기각되고, 수탁자를 상대로 제기된 소송 중 신탁이 종료되면 수탁자에 대한 청구가 기각된다.

(3) 신축건물에 대한 신탁등기

토지신탁에서는 수탁자가 직접 사업주체(건축주)가 되어 건물을 신축하기 때문에 신축된 부동산은 신탁사무 처리의 결과물이다. 따라서 신축건물은 당연히 신탁재산이 되고, 보존등기도 수탁자 명의로 이루어진다. 그러나 신축건물은 수탁자 고유의 재산은 아니기 때문에 신탁재산에 속한 것임을 공시해야 한다. 등기 또는 등록할 수 있는 재산권에 관하여는 신탁의 등기 또는 등록을 함으로써 그 재산이 신탁재산에 속한 것임을 제3자에게 대항할 수 있기 때문이다. 이 때문에 토지신탁에서도 건물이 신축되면 보존등기와 동시에 위 건물이 신탁재산이라는 점을 공시하기 위한 신탁등기를 경료한다. 토지신탁에서 건물에 대한 신탁등기는 이미 신탁재산에 속한 건물이 신탁재산임을 대외적으로 공시하는 수단일 뿐이라는 점에서 추가 신탁계약 및 신탁등기가 있어야 비로소 신탁재산으로 포함되는 것으로 볼 수 있는 담보신탁 사업의 신축건물과 차이가 있다.

(4) 분양계약의 이행

토지신탁에서는 수탁자가 직접 수분양자와 분양계약을 체결하고, 신축 건물을 직접 수분양자에게 이전한다. 토지신탁의 수익자는 개발사업이 완료되어 신탁부동산이 모두 처분된 후 남는 신탁수익을 지급받는 자이므로, 수익자가 갖는 급부청구권에 대한 (가)압류는 분양계약의 이행이나 사업진행에 영향을 미치지 않는다.

3. 토지신탁 사업의 법적 쟁점

(1) 토지신탁계약상 자금집행 순서의 법적 의미

토지신탁에서는 수탁자가 사업 추진 중에 체결한 계약에 따른 채무를 신탁재산에서 직접 지급한다. 이러한 채무는 수탁자가 체결한 계약에 따라 발생한 것이므로, 특별한 사정이 없는 한 신탁계약의 영향을 받지 않는다. 그러나 공사도급계약과 같은 중요계약에는 신탁계약을 우선하여 적용한다는 내용이 포함되거나 대금이 신탁재산 범위 내에서 신탁계약이 정한 바에 따라 지급된다는 내용이 포함되는 경우가 많다. 이러한 조항이 존재하는 경우 해당 채무는 신탁계약이 정한 자금집행순서에 구속될 수밖에 없다. 이러한 자금집행 순서가 갖는 법적 의미가 중요하다.

자금집행 순서가 불확정기한인지 혹은 정지조건인지 논란이 있었다. 불확정기한이라면 채무 자체는 인정된 상태에서 이행기만 확정되지 않은 기한까지 유예된 것으로 보지만, 정지조건인 경우에는 조건이 성취되지 않으면 채무 자체가 성정되지 않는다. 어떠한 부관이 조건인지 불확정기한인지 여부는 부관에 표시된 사실이 발생하지 않으면 채무를 이행하지 않아도 된다고 보는 것이 상당한지 반대로 표시된 사실이 발생하지 않을 것이 확정된 경우에도 채무는 이행해야 한다고 보는 것이 상당한지 여부에 따라 판단한다.[26] 전자의 경우는 조건이고, 후자의 경우는 불확정기한으로 본다. 대법원은 위와 같은 기준에 비추어 볼 때 자금집행 순서, 즉 선행채권이 변제되었는지 여부는 정지조건으로 보는 것이 타당하고 그 정지조건이 성취되었다는 사실에 관한 증명책임은 지급을 구하는 측에 있다고 판단하였다.[27]

(2) 차입형 토지신탁상 수탁자의 자금조달의무

차입형 토지신탁에서는 수탁자가 자금조달의무를 부담한다. 이 때문에 차입형 토지신탁의 수탁자와 법률관계를 맺는 신탁채권자는 수탁자의 고유재산으로 자신의 채권이 변제될 것이라고 기대하는 경우가 많다. 그러나 차입형 토지신탁의 수탁자가 부담하는 자금조달의무는 특정한 금액을 무조건 대출해야 하는 의무를 의미하지 않는다.

대법원은, 수탁자는 우선적으로 위탁자의 지시에 따라 사무처리를 하여야

---

26) 대법원 2003. 8. 19. 선고 2003다24215 판결 등.
27) 대법원 2023. 6. 29. 선고 2023다221830 판결.

한다고 하면서도 그 지시에 따라 신탁사업을 추진하는 것이 신탁의 취지에 적합하지 않거나 경제성이 없는 것으로 판단되어 위탁자에게 불이익한 때에는 그러한 내용을 위탁자에게 알려주고 그 지시를 변경하도록 조언할 의무를 부담한다고 보고 있다. 그러면서 수탁자가 경제성이 없어 사업의 내용을 변경해야 한다는 조언을 하였음에도 불구하고 위탁자가 이를 수용하지 않아 사업을 중단한 것은 수탁자로서의 주의의무 위반이 아니라고 판단하였다.[28] 위 사안은 사업비의 70%를 수탁자의 차입금, 나머지 30%를 분양수입금으로 충당할 것을 예정한 차입형 토지신탁이었다. 자금조달 의무가 당초 예정한 사업비에 대한 무조건적인 대여의무를 의미한다면, 위와 같은 상황에서도 위탁자는 수탁자에게 예정된 사업비의 대여를 강제할 수 있어야 한다. 그런데 대법원은 사업성이 저조하여 기존의 내용대로 사업을 추진하는 것이 신탁의 취지에 부합하지 않는다면 수탁자가 사업의 추진을 중지하는 것이 오히려 수탁자의 선관주의의무에 부합하는 일이라고 판단하였다.

이와 같은 판례에 비추어 볼 때 차입형 토지신탁상 수탁자의 자금조달의무는 무조건적인 대여의무가 아니라 신탁의 목적 달성에 필요한 자금을 조달하는 의무로 보이고, 신탁의 목적 달성이 불가능하거나 오히려 신탁의 수익이 악화되는 경우와 같이 자금조달의 필요성이 부정되는 경우에는 인정되지 않을 것으로 보인다.

(3) 책임준공형 관리형 토지신탁상 수탁자의 책임

책임준공형 관리형 토지신탁에서는 시공사가 책임준공의무를 이행하지 못하는 경우 수탁자가 책임준공 의무를 부담하고 이를 이행하지 못하는 경우 수탁자가 대주가 입은 손해[29]를 배상하기로 약정한다. 이 때문에 수탁자는 손해배상 의무를 면하기 위하여 자신의 비용을 들여 책임준공의무를 이행할 수밖에 없는데, 준공이 된 후 수탁자가 책임준공을 위해 투입한 비용을 PF 대주의 대출원리금보다 먼저 지급받을 수 있는지 문제된다. 수탁자가 신탁사무를 처리하

---

28) 대법원 2006. 6. 9. 선고 2004다24557 판결.
29) 손해액을 대출원리금 등으로 특정한 경우도 많다.

기 위해 투입한 비용은 신탁보수와 함께 최선순위 집행항목인 경우 많은 한편 우선수익자인 PF 대주의 대출원리금은 위와 같은 신탁비용이 모두 집행되고 남은 신탁수익에서 지급되는 수익채권이기 때문이다. 법원은 수탁자의 책임준공의무는 시공사가 책임준공의무를 이행하지 못하여 분양대금이 회수되지 않아 대주가 대출금을 상환받지 못할 위험을 방지하기 위한 담보적 의미를 갖는다고 하였다.[30] 나아가 수탁자의 위와 같은 의무는 위탁자가 아닌 우선수익자(PF 대주)에 대하여만 부담하는 의무라는 점, 그 책임이 신탁재산 범위 내로 제한되지 않는다는 규정이 존재한다는 점에서 위탁자에 대한 신탁사무가 아니며, 위 의무의 이행에 투입된 비용 역시 신탁사무처리비용이라고 볼 수 없다고 판단하였다.[31]

그 외에 수탁자가 책임준공의무를 불이행한 경우 부담하는 손해배상의 범위에 관한 분쟁도 계속되고 있다. 손해배상액이 대출원리금으로 특정된 경우도 있으나, 그렇지 않은 경우도 존재하고, 책임준공의무가 불이행되어 공사가 종국적으로 중단된 경우와 준공이 단순히 지연된 경우 등 다양한 상황이 존재하여 법리가 확립되기까지 상당한 시간이 소요될 것으로 보인다.

제3절 부동산 개발사업과 사해신탁

Ⅰ. 서론 – 사해신탁 분쟁이 부동산PF 사업에서 갖는 의미

신탁은 부동산PF 사업의 전제조건이라고 할 수 있는 부동산PF의 대주가 널리 활용하는 담보장치이다. 사업부지나 신축 건물이 신탁되면 부동산PF의 대주는 담보재산(신탁재산)에 대한 다른 채권자의 집행을 막는 한편, 공매 등의

---

30) 서울중앙지방법원 2023. 5. 30. 선고 2020가합600444 판결.
31) 서울고등법원 2024. 2. 1. 선고 2023나2029391 판결(앞선 판결의 항소심). 다만 위 판결은 현재 상고심에 계류중이다.

간이한 절차를 통해 담보재산을 처분하여 자금을 회수할 수 있기 때문이다. 그런데 부동산을 신탁할 당시 위탁자이자 PF대출의 차주인 시행사는 재무적으로 열악한 경우가 많다. 신탁 이전에 이미 상당한 채무를 부담하고 있거나 PF대출로 인하여 채무초과 상태에 빠지는 경우가 대부분이다. 이 때문에 자력이 부족한 시행사가 자신의 유일한 재산을 수탁자에게 이전하는 한편, 그 처분대가를 부동산PF의 대주가 우선하여 향유하도록 하는 것이 사해행위가 아닌지 논란이 되었다.

신탁행위가 사해행위로 인정되면, 시행사(위탁자)의 채권자들은 신탁을 취소하고 신탁부동산을 시행사의 책임재산으로 복귀시킬 수 있는 한편, 이러한 취소권을 보전하기 위해 처분금지가처분 신청을 할 수 있다. 처분금지가처분 결정이 내려지면 신탁 부동산의 처분이 금지되기 때문에, 이는 부동산PF 사업의 강력한 장애사유가 된다. 이 때문에 부동산 신탁의 사해성을 다투는 분쟁은 부동산PF 사업에서 발생하는 전형적인 소송이 되었다.

Ⅱ. 사해신탁 취소 인정요건

1. 신탁법에 의한 사해신탁 취소

재산권을 목적으로 한 법률행위가 채권자를 해하는 행위, 즉 사해행위에 해당할 경우, 채권자는 민법 제406조에 따라 그 행위를 취소할 수 있다. 신탁 역시 재산권의 이전을 수반한다는 점에서 위탁자의 자력에 따라 사해행위의 요건을 충족할 수 있다. 다만 신탁법은 이러한 취소권의 행사가 신탁의 특수성에 맞게 이루어질 수 있도록 사해신탁에 관한 별도의 조항을 두고 있다. 즉, 채무자가 채권자를 해함을 알면서 신탁을 설정한 경우 채권자는 수탁자가 선의일지라도 수탁자나 수익자에게 민법 제406조 제1항의 취소 및 원상회복을 청구할 수 있다. 다만 수익자가 수익권을 취득할 당시 채권자를 해함을 알지 못한 경우에는 사해신탁을 취소할 수 없다(신탁법 제8조[32]). 민사상의 사해행위 구조에

---

32) 신탁법 제8조(사해신탁)

비추어 보면 위탁자가 채무자, 수탁자가 수익자가 되는 셈인데, 신탁법은 사해 신탁 취소의 요건으로 수익자인 수탁자의 악의를 요구하지 않는다. 한편 일반 적인 사해행위에는 등장하지 않는 신탁의 수익자가 선의인 경우에는 사해신탁 취소를 제한하고 있다.

이러한 신탁법 제8조는 민법 제406조에 대한 특별조항이기 때문에,[33] 사 해신탁을 이유로 신탁을 취소하기 위해서는 신탁법 제8조의 요건을 충족해야 한다. 즉, 민법 제406조가 정한 요건만으로는 사해신탁을 취소할 수 없다. 따라 서 사해신탁 취소를 검토하기 위해서는 먼저 신탁법 제8조가 정한 사해신탁 취 소의 요건을 살펴볼 필요가 있다.

2. 피보전채권의 존재

(1) 피보전채권의 종류

피보전채권이란 사해신탁 취소를 통해 보호하고자 하는 채권을 의미한다. 민법 제406조가 정한 채권자취소권은 금전채권을 보호하기 위한 권리로, 피보 전채권이 금전채권일 것을 요구한다. 신탁법 제8조는 민법 제406조를 신탁행위 에 적용하기 위한 특칙이기 때문에, 사해신탁 취소의 피보전채권 역시 금전채

---

① 채무자가 채권자를 해함을 알면서 신탁을 설정한 경우 채권자는 수탁자가 선의일지라도 수탁자나 수익자에게 「민법」 제406조 제1항의 취소 및 원상회복을 청구할 수 있다. 다만, 수 익자가 수익권을 취득할 당시 채권자를 해함을 알지 못한 경우에는 그러하지 아니하다.
② 제1항 단서의 경우에 여러 명의 수익자 중 일부가 수익권을 취득할 당시 채권자를 해함을 알지 못한 경우에는 악의의 수익자만을 상대로 제1항 본문의 취소 및 원상회복을 청구할 수 있다.
③ 제1항 본문의 경우에 채권자는 선의의 수탁자에게 현존하는 신탁재산의 범위 내에서 원 상회복을 청구할 수 있다.
④ 신탁이 취소되어 신탁재산이 원상회복된 경우 위탁자는 취소된 신탁과 관련하여 그 신탁 의 수탁자와 거래한 선의의 제3자에 대하여 원상회복된 신탁재산의 한도 내에서 책임을 진다.
⑤ 채권자는 악의의 수익자에게 그가 취득한 수익권을 위탁자에게 양도할 것을 청구할 수 있 다. 이때 「민법」 제406조 제2항을 준용한다.
⑥ 제1항의 경우 위탁자와 사해신탁(詐害信託)의 설정을 공모하거나 위탁자에게 사해신탁의 설정을 교사·방조한 수익자 또는 수탁자는 위탁자와 연대하여 이로 인하여 채권자가 받은 손해를 배상할 책임을 진다.
33) 인천지방법원 2004. 11. 17. 선고 2003가합13044 판결.

권으로 보아야 한다. 즉, 사해신탁 취소는 위탁자에 대하여 금전채권을 보유하고 있는 채권자만 행사할 수 있다. 위탁자와 분양계약을 체결한 수분양자와 같이 위탁자에 대하여 소유권이전등기 청구권을 보유하고 있는 자는 위 청구권을 피보전채권으로 하여 사해신탁의 취소를 구할 수 없다.[34] 그러나 수분양자가 계약을 해제하면 수분양자의 채권은 분양대금 반환 채권 혹은 손해배상채권과 같은 금전채권으로 전환된다. 따라서 분양계약 해제로 수분양자가 금전채권을 취득한다면, 이를 사해신탁의 피보전채권으로 삼을 수는 있다. 다만, 이 경우 아래에서 살펴볼 피보전채권의 성립시기가 문제된다.

(2) 피보전채권의 성립시기

피보전채권은 신탁계약이 체결되기 전에 성립하고 있어야 한다. 사해신탁 취소는 신탁행위로 인하여 공동담보가 부족해지는 피해를 입은 채권자를 보호하기 위한 제도인데, 신탁행위 당시 채권을 보유하고 있지 않은 자는 신탁으로 인하여 피해를 입은 자라고 볼 수 없기 때문이다. 이 때문에 수분양자가 신탁계약 체결 이후 해제권을 행사하면, 수분양자는 금전채권을 취득하여도 여전히 사해신탁을 취소할 수 없다. 수분양자의 분양대금 반환채권은 분양계약이 해제된 시점에 비로소 발생하기 때문이다.

다만, 판례는 ① 사해행위 당시 이미 채권 성립의 기초가 되는 법률관계가 발생되어 있고, ② 가까운 장래에 그 법률관계에 터 잡아 채권이 성립되리라는 점에 대한 고도의 개연성이 있으며, ③ 실제로 가까운 장래에 그 개연성이 현실화 되어 채권이 성립한 경우에는 사해행위 당시 성립하고 있던 채권이 아니라고 하더라도 그 채권을 채권자취소권의 피보전채권으로 인정하고 있다.[35]

3. 사해신탁 행위의 존재

민법상 사해행위는 객관적 요건으로 '사해성'과 주관적 요건으로서 '채무

---

34) 대법원 2001. 12. 27. 선고 2001다3236 판결.
35) 대법원 2004. 11. 12. 선고 2004다40955 판결.

자의 사해의사'가 인정되어야 성립한다. 이는 사해신탁도 마찬가지이며, 인정기준 역시 동일하다.

사해신탁에서 채무자는 위탁자이다. 따라서 객관적 요건으로서의 '사해성'은, 신탁행위로 인하여 위탁자의 총재산이 감소되어 채권의 공동담보에 부족이 생기거나 이미 부족상태에 있는 공동담보가 한층 더 부족하게 되면 인정된다.[36] 주관적 요건인 위탁자의 '사해의사'는 위탁자가 신탁행위로 인하여 재산이 감소되어 채권의 공동담보에 부족이 생기거나 이미 부족상태에 있는 공동담보가 한층 더 부족하게 된다는 사실을 인식하면 인정된다.[37] 객관적 요건이 충족되면 위탁자의 사해의사는 사실상 추정된다.

위와 같은 사해성과 사해의사는 사해신탁 시점에 존재해야 한다. 신탁법상 신탁은 계약, 유언, 자기선언 등에 의하여 설정될 수 있지만, 부동산신탁은 거의 예외없이 계약에 의하여 설정된다. 따라서 부동산PF대출과 관련된 신탁이 사해신탁이 되려면 신탁계약이 체결되는 시점에 사해성과 사해의사가 모두 인정되어야 한다.

앞서 살펴본 사해신탁의 요건에 의할 때 부동산PF 관련 신탁은 형식적인 면에서 볼 때 사해신탁의 요건을 충족할 가능성이 높다. 그러나 부동산PF대출 관련 신탁의 사해성을 판단한 대부분의 판례는 사해신탁의 요건을 위와 같이 형식적인 측면에서 판단하지 않고, 신탁계약의 체결 경위나 채무자의 의도 등 다양한 요소를 고려하였다. 판례의 입장은 뒤에서 좀더 상세하게 살펴본다.

4. 수탁자 및 신탁계약상 수익자의 선의 여부

신탁법상 사해신탁이 민법상 사해행위와 다른 부분은, 수탁자의 악의가 요구되지 않는다는 점과 신탁계약상 수익자의 악의가 요구된다는 점이다.

민법상 사해행위가 인정되려면, 채무자로부터 재산을 이전받은 자(민법상의 수익자)가 악의여야 한다. 그런데 사해신탁에서는 위탁자로부터 재산권을 이전

---

36) 대법원 2001. 10. 12. 선고 2001다32533 판결 등.
37) 대법원 1998. 5. 12. 선고 97다57320 판결.

받은 자, 즉 수탁자가 악의일 것을 요구하지 않는다. 신탁계약이 정한대로 신탁사무를 처리하는 것을 업으로 하는 신탁회사가 위탁자의 자력이나 채무관계까지 알기는 어려울 것이다. 그런데 사해신탁에서도 수탁자의 악의가 필요하다고 한다면, 신탁회사의 선의로 인하여 사해신탁이 인정되는 경우는 드물 것이다. 이 때문에 신탁법은 제정 당시부터 수탁자가 선의일지라도 사해신탁을 취소할 수 있다고 규정하였다.

한편 2012년 개정 신탁법에는 신탁의 수익자가 수익권을 취득할 당시 채권자를 해함을 알지 못한 경우에는 사해신탁을 취소할 수 없다는 단서가 신설되었다. 신탁은 수익자의 이익을 위해 설정되는 것이 일반적인데, 수익자의 상태는 고려하지 않은 채 위탁자의 자력만 살펴 신탁의 취소를 쉽게 허용하면 수익자가 불측의 손해를 입게 되기 때문이다. 부동산PF대출의 경우, 부동산PF의 대주는 부동산 신탁을 통해 사업부지 및 신축 부동산이 담보로 제공될 것을 신뢰하고 대출을 실행한다. 그런데 위탁자가 신탁 당시 다수의 채무가 부담하고 있었다는 이유로 신탁계약을 취소하면, 대주는 담보를 상실하는 불측의 손해를 입게 된다. 이 때문에 신탁법은 2012년 개정을 통해 수익자가 선의인 경우에는 사해신탁을 취소할 수 없도록 하는 한편(신탁법 제8조 제1항), 수익자가 수인인 경우에는 악의의 수익자에 대하여만 사해신탁의 취소 및 원상회복을 청구할 수 있도록 하였다(신탁법 제8조 제2항). 수인의 수익자 중 일부라도 선의자가 있으면 원상회복을 구하는 것은 불가능해지므로, 결국 악의인 수익자를 상대로 가액배상만이 허용될 것이다.

이때 수익자의 선의를 누가 입증해야 하는지 문제될 수 있다. 신탁법 제8조 제1항의 구조가 민법 제406조 제1항의 구조와 동일하다는 점에서 수익자의 선의를 입증할 책임은 사해행위와 동일하게 수익자에게 있다고 보는 견해가 우세하다.[38]

---

[38] 진상훈, "개정 신탁법이 부동산사해신탁 관련 보전처분에 미치는 영향", 21세기 민사집행의 현황과 과제: 김능환 대법관 화갑기념, 민사집행법 실무연구 III(통권 제5권) (2011), 375쪽.

5. 제척기간의 준수

사해신탁이 인정되면 채권자는 민법 제406조에 따른 취소와 원상회복을 구할 수 있기 때문에, 이를 행사하는 방식 역시 민법 제406조에 따른다.[39] 따라서 채권자는 사해신탁취소의 원인을 안 날로부터 1년, 신탁행위가 있는 날로부터 5년의 이내에 소송으로써 사해신탁의 취소 및 원상회복을 구해야 한다.

6. 사해신탁 취소에 따른 채권자의 권리

신탁법은 사해신탁이 인정될 경우 청구할 수 있는 내용에 대하여도 상세하게 규정하고 있다.

먼저, 사해신탁의 요건이 모두 인정되는 경우, 즉 수익자의 악의까지 모두 인정되는 경우, 채권자는 신탁계약의 취소 및 원상회복을 구할 수 있다(신탁법 제8조 제1항).

이때 취소 및 원상회복의 상대방은 수탁자가 될 것이다. 그런데 수탁자가 선의인 경우 신탁법은 현존하는 신탁재산의 범위 내에서만 반환 책임을 지도록 하고 있다(신탁법 제8조 제3항). 사해신탁은 수탁자의 악의를 요구하고 있지 않기 때문에 수탁자가 선의인 경우에도 사해신탁 취소는 인정하지만, 선의의 수탁자가 손해를 입지 않도록 원상회복의 범위를 현존하는 신탁재산으로 제한한 것이다. 수탁자가 수 개 호실로 이루어진 집합건물을 신탁부동산으로 보유하고 있다가 일부가 분양되어 처분된 경우, 선의의 수탁자는 원상회복으로 남아 있는 호실만 반환하면 된다.

수익자가 여러 명이었는데, 그 중 일부만 악의인 경우에는 악의인 수익자만을 상대로 사해신탁의 취소 및 원상회복을 구할 수 있다(신탁법 제8조 제2항). 신탁법은 원상회복을 구할 수 있다고 규정하고 있으나, 선의의 수익자를 위하여 신탁이 유지되는 이상 원상회복은 가능하지 않다. 이 경우 악의의 수익자에 대한 가액배상만 허용될 것이다.

---

39) 인천지방법원 2004. 11. 17. 선고 2003가합13044 판결.

한편, 신탁법에 따라 사해신탁이 인정되면, 채권자는 악의의 수익자에게 가액 배상 대신 수익권의 양도를 구하는 것이 가능하다(신탁법 제8조 제5항). 신탁계약에 따라 부동산개발사업이 상당 부분 진행된 경우, 신탁을 취소하여 부동산을 원상회복하는 것보다 사업을 계속하여 추진하였을 때 발생하는 수익이 책임재산으로서 더 가치가 있을 수 있다. 이러한 경우 채권자는 신탁계약을 취소하고 원상회복 혹은 가액배상을 구하는 대신 수익권을 양도 받아 채권의 회수를 꾀할 수 있다.

III. 부동산PF 관련 신탁의 사해성에 관한 판례의 동향

1. 부동산PF 관련 신탁에 관한 판례의 의미

법률의 체계상 신탁계약의 취소는 신탁법 제8조의 요건을 갖춘 경우에만 가능하다. 그럼에도 불구하고 실무적으로 채권자들은 신탁법 제8조보다는 민법 제406조에 따른 사해행위 취소를 구한 경우가 많다. 이에 따라 법원 역시 신탁계약을 사해행위로 판단한 경우가 많았다. 그러나 주요 판례들은 대부분 개정전 신탁법이 적용되던 사건으로, 당시 신탁법상 사해신탁 취소는 수탁자의 악의가 요구되지 않는다는 것 외에는 사해행위와 요건이 크게 다르지 않아 문제가 되지 않았다. 게다가 대부분의 판례는 사해성을 부정하였기 때문에 적용법조가 큰 의미를 갖지 않았다. 그러나 현행 신탁법은 사해신탁의 요건을 달리 규정하고 있으므로, 현 상태에서 사해신탁 취소 소송이 제기된다면 신탁법 제8조에 따라 판단이 되어야 할 것이다.

신탁법이 개정되기 전 부동산PF 관련 신탁의 사해성에 관하여 판단한 다수의 판례에서, 대법원은 다양한 요소를 고려하여 신탁의 사해성을 부정하였다. 이러한 요건에 대한 판단은 현행 신탁법상 사해신탁에서도 유지되므로, 위 판례들의 법리는 여전히 중요한 의미를 갖는다.

2. 사해신탁의 원인행위 및 행위시점에 관한 판단

부동산 신탁은 거의 예외없이 신탁계약에 따라 설정되기 때문에, 특별한 사정이 없는 한 사해신탁 시점은 신탁계약 체결 시점이 될 것이다. 이 경우 사해신탁의 취소를 구하는 채권자는 신탁계약 체결 이전에 성립한 채권을 피보전채권으로 삼아야 한다. 그런데 부동산PF대출은 대출 실행시 존재하는 사업부지에 대한 담보에 더하여 향후 신축되는 건물을 담보로 제공할 것을 조건으로 실행되는 경우가 많다. 이러한 약정 이후 채권을 취득한 채권자가 신축된 건물에 대한 추가 신탁의 취소를 청구한 사건이 있었다. 위 사건에서는, 사해행위 시점40)을 신탁계약 체결시로 보아야 하는지 혹은 신축 건물의 담보를 약속한 사업약정 체결시로 보아야 하는지가 문제되었다. 사해행위의 원인행위를 사업약정으로 본다면, 위 채권자는 사업약정이 체결된 이후 채권을 취득하였기 때문에 사해행위 취소를 구할 수 없는 상황이었다.

위 사건에서 대법원은 "당사자 사이에 일련의 약정과 그 이행으로 최종적인 법률행위를 한 경우, 일련의 약정과 최종적인 법률행위를 동일한 법률행위로 평가할 수 없다면, 일련의 약정과는 별도로 최종적인 법률행위에 대하여 사해행위의 성립 여부를 판단하여야 하고, 이때 동일한 법률행위로 평가할 수 있는지는 당사자가 같은지 여부, 조건 없이 최종적인 법률행위가 예정되어 있는지 여부 등을 종합적으로 판단하여야 한다"는 법리를 제시하였다(2009. 11. 12. 선고 2009다53437 판결). 위 법리에 따르면 신탁계약과 같은 독립된 법률행위도, 선행하는 다른 약정의 이행행위로 될 수 있다. 그러나 대법원은 위와 같은 원칙을 선언하면서도 위 사건의 신탁계약은, 신탁계약의 수탁자가 사업약정의 당사자가 아니었으며, 사업약정상 미분양 건물에 대한 신탁의무는 건물에 대한 보존등기 당시 PF대출금이 모두 변제되지 않을 것을 '조건'으로 하여 발생한다는 점 등을 들어 동일한 법률행위, 즉 사업약정의 이행행위로 평가할 수 없다고 판단하였다.41)

---

40) 위 사건에서는 채권자가 민법 제406조에 따른 사해행위 취소를 구한 것으로 보이고, 법원 역시 신탁계약의 사해행위로 판단한 것으로 보인다.

위 사건은 종종 부동산PF 관련 신탁의 사해성이 인정된 판례로 언급되나, 대법원이 위 사건에서 신탁계약의 사해성을 인정한 것은 아니라는 점에 유의해야 한다. 위 판례에서 대법원은 독립된 법률행위가 선행하는 법률행위의 이행으로 동일한 행위로 평가될 수 있다는 점을 확인하였을 뿐이다.

3. 실질적인 책임재산의 변동 여부에 따른 판단

(1) 공동담보의 변동에 관한 사해행위의 일반 원칙 적용

사해행위가 성립하기 위해서는, 객관적 요건으로서 사해행위로 인하여 일반채권자의 공동담보가 감소한 사실이 확인되어야 한다. 공동담보의 실질적인 변동이 없는 경우에는 사해행위가 성립할 수 없다. 예를 들어 채무자 소유 부동산에 담보권이 설정되어 있으면, 피담보채권액을 공제한 나머지 부분만 일반채권자들의 공동담보로 제공되는 책임재산으로 본다. 피담보채권액이 부동산의 가액을 초과하고 있을 때에는 그 부동산을 양도하거나 새로운 담보권을 설정하더라도 사해행위에 해당하지 않는다(대법원 1997. 9. 9. 선고 97다10864 판결 등). 이러한 법리에 따라 신탁의 사행성을 부정한 판례들이 있다.

먼저 소개할 사건은, 시공사가 미지급 공사대금을 지급받기 위하여 유치권을 포기하는 대신 미분양 아파트를 처분신탁한 후 우선수익자로서 미분양 아파트의 처분대금에서 공사비에 우선하여 변제받기로 한 사건이었다. 대법원은 시공사가 유치권을 포기하는 대신 미분양 아파트에 대한 처분신탁의 수익자가 된 것은 일반 채권자들을 불리하게 만드는 행위라고 볼 수 없어 사해행위에 해당하지 않는다고 판단하였다.

---

41) 위 대법원 판결 이후 파기 환송심 법원은, 신탁계약이 사해행위에 해당한다고 판단한 후 신탁계약을 취소하는 판결을 하였다. 그러나 위 파기환송심은 대법원에서 재차 파기 되었다. 제척기간이 도과한 사실 확인되었기 때문이다. 이에 따라 위 사건은 결국 제척기간 도과로 인한 각하 판결로 종료되었다.

"공사대금을 지급받지 못한 아파트 공사 수급인이 신축 아파트에 대한 유치권을 포기하는 대신 수분양자들로부터 미납입 분양대금을 직접 지급받기로 하고, 그 담보를 위해 도급인과의 사이에 당해 아파트를 대상으로 수익자를 수급인으로 하는 신탁계약을 체결하고 수급인이 지정하는 자 앞으로 소유권이전등기를 경료하게 한 경우, 수급인의 지위가 유치권을 행사할 수 있는 지위보다 강화된 것이 아니고, 도급인의 일반채권자들 입장에서도 수급인이 유치권을 행사하여 도급인의 분양사업 수행이불가능해지는 경우와 비교할 때 더 불리해지는 것은 아니므로, 위 신탁계약은 사해행위에 해당하지 않는다(대법원 2001. 7. 27. 선고 2001다13709 판결)."

하급심 판례 중 서울고등법원 2004. 7. 15. 선고 2004나4395 판결도 유사한 판단을 하였다. 위 사건에서 부동산PF의 대주는 시행사에게 자금을 대출하면서 사업부지에 근저당권을 설정하였고, 건물이 완공된 후 건물에 대하여도 추가 근저당권을 설정하였다. 그런데 근저당권을 실행하여 임의경매로 부동산을 환가할 경우 회수할 수 있는 채권액이 부족할 것이 우려되자 위 대주는 근저당권을 말소하는 대신 해당 부동산을 처분신탁한 후 우선수익권자의 지위를 확보하여 처분대금에서 채권액을 우선 변제받기로 하였다. 위와 같은 경위로 체결된 처분신탁에 대하여 법원은 "근저당권을 실행하는 경우 회수할 수 있는 채권액이 현저히 부족하므로 이 사건 아파트를 분양하여 그 대금으로 위 근저당권의 피담보채권을 변제하기 위하여 이 사건 신탁이 체결된 점, 일반적으로 경매의 경우 적정가격보다 낮게 매각되어 결국 책임재산이 줄어들 가능성이 있는 반면 처분신탁을 통하여 안정적으로 이 사건 아파트를 분양하면 그 최저처분가격에서 우선수익자인 을의 우선수익 최고한도를 뺀 나머지 금액을 갑의 일반채권자에 대한 책임재산으로 확보할 수 있는 점" 등을 이유로 사해성을 부정하였다.

한편 하급심 중에는 위 대법원 사건과 유사하게 시공사가 공사를 진행하다가 공사 중 건물에 관한 처분신탁 약정을 한 경우임에도 사해행위 취소를 인정한 사례도 있었다(서울고등법원 2008. 10. 21. 선고 2007나106790 판결). 그러나 위 사안은 시공사가 공사도급계약을 체결할 당시 유치권을 포기한다는 약정을 한 후 공사를 진행한 경우였다. 위 시공사의 경우 처분신탁 이전에 일반채권자보다 우선하는 권리를 보유하고 있지 않았기 때문에, 처분신탁을 통해 부동산의 처분대금으로 시공사의 채권을 우선 변제받을 권리를 취득하는 것은 일반채권자의 공동담보에 부족을 초래한 행위로 볼 수밖에 없다. 법원은 이 점에 주목하여 시공사가 처분신탁 계약 당시 유치권을 다시 취득·행사하였다고 볼 사정이 없다고 하면서 사해행위 취소를 인정하였다.[42]

(2) 신탁의 특성을 고려하여 실질적인 가치 변동을 판단한 사례

공동담보의 부족, 즉 책임재산의 실질적 가치 변동이 존재하는지를 판단할 때 신탁의 특성을 고려한 판례도 눈에 띈다. 신탁은 대부분 수익자의 이익 추구를 목적으로 한다. 신탁은 수익자를 제3자로 설정하느냐 혹은 위탁자 스스로가 수익자가 되느냐에 따라 '타익신탁'과 '자익신탁'으로 구분될 수 있다. 타익신탁의 경우, 신탁을 통한 이익을 제3자에게 지급하겠다는 것이므로, 신탁의 설정은 재산권을 제3자에게 처분하는 행위로 평가될 수 있다. 그러나 자익신탁의 경우에는 신탁에서 발생한 이익이 채무자인 위탁자에게 귀속되기 때문에, 신탁이 이루어졌다는 사실만으로 책임재산이 감소하였다고 속단하기 어렵다. 판례는 위와 같은 점을 고려하여 자익신탁의 경우 책임재산이 실질적으로 감소했는지를 검토하여 사해성을 인정해야 한다고 판단하였다.

2003. 12. 12. 선고 2001다57884 판결의 사안에서, 채무자는 시공사겸 시행사로 부동산개발사업을 직접 추진하다가 자금이 부족해지자 위탁자겸 수익자가 되어 신탁회사와 건축 중인 건물과 토지에 관한 신탁계약을 체결하였다. 이후 신탁회사가 조달한 금원으로 건물을 완공하였다. 대법원은 위 신탁이 자익신탁이라는 점을 명시적으로 언급하지는 않았지만, 신탁의 특성을 고려할 때 채무자가 위탁자겸 수익자로서 신탁종료 후 반환받을 재산이 존재할 수 있으며, 이는 채권자들의 집행대상이 될 수 있다는 점을 고려해야 한다고 판단하였다.

---

42) 위 판결은 대법원에서 심리불속행 결정이 내려지면서 확정되었다.

> "이 사건 신탁으로 인하여 소유권이 수탁자에게 이전되지만, 이 사건 신탁은 신탁법상의 신탁으로서 신탁재산을 소비하기 쉽게 현금화하는 것이 아니고, 부동산 등기부의 일부인 신탁원부에 위탁자, 수탁자, 수익자 등과 신탁의 목적, 신탁재산의 관리방법, 신탁종료 사유, 기타 신탁의 조항을 기재하도록 되어 있으므로 결국 신탁에 관한 모든 사항이 공시되어 위탁자의 채권자도 위탁재산의 운용상태를 확인·감시할 수 있고, 심지어 이 사건 신탁이 이루어졌음이 이 사건 공사현장에도 공시되었다. 따라서 위탁자의 채권자들인 원고들로서는 쉽사리 신탁계약의 내용을 알 수 있으므로, 경우에 따라 위탁자 겸 수익자인 채무자가 피고로부터 지급받을 공사대금이나 신탁수익, 또는 신탁종료 후 반환받을 재산을 집행재산으로 삼을 수 있었고, 그 책임재산으로서의 가치는 결코 신탁 전의 신탁재산의 가치보다 적다고 보여지지 않는다. 원심은 이 사건 신탁계약이 사해행위에 해당하는지 여부에 대한 판단을 하기 위해서 이 사건 건물의 신축공사가 45.8% 정도 진행된 상태에서의 집행 가능한 책임재산으로서의 이 사건 토지 및 미완공 건축물의 가치와 채무자가 이 사건 신탁을 통하여 이 사건 토지 위에 이 사건 건물을 완공·분양함으로써 얻을 수 있는 재산적 가치에 대하여 심리하여 이를 비교형량하였어야 할 것이다."

한편 대법원 2011. 5. 23. 자 2009마1176 결정에서는 '자익신탁'의 특성이 구체적으로 언급되었다. 위 사건에서 채무자는, 골프장 시설을 개선하지 않고서는 영업을 계속할 수 없게 되자 골프장 부지 등을 담보신탁하여 융통한 자금으로 사업을 계속 추진하였다. 위 사건에서 대법원은 자익신탁의 개념 및 특징을 설명하면서, 이러한 신탁의 사해성 판단기준을 제시하였다.

> "신탁계약상 위탁자가 스스로 수익자가 되는 이른바 자익신탁(自益信託)의 경우 신탁재산은 위탁자의 책임재산에서 제외되지만 다른 한편으로 위탁자는 신탁계약에 따른 수익권을 갖게 되어 위탁자의 채권자가 이에 대하여 강제집행을 할 수 있고, 이러한 수익권은 채무자가 유일한 재산인 부동산을 매각하여 소비하기 쉬운 금전으로 바꾸는 등의 행위와 달리 일반채권자들의 강제집행을 피해 은밀한

방법으로 처분되기 어려우며, 특히 수탁자가 「자본시장과 금융투자업에 관한 법률」에 따라 인가받아 신탁을 영업으로 하는 신탁업자인 경우 공신력 있는 신탁사무의 처리를 기대할 수 있으므로, 위탁자가 사업의 계속을 위하여 자익신탁을 설정한 것이 사해행위에 해당하는지 여부를 판단할 때는 단순히 신탁재산이 위탁자의 책임재산에서 이탈하여 외견상 무자력에 이르게 된다는 측면에만 주목할 것이 아니라, 신탁의 동기와 신탁계약의 내용, 이에 따른 위탁자의 지위, 신탁의 상대방 등을 두루 살펴 신탁의 설정으로 위탁자의 책임재산이나 변제능력에 실질적인 감소가 초래되었는지, 이에 따라 위탁자의 채무면탈이 가능해지거나 수탁자 등 제3자에게 부당한 이익이 귀속되는지, 채권자들의 실효적 강제집행이나 그 밖의 채권 만족의 가능성에 새로운 장애가 생겨났는지 여부를 신중히 검토하여 판단하여야 한다."

위 두 사건에서 대법원은 부동산PF 관련 신탁의 사해성을 인정하지 않았다.

4. 채무자의 자력 회복을 위한 조치에 관한 법리의 활용

부동산PF 관련 신탁의 사행성을 부정한 대부분의 판례는, 부동산PF 신탁이 채무자가 자력을 회복하기 위한 불가피한 수단으로 신탁계약을 체결하였다는 점을 주된 이유로 삼고 있다.

(1) 채무자의 변제력 회복을 위한 조치에 관한 판례 법리

사해행위에서 채무자의 사해의사는 추정된다는 것이 일반적인 법리이나 채무자가 이를 부정할 경우 그러한 추정이 유지될 수 있는지 심리가 필요하다. 이와 관련하여 대법원은 채무자의 사해의사를 심리할 때 사해행위 이후의 사정도 고려의 대상이 될 수 있다고 판단하였다.

> "채무자의 사해의사를 판단함에 있어 사해행위 당시의 사정을 기준으로 하여야
> 할 것임은 물론이나, 사해행위라고 주장되는 행위 이후의 채무자의 변제 노력과
> 채권자의 태도 등도 사해의사의 유무를 판단함에 있어 다른 사정과 더불어 간접
> 사실로 삼을 수도 있다(대법원 2000. 12. 8. 선고 99다31940 판결)."

또한 대법원은 채무자의 행위가 사해의사가 아닌 다른 목적, 특히 채무자
의 자력을 회복하기 위한 행위임이 인정되는 경우에는 사해행위가 부정된다는 법
리도 내놓았다.

> "채무초과상태에 있는 채무자가 그 소유의 부동산을 채권자 중의 어느 한 사람에
> 게 채권담보로 제공하는 행위는 특별한 사정이 없는 한 다른 채권자들에 대한 관
> 계에서 사해행위에 해당한다고 할 것이나, 자금난으로 사업을 계속 추진하기 어
> 려운 상황에 처한 채무자가 자금을 융통하여 사업을 계속 추진하는 것이 채무 변
> 제력을 갖게 되는 최선의 방법이라고 생각하고 자금을 융통하기 위하여 부득이
> 부동산을 특정 채권자에게 담보로 제공하고 그로부터 신규자금을 추가로 융통
> 받았다면 특별한 사정이 없는 한 채무자의 담보권 설정행위는 사해행위에 해당
> 하지 않는다고 할 것이다(대법원 2001. 5. 8. 선고 2000다50015 판결[43]))."

같은 날 선고된 2000다66089 판결[44]에서도 대법원은 같은 취지로 판단하

---

43) 위 사건에서 채무자는 피고로부터 신규자금을 대출받고 피고에게 위 근저당권을 설정하여 줄
당시 원고로부터 받은 기존 대출 외에 추가대출을 받을 수 없게 되어 자금난으로 신관 건축
및 구관 개·보수 공사를 계속 추진하기 어려운 상황이었다. 대법원은 당시 채무자가 이미 위
공사에 원고로부터 대출 받은 금 30억 4,300만 원의 기존대출금을 포함한 많은 자금을 투자
해 놓은 상태이고 그 공사가 약 80%의 공정이 진행된 상황이었기 때문에, 신규자금을 추가로
대출 받아 그 공사를 완공하는 것이 채무 변제력을 회복하고 사업을 계속할 수 있는 최선의
방법이라고 믿고 그 공사를 완공할 자금을 추가로 융통하기 위하여 부득이 피고에게 이 사건
근저당권을 설정하여 준 것으로 보인다고 하면서, 채무자의 근저당권 설정행위는 사해행위에
해당하지 않는다고 판단하였다.
44) 위 사건은 공장신축공사가 공정률 60~70% 정도 진행된 상태에서 도급업자의 자금난으로 중
단되자 도급업자의 위임을 받은 채권자단이 수급업자로 하여금 수급업자의 부담하에 공사를

였다. 이후 대법원은 위와 같은 법리를 통해 부동산PF 관련 신탁의 사해성을 부정해 왔다.

(2) 부동산PF 관련 신탁에 대한 적용

부동산PF와 관련된 신탁에 대하여 변제력 회복조치에 관한 법리를 처음 적용한 판례는 대법원 2003. 12. 12. 선고 2001다57884 판결로 보인다. 위 판례는 앞에서도 살펴보았다. [자익]신탁의 특성을 고려할 때 실질적인 책임재산의 변동이 있는지 따져 사해성을 살펴야 한다는 판단을 내놓은 판례였다. 대법원은 위 사건에서 종국적으로 다음과 같은 판단을 하였다.

> 이 사건 신탁은 채무자가 이 사건 토지에 집합건물을 지어 분양하는 사업을 추진하던 중 이미 일부가 분양되었는데도, 공정률 45.8%의 상태에서 자금난으로 공사를 계속할 수 없게 되자, 건축을 계속 추진하여 건물을 완공하는 것이 이미 분양받은 채권자들을 포함하여 채권자들의 피해를 줄이고 자신도 채무변제력을 회복하는 최선의 방법이라고 생각하고, 사업을 계속하기 위한 방법으로 신탁업법상의 신탁회사인 피고와의 사이에 이 사건 신탁계약을 체결한 것으로서, <u>자금난으로 공사를 계속할 수 없었던 채무자로서는 최대한의 변제력을 확보하는 최선의 방법이었고 또한 공사를 완공하기 위한 부득이한 조치였다고 판단되므로, 사해행위에 해당되지 않는다고 볼 여지가 충분히 있다.</u>

위 사건에서 대법원은, 건물의 신축공사가 45.8% 정도 진행된 상태의 토지 및 미완공 건축물의 가치와 채무자가 신탁을 통해 건물을 완공·분양함으로써 얻을 수 있는 재산적 가치를 비교하면 신탁계약 이후 책임재산의 가치가 신탁

계속하게 하기 위하여 공사대금의 담보조로 신축공장의 건축주 명의를 수급업자로 변경하여 준 경우였다. 이에 대하여 대법원은 위와 같은 상황에서는 공장신축공사를 완공하여 공장을 가동하는 것이 채권자들에 대한 최대한의 변제력을 확보하는 최선의 방법이었고 수급인에게 신축공장의 건축주 명의를 변경하여 준 것은 공장을 완공하기 위한 부득이한 조치에 해당하여 사해행위에 해당하지 않는다고 판단하였다.

계약전 책임재산의 가치보다 적지 않다고 하였다. 또한 채무자가 신탁계약을 체결한 이후 변제노력을 지속적으로 기울였다는 점 등에 비추어 사해의사가 인정되기 어렵다고[45] 보았다. 다소 기계적으로 채무 초과여부를 판단한 후 사해의사를 추정하여 사해행위의 취소를 인정해 온 과거의 입장과 달리 신탁계약의 특성에 따른 실질적인 책임재산의 변화, 계약 체결 경위 및 그 이후의 사정까지 입체적으로 고려하여 신탁계약이 채무자의 변제력을 회복하기 위한 조치라는 결론에 이른 것이다.

이후에도 유사한 판결들이 지속적으로 나왔다. 대법원 2009. 5. 14. 선고 2008다70701 판결에서, 부동산 개발사업 진행 중 자금난에 빠진 시행사는 신탁회사에게 사업주체로서의 지위 및 사업부지를 이전한 후 스스로 수익자가 되었다. 그 후 수익증권에 근질권을 설정하여 사업자금을 마련하여 사업을 진행하였다. 대법원은 위와 같은 신탁 역시 채무자의 변제력 회복을 위한 조치로서 사해행위에 해당하지 않는다고 판단하였다.

(3) 변제력 회복 조치로 인한 사해성 부정의 한계

그러나 이러한 법리에도 일정한 제약은 존재한다. 대법원은 사업의 갱생이나 계속 추진을 위한 것이었다고 하더라도 신규자금의 융통없이 단지 기존채무의 이행을 유예받기 위하여 채권자 중 한 사람에게 담보를 제공하는 것은 사해행위가 된다고 보기 때문이다(대법원 2009. 3. 12. 선고 2008다29215 판결 등). 채권을 변제받지 못한 채권자는 법률상 요건만 갖추면 언제든지 강제집행 내지 가압류 등 채권회수조치를 취할 수 있다. 이로 인하여 사업추진에 장애가 발생할 가능성은 항시 존재한다. 대법원은 이런 상황에서 특정 채권자가 실제 채권

---

45) "비록 채무자가 피고로부터 지급받은 공사대금을 원고들에게만 지급한 것이 아니고, 그 중 일부를 채무자의 당좌수표의 결제 등에 사용한 것은 사실이지만 이는 채무자의 다른 공사현장의 하수급업체들과 일반채권자들에 대한 채무를 변제하기 위한 것으로 보이는 바, 그렇다면 이 사건 토지 및 건물은 원고들 뿐만 아니라 다른 공사현장의 하수급업체들 및 일반채권자들에 대해서도 공동담보인 재산임이 분명하고, 사해의사 여부는 일반채권자들에 대한 관계에서 판단되어야 하는 법리에 비추어 볼 때 채무자가 피고로부터 지급받은 공사대금을 이 사건 건물 신축현장의 하수급업체들인 원고들에게 모두 지급하지 아니하였다는 사정만으로 채무자의 사해의사를 인정할 수는 없다(위 판결)."

회수조치를 감행하였다고 하여 그 채권자에게 담보를 제공할 필요성이 다른 채권자보다 커졌다고 보기 어렵다고 하였다. 또한 사업의 갱생이나 계속 추진을 위한 조치라는 관점에서 보더라도 사업활동에서 실제로 활용할 수 있는 신규자금이 유입된 경우와 단순히 기존채무의 이행기나 채권회수 조치를 유예받은 경우는 경제적으로 동일하다고 볼 수 없다고 하였다.

　　대법원은 최근 이러한 법리를 부동산PF 관련 신탁에 적용하여, 신규자금이 유입된 경우라도 그 실질을 따져 사해성을 판단해야 한다는 판단을 내놓았다.[46]

> "채무초과 상태인 채무자가 새로운 채권자에게 그 소유의 부동산을 담보로 제공하거나 그를 수익자로 하는 신탁계약을 체결하고 자금을 빌려 그 자금의 전부 또는 대부분을 기존 채무를 변제하는 경우에도, 그 실질은 신규자금의 유입없이 단지 기존채무의 이행을 유예받기 위하여 특정채권자에게 담보를 제공하거나 담보 목적의 신탁계약을 체결하는 것과 크게 다르지 않으므로, 이러한 사정을 참작하여 그 신탁행위의 사해성 여부를 판단하여야 한다(대법원 2015. 12. 23. 선고 2013다83428 판결)."

　　새로운 채권자에게 자금을 빌려 기존 채무의 전부 또는 대부분을 변제하는 경우 신규 자금이 유입된 것과 같은 외관이 발생한다. 그러나 실제로는 기존 채무의 이행기를 연장한 것과 다르지 않으므로, 사해행위가 될 수 있다는 의미이다. 그러나 대법원은 위와 같은 경우 무조건 사해성이 인정되는 것은 아니고, 다음과 같은 요소에 따라 사해성이 부정될 수 있다고 하였다. 즉, i) 채무자의 채무초과 여부 및 정도, ii) 기존 채무의 내용 및 신규자금의 사용처, iii) 기존 채무 변제에 의한 기한의 유예가 해당 사업의 갱생이나 계속적 추진에 대하여 기여한 내용 및 실질적인 효과 등을 종합적으로 고려하여 신규대출이 객관적으로 다른 일반 채권자들에 대한 채무 변제력을 높이거나 유지하는데 기여할 수 있었다고 인정되면 사해성은 부정될 수 있다.

---

46) 대법원 2015. 12. 23. 선고 2013다83428 판결.

참고로, 대법원은 위와 같은 요소에 관한 심리가 충분히 이루어지지 않았다는 이유로 사건을 원심법원으로 환송하였지만, 원심법원은 다른 법리를 들어 해당 신탁계약의 사해성을 부정하였다. 기존 대출을 실행할 당시 사업부지에 그 가치를 초과하는 선순위 담보권이 설정되어 있었기 때문에, 이러한 부동산의 처분행위는 사해행위가 될 수 없다는 것이다.[47)]

부동산 개발사업에서 사업이 지연되면, 새로운 대출을 일으켜 기존 대출을 변제하는 일은 흔히 발생한다. 그런데 위 판례에 따르면 기존 채무의 변제를 위한 신규 대출 및 담보제공행위도 사해행위가 될 수 있으며, 신규 대출이 사업의 계속 추진에 기여한 정도를 별도로 밝혀야만 사해성이 부정될 수 있다. 다만, 부동산 개발사업에서 최초 대출 실행 시 사업부지에 설정되는 신탁의 우선수익채권은 사업부지의 가치를 초과하는 것이 일반적이라는 점을 고려하면, 위 법리에도 불구하고 부동산PF 관련 신탁이 취소되는 일은 쉽게 발생하지 않을 것이다.

(4) 신축된 건물에 대한 추가신탁의 사해성

부동산PF사업의 사업부지를 신탁하여 PF 대주에게 우선수익권을 부여하는 것은, 사업 추진에 필요한 자금을 조달하기 위해 필수적이다. 판례가 신규 자금을 융통하기 위하여 사업부지를 신탁하는 것을, 변제력을 확보하기 위한 불가피한 조치로 인정한 것도 이 때문이다. 그런데 이러한 불가분의 관계는 신축한 건물에 대한 추가 신탁에도 인정될 수 있다.

부동산PF대출이 실행되는 시점에 신탁되는 사업부지는 PF대출금 전부를 담보하지 못하는 경우가 많다. 이 때문에 부동산PF대출의 대주는 대출 실행시 사업부지뿐만 아니라 향후 신축되는 건물을 추가 담보로 제공하는 조건으로 대출을 실행한다. 즉, 신축 건물에 대한 추가 신탁이 보장되지 않으면 애초에 부동산PF대출은 실행될 수 없는 것이다. 그런데 신축된 건물에 대하여 신탁계약을 체결할 때에는 신규자금이 유입되지 않는다. 즉, 신축 건물에 대한 신탁계

---

47) 이 부분에서 해당 법원은 대법원 2008. 4. 10. 선고 2007다78234 판결을 근거 법리로 인용하였다.

약이 체결되는 시점에는, 신규 자금의 유입 없이 기존 채권자에게 담보만 추가로 제공하는, 전형적인 사해행위의 외관이 형성되는 것이다. 그러나 이러한 형식적인 요소만 고려하여 신축 건물에 대한 신탁을 사해행위라고 판단하면 결국 기존에 이루어진 신규자금 유입을 부정하는 것과 같은 결과가 발생한다.

법원 역시 이러한 점에 주목하여 신축된 건물에 대한 신탁행위의 사해성을 부정하는 판결을 내놓았다. 위 사건에서 채무자는 PF대출을 받아 기성률 30.7%에서 공사가 중단된 건물과 사업부지를 매수한 후 사업부지를 신탁하여 PF 대주를 우선수익자로 지정하였다. PF 대주는 사업부지 외에 완공된 건물을 추가 신탁할 것을 조건으로 대출을 실행하였다. 법원은 이러한 약정에 따라 신축 건물을 추가로 신탁한 행위가 사해행위가 아니라고 판단하였다(서울고등법원 2005. 6. 3. 선고 2004나75694 판결).

법원은, PF대출을 받아 사업부지의 소유권을 취득하고, 그 사업부지를 신탁하면서 향후 건물을 추가로 신탁하기로 약정한 것은 각 과정이 서로 불가분의 관계를 가지고 연속된 일련의 행위라는 점, 사업부지는 본래 위탁자가 소유하고 있던 재산이 아니라 PF대출계약에 따라 대출을 받음으로써 비로소 취득할 수 있었던 재산이라는 점을 지적하였다. 이러한 점을 고려할 때, 신탁행위의 사해성은 신탁행위에 선행된 매매계약 및 대출행위를 포괄하여 그것이 일반채권자를 해하는 사해행위인지의 관점에서 판단해야 한다고 하였다. 그런데 채무자가 변제력을 갖게 되는 최선의 방법이라는 생각에서, 사업부지 및 신축 건물을 신탁하여 담보로 제공할 것을 약속하고 대출을 받은 후, 약속에 따라 해당 부동산을 신탁하는 일련의 행위를 한 것이라면 이러한 담보권 설정은 사해행위로 볼 수 없다고 판단하였다.

이후 대법원에서도 유사한 취지의 결정이 나왔다. 이 사건은 채권자취소권을 피보전권리로 하는 처분금지 가처분 결정에 대한 이의 사건이었다. 원심은 신축 건물을 신탁할 당시 신규자금이 유입되지 않았다는 등의 이유를 들어 가처분 결정이 유지되어야 한다고 판단하였다. 그러나 대법원은 아래와 같은 이유를 들어 원심의 결정을 파기하였다.

"신청외 회사는 이 사건 사업부지를 구입하여 그 지상에 이 사건 리조트를 신축하여 분양하는 사업을 추진하면서 금융기관으로부터 자금을 융통하기 위한 방편으로 이 사건 1, 2신탁계약의 체결에 이르게 된 사실, 신청외 회사는 위 각 신탁계약에 따라 이 사건 사업부지와 리조트의 소유 명의를 순차로 수탁자인 채무자에게 이전하게 되나 이를 통해 융통한 자금으로 리조트 신축을 계속할 수 있게되고 리조트가 완공된 후에는 채무자의 사전승낙하에 이를 분양함으로써 위와같이 융통한 자금의 상환과 일반 채권자에 대한 변제자력의 회복을 기대할 수 있게 되는 사실, 만일 이 사건 1신탁계약 체결 당시에 장차 완공될 이 사건 리조트가 담보신탁의 목적물로 추가되거나 종전의 신탁목적물을 대체하는 것이 전제되지 않았다면 처음부터 위와 같은 자금융통을 통한 리조트신축공사의 계속은 불가능하였던 사실, 신청외 회사는 이 사건 1신탁계약 체결 후에도 이 사건 2신탁계약 체결 전까지 건물신축공사의 계속을 위하여 상당한 자금을 추가로 제공받았는데 이 역시 이 사건 2신탁계약의 체결을 전제하지 않고서는 불가능하였던 사실을 알 수 있다. 그렇다면 이 사건 리조트는 처음부터 신청외 회사가 스스로의 자력으로 소유하고 있던 재산이 아니라 위 일련의 신탁계약과 이를 통해 융통한 자금으로 만들어진 것이라고 할 수 있으므로 이러한 전체적 취득과정을 도외시한 채 이 사건 2신탁계약을 분리해 내어 그 직전과 직후의 일반 채권자의 지위를 비교하는 것만으로 사해행위성을 판단하는 것은 타당하다고 볼 수 없다(대법원 2012. 10. 11.자 2010마 2066 결정)."

서울중앙지방법원 2014. 2. 11. 선고 2012가합19104 판결은 이에 관한 보다 정치한 판단을 하였다. 위 사건에서 채무자는 건물에 대한 보존등기가 이루어지자 기존에 체결한 사업약정에 따라 신축 건물을 신탁하였다. 위 신탁에 대한 사해행위 취소소송에서 법원은 i) 위 신탁이 사업약정상 이미 예정되어 있었다는 점, ii) 시행사가 2차 신탁계약을 체결한 것은 사업약정이 정한 의무에 따른 행위의 성격을 띠고 있다는 점, iii) 시행사가 2차 신탁계약의 체결을 거절할 경우 PF 대주가 사업부지를 공매하여 사업을 더 이상 진행할 수 없게 되기 때문에 사업을 계속 진행하여 변제자력을 회복하기 위해서는 2차 신탁계약이 불가피한 것으로 평가된다는 점, iv) 사업 약정 당시 신축 건물을 추가로 신탁하기로 약정하지 않았더라면 대출을 받지 못하였을 가능성이 높고, v) 신축 건물은 사업약정 및 1차 신탁계약을 통해 융통한 자금으로 만들어진 것이라는 점 등을 고려하여 위 신탁의 사해성을 부정하였다. 위와 같은 판례들이 축적되면서 부동산PF 약정이 예정하고 있던 신축 건물에 대한 추가신탁의 사해성 논의도 어느 정도 정리가 되었다.

Ⅳ. 사해신탁을 원인으로 한 처분금지 가처분

1. 문제의 소재

대법원이 부동산PF에 따른 신탁계약의 사해성을 대부분 부정하고 있음에도 불구하고 부동산 개발사업에서 사해신탁의 취소를 구하는 소송이 빈번하게 발생하는 이유는 처분금지 가처분을 할 수 있기 때문이다. 채권자는 사해신탁의 취소를 이유로 한 원상회복 청구권을 보전하기 위해서 수탁자를 상대로 신탁 부동산의 처분을 금지하는 가처분을 할 수 있는데, 이러한 가처분이 인용되면, 건물의 준공이 지연되고, 건물이 완공된 후라도 분양계약 등에 따른 소유권이전이 어려워져 사업 진행에 차질이 발생한다. 이로 인한 입주 지연 혹은 소유권이전등기 의무의 지체는 분양계약의 해제사유가 될 수 있어 사업 관계자들을 압박하는 효과가 상당하다. 이러한 효과를 노리고 분쟁을 제기하는 경우가 많다.

보전처분의 특성상 사해신탁 취소를 원인으로 한 처분금지 가처분 신청에는 엄격한 입증이 요구되지 않아 사해신탁의 기본적인 요건만 소명되면 가처분 신청이 인용되기도 한다.

2. 처분금지 가처분의 해소 방안

(1) 가처분 이의신청

앞서 판례의 동향을 통하여 살펴보았듯, 부동산PF에 따른 신탁은 사해성이 부정될 만한 많은 요소를 갖추고 있다. 따라서 가처분 결정 이후 이의신청을 하여 해당 신탁이 사해신탁에 해당하지 않는다는 점을 소명하면, 가처분 결정을 취소시킬 수 있다.

다만, 사안에 따라서는 이를 소명하는 과정이 복잡하여 심문 기일이 수차례 진행되거나, 심문기일이 종료된 경우에도 서면공방으로 결정이 늦어질 수 있다. 따라서 가처분 결정에 대한 이의신청은 가처분을 조속하게 해소해야 하는 경우에는 실효성이 없다.

(2) 특별사정에 따른 가처분 취소 신청

민사집행법 제307조는 특수한 사정이 있는 경우에는 담보를 제공하는 것을 조건으로 가처분을 취소할 수 있도록 규정하고 있다(민사집행법 제307조[48]).

판례는 ① 가처분으로 보전되는 피보전권리가 금전적 보상에 의하여 종국적으로 만족을 얻을 수 있거나, ② 채무자가 가처분에 의하여 통상 입는 손해보다 훨씬 큰 손해를 입게 될 사정이 있는 경우를 '특별사정이 있는 경우'로 해석하고 있으며(대법원 1992. 4. 14. 선고 91다31210 판결 등 참조), 사해행위취소에 의한 원상회복청구권을 피보전권리로 한 처분금지가처분을 금전보상이 가능한 전형적인 사례로 인정하고 있다(대법원 1998. 5. 15. 선고 97다58316 판결 참조).

따라서 사해신탁에 기한 원상회복청구권을 피보전권리로 하는 처분금지 가처분 결정이 이루어진 경우, 채무자는 특별사정에 의한 가처분 취소신청을

---

48) 민사집행법 제307조(가처분의 취소)
  ① 특별한 사정이 있는 때에는 담보를 제공하게 하고 가처분을 취소할 수 있다.
  ② 제1항의 경우에는 제284조, 제285조 및 제286조 제1항 내지 제4항·제6항·제7항의 규정을 준용한다. 〈개정 2005. 1. 27〉

한 후 법원이 내린 공탁명령을 이행하여 신속하게 가처분 결정을 취소할 수 있다.

통상 법원은 위와 같은 가처분의 취소를 위하여 채권자가 피보전채권액 전액 혹은 피보전채권액이 사해행위 취소의 대상 부동산 가액에 미치지 못하는 경우에는 부동산 가액 상당의 담보를 제공할 것을 요구한다. 위 제도를 이용할 경우 담보 제공 비용이 발생하며, 담보로 제공한 금원을 본안 소송이 확정될 때까지 회수할 수 없게 되는 난점이 있다.

V. 결 론

신탁에 대한 이해가 높아지면서 신탁에 관한 분쟁이 늘어나고 있다. 부동산PF 관련 신탁도 예외가 아니다. 부동산PF 관련 신탁의 사해성에 관하여는 과거 상당한 판례가 쌓여 있으나, 신탁법이 개정되기 전 판례들이 대부분이다. 신탁법 제8조는 사해신탁 취소에 관하여 규정하면서 민법 제406조와 다른 요건을 규정하고 있으며, 채권자가 행사할 수 있는 권리도 달리 규정하고 있다. 향후 부동산PF 관련 신탁의 사해성은 위 조항에 따라 판단될 수밖에 없다. 신탁법 제8조의 적용을 위해서도 기본적으로 사해성은 충족되어야 하므로, 과거 축적된 판례의 법리는 대부분 그대로 적용될 것이다. 그러나 위 판례들 이후로 부동산개발사업이나 PF 방식은 지속적으로 변화하고 있으므로, 판례 법리와 더불어 신탁법이 정한 요건을 명확하게 숙지한 후 관련 소송에 대응하는 것이 필요하다.[49]

---

49) 참고문헌
- 진상훈, '개정 신탁법이 부동산사해신탁 관련 보전처분에 미치는 영향', 21세기 민사집행의 현황과 과제: 김능환 대법관 화갑기념, 민사집행법 실무연구 III(통권 제5권) (2011), 민사집행법연구회.
- 오창석, '개정 신탁법이 신탁실무에 미치는 영향', BFL 39호(2010. 01.), 서울대학교 금융법센터.
- 김인수, '상사신탁에 비추어 본 신탁법 제8조 사해신탁 법리의 재구성 – 토지개발신탁을 대상으로 하여', 상사판례연구 제22집 제3권(2009. 9. 30).

- 진상훈, '부동산신탁의 유형별 사해행위 판단방법', 민사집행법연구: 한국민사집행법학회지 4권(2008. 2), 한국사법행정학회.
- 이우재, '개발신탁의 사해행위 판단방법', 대법원 판례해설 46호(2004).
- 오영걸, 『신탁법』, 홍문사, 2021.
- 최수정, 『신탁법』, 박영사, 2019.
- 유재관, 『신탁법실무』, 법률출판사, 2008.
- 김용덕 편, 『주석 민법[채권총칙 2]』, 한국사법행정학회, 제5판, 2019.

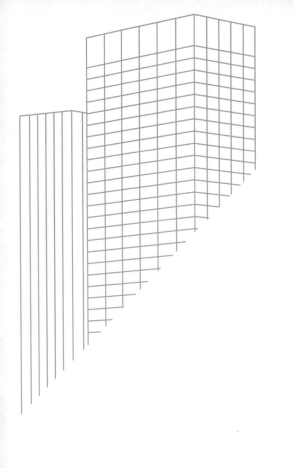
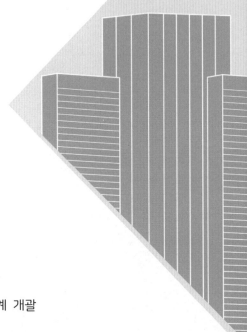

/ 부동산PF / 개발사업법 /

제5장

채무불이행과 법률관계

제5장

채무불이행과 법률관계

제1절 디폴트(Default)의 법률관계 개괄

I. 프로젝트 파이낸싱 관련 디폴트의 의의

1. 디폴트의 정의

디폴트(Default)는 여러 의미를 가지고 있으나 민사적으로는 채무불이행을 의미한다. 민법에 따를 때 채무불이행이란 채무자가 채무의 내용에 좇은 이행을 하지 않는 것을 말한다(민법 제390조). 결국 프로젝트 파이낸싱(Project Financing, 이하 'PF')에서 디폴트는 관련 대출약정 등에 따른 어느 당사자의 채무가 이행되지 않는 것을 말한다.

부동산 개발사업의 당사자는 자금을 대여하는 대주 외에도 사업 주체인 시행사, 관련 공사를 하는 시공사, 재산의 신탁을 담당하는 신탁회사, 개발사업의 결과물을 분양받는 수분양자가 있다. 따라서 디폴트의 주체도 이들 당사자를 중심으로 규정되는데, 이 중에서 특히 차주 및 시공사가 디폴트 대상 채무의 채무자로 규정되는 것이 일반적이다. 대출약정에서는 자금을 대여하는 대주가 상대적으로 우월적인 지위를 가지므로, 디폴트와 관련해서도 대출약정은 자금을 대여받는 차주와 그에게 신용공여를 하는 시공사 등이 의무를 이행하지 않은 경우에 대주가 취할 수 있는 조치들을 위주로 작성된다. 따라서 PF대출에서 디폴트 관련 조항은 대주가 차주에 대한 채무이행을 확보하게 해주는 중요한 계약상의 권리라고 할 수 있다.

2. 디폴트 사유 개관

PF에서 디폴트 사유(Event of default, 이른바 EOD)는 일반 대출약정서에 비하여 구체적이고 광범위한데, 그 이유는 프로젝트의 원활한 수행을 방해하는 사유를 모두 규정하여 채무불이행을 사전에 예방하려 하기 때문이다. 대주는 차주 등의 제반 대출약정 위반을 채무불이행 사유로 규정함으로써 차주 등에게 진술보장, 확약사항 등 여신 거래 유지에 필수적인 조건을 준수할 것을 강제할 수 있다. 또한 대주로 하여금 대출실행 전 단계에서 차주의 신용, 시장 여건에 부정적인 영향이 발생한 경우 대출실행을 거절할 수 있도록 하고, 대출실행 이후에는 만기 전에 대출채권을 회수할 수 있도록 함으로써 대주의 위험을 통제하는 수단으로 기능한다.[1] 따라서 채무불이행 사유를 폭넓게 규정하려는 대주 측과 이를 축소하려는 차주 측의 이해관계가 첨예하게 대립하게 된다.[2]

개별 대출약정에 따라 다소간의 차이는 있겠으나 디폴트 사유에는 원리금 지급불이행, 인출선행 조건 유지나 준수서약(covenants) 위반 이외에도 프로젝트 완공 지연, 공급계약·판매계약 등 핵심 계약상의 채무불이행 발생, 시행사나 관계 회사 중 어느 일방의 파산 등 제반 계약의 불이행이 포함된다.[3][4] 이

---

1) 박준·한민, 『금융거래와 법』(제3판), 박영사, 2022, p. 116.

2) 반기로, 프로젝트 파이낸스(제7판), 한국금융연수원, 2012, p. 280.

3) 반기로, 전게서, p. 280.

4) 그 이외에 다음과 같은 기준으로 채무불이행 사유를 분류하기도 한다(서극교 저, 김영준 감수, 『프로젝트 파이낸스 원리와 운용』, 한국수출입은행, 2004, p. 260).

를 보다 구체적으로 살펴보면 아래와 정리할 수 있다. 다만 실제 대출약정에 열거되는 디폴트 사유는 개별 사안의 특성에 따라 일부 차이가 있을 수 있다.

(1) 원리금 지급불이행

- 차주가 대출약정(또는 담보계약, 신탁계약 및 그에 따라 또는 그에 부수하여 체결되거나 작성되는 계약 및 기타 부속서류)에 따라 지급하여야 할 대출원금, 이자, 수수료 기타 금융채무를 해당 지급기일에 지급하지 아니한 때

(2) 인출선행 조건 유지나 준수서약(covenants) 위반

- 차주가 대출약정상의 준수사항 및 인출선행조건을 포함한 제계약상의 의무를 충족하지 못했을 때. 또는 차주 또는 보증인의 진술 및 보장이 중요한 점에 있어서 사실과 다르거나 허위인 때

(3) 프로젝트 완공 지연

- (시행사가 사업부지를 취득해야 하는 경우로서)사업부지에 관한 소유권 취득 또는 유지가 어려울 것으로 대주가 판단하는 때(예컨대 토지매매계약이 취소 또는 해제되거나 또는 사업부지 소유권 및/또는 토지매매계약의 효력에 대한 분쟁이 발생하는 경우)
- 차주가 사업과 관련하여 필요한 인허가 등을 취득하는 것이 불가능한 때, 인허가 등이 무효 또는 취소되거나 취득 불가능한 때, 인허가 등의 무효 또는 취소가 객관적으로 예측되거나 사업의 추진에 필요한 인허가, 승인, 신고 등이 취소되거나 더 이상 유지되기 어렵게 되었을 때

---

① 대출계약과 관련한 지급연체(payment default)
② 차주의 진술 및 보증 사항이 부정확하거나 허위로 판명된 경우(representations and warranties default)
③ 대출계약과 관련하여 받은 관계당국의 인허가 등이 무효 또는 불리하게 변경된 경우
④ 차주 또는 차주 자회사의 다른 채무가 채무불이행 상태에 이른 경우(cross-default)
⑤ 차주의 각종 서약조항의 불이행(covenant default)
⑥ 중재, 판결 등으로 일정 금액 이상의 벌과금을 납부하거나 정부 관계당국에 의한 주요자산의 압류 또는 몰수 조치가 있는 경우
⑦ 차주가 계약서상 환경의무를 위반하거나 불이행하는 경우(environmental default)

- 사업과 관련하여 분쟁이 발생하여 더 이상 사업추진이 어렵다고 대주가 합리적으로 판단하는 때
- 차주 또는 시공사의 귀책사유로 공사를 수행하기 곤란한 사유(공사민원 포함)가 발생하여 향후 공사진행이 불가능하다고 대주가 판단하는 때

(4) 차주 또는 시공사에게 일정한 법률적 문제가 발생한 경우

- 차주(또는 시공사)에 대하여 부도사유5)가 발생한 때
- 시공사의 신용등급이 존재하지 않거나 회사채 또는 기업어음이 일정 등급 미만으로 조정된 때
- 사업 관련 계좌6) 또는 차주의 재산에 대하여 i) 가압류, 압류명령 또는 체납처분 압류통지가 발송되거나 기타의 방법에 의한 강제집행개시의 신청 또는 체납처분의 착수가 있고 ii) 그로부터 일정기간 이내에 이를 해소하지 못한 때
- 차주 또는 시공사의 경영이나 재정상황에 중대한 부정적 영향을 미칠 수 있는 중대한 사항(우발채무, 우발손실 등 포함)이 확인되거나 발생한 때

---

5) PF대출약정상 부도사유란 보통 어느 회사에 대하여 아래 어느 하나에 해당하는 사유가 발생한 것을 말한다.
　① 해당 회사가 지급불능상태에 있거나, 채무자회생 및 파산에 관한 법률에 따라 회생절차 개시신청 또는 파산 신청이 있는 때
　② 해당 회사가 기업구조조정촉진법이 정하는 바에 따라 부실징후기업으로 인정된 때 또는 기업구조조정등에 관하여 기업구조조정촉진법을 대체하는 법률에 정한 바에 따라 기업구조조정의 대상이 되는 회사로 선정된 때
　③ 해당 회사의 채권금융기관 전부 또는 일부가 협의회를 구성하고 해당 회사와 상환기일 연장, 원리금 감면, 출자전환, 기타 이에 준하는 방법으로 채권의 내용을 조정하는 것에 관한 협의를 개시하였다고 대주가 판단한 때 또는 이와 유사한 절차가 개시되었다고 대주가 판단한 때. 본 호에서 채권금융기관이라 함은 기업구조조정촉진법 제2조 제3호에 정의된 채권금융기관을 말한다.
　④ 해당 회사에 대하여 어음교환소의 거래정지처분이 있는 때
　⑤ 해당 회사가 민사집행법상 채무불이행자명부에 등재된 때
　⑥ 위 각 호에서 열거한 사유 이외에 해당 회사에 대하여 대주의 여신거래기본약관에서 정한 기한의 이익 상실 사유가 발생한 때
6) 대출약정에서 사업 관련 계좌라 함은 대출금의 입금, 사업자금의 운영, 분양수입금의 입금 및 관리, 이자 유보 등의 목적으로 자금을 예치하거나 집행하는 계좌들을 말한다.

(5) 제반 계약의 불이행 등의 사항

- 차주 또는 시공사에게 대주(또는 대리은행) 여신거래기본약관에서 정하는 기한이익의 상실 사유 중 어느 하나라도 발생한 때
- 시공사가 대출약정에서 정하는 시공사의 의무(책임준공 의무 등)를 이행하지 아니한 때
- 담보권의 효력이 상실된 때 또는 담보권에 무효, 취소, 해제, 해지 등의 사유가 발생하여 그로 인하여 대주의 담보권 취득, 유지나 담보권에 기한 권리행사에 불리한 영향이 있다고 대주[7]가 합리적으로 판단하는 때
- 공급계약·판매계약 등 핵심 계약상의 채무불이행이 발생한 때
- 사업과 관련한 거래서류 중 어느 하나가 무효, 취소, 해제, 해지 또는 종료되거나 대주의 동의 없이 수정 또는 변경되거나 어느 계약상의 권리가 제3자에게 양도, 이전 기타 형태로 처분되고 그로 인하여 대주의 금융계약에 따른 권리행사에 불리한 영향이 있다고 대주가 판단하는 때
- 차주 또는 시공사의 귀책사유로 공사를 수행하기 곤란한 사유(공사민원 포함)가 발생되어 향후 공사진행이 불가능하다고 대주가 판단하는 때

(6) 상기 사유 외에 기타 차주 또는 시공사가 사업을 진행할 수 없다고 대주가 합리적으로 판단하는 때

3. 디폴트 발생의 효과

디폴트가 발생하면 차주는 기한의 이익을 상실한다. 대출약정에서는 보통 주요한 의무 위반을 당연 기한이익 상실 사유로 지정하여 해당 사유가 발생하면 대주가 별도의 의사표시를 하지 않더라도 바로 기한의 이익이 상실되는 것으로 규정하고 있다. 그리고 그 밖의 사유들은 해당 사유 발생 시 대주가 의사

---

7) 경우에 따라서는 PF대출에 다수의 대주가 참여하게 된다. 이러한 신디케이트론(Syndicated Loan)에서는 대주들을 대리하여 자금관리, 담보관리 등의 업무를 담당하는 기관이 필요하게 되는데, 이러한 기관을 대리은행(Agent Banks)이라고 한다. 신디케이트론에서는 본문에서와 같은 디폴트 사유 발생 여부에 대한 판단을 보통 대리은행이 하게 된다.

표시(기한의 이익 상실 선언)를 한 경우에 비로소 기한의 이익이 상실되는 것으로 규정된다.

이러한 두 가지 형태의 '기한의 이익 상실 조건'은 법률적으로 각각 정지조건부 기한이익 상실의 특약과 형성권적 기한이익 상실 특약에 해당한다. 이 중 대출약정상 주요한 조건 위반이 발생하면 대주의 별도 의사표시 없이 바로 기한의 이익이 상실된다는 약정은 정지조건부 기한이익 상실 특약이라 할 수 있다. 이러한 특약을 명시적으로 구분해 두는 이유는 만약 명시적 의사표시를 하지 않을 경우(따라서 정지조건부 기한이익 상실 특약인지 형성권적 기한이익 상실 특약인지가 불분명할 경우)에는 형성권적 기한이익 상실 특약에 해당되는 것으로 해석되는 것이 일반적이기 때문이다(같은 취지의 대법원 2002. 9. 4. 선고 2002다28340판결[8])). 따라서 정지조건부 기한의 이익 상실 특약임을 명시하는 것은 차주로 하여금 해당 사유가 발생하는 경우 대주의 의사표시를 기다릴 것 없이 바로 기한의 이익이 상실되어 차주에게 즉시 변제의무가 발생한다는 점을 명확히 인지하도록 하는 효과가 있는 것이다.

한편, 위에서 인용한 판례에서도 볼 수 있듯이 기한이익 상실 특약은 기본적으로 채권자를 위한 것이다. 이에 대출약정서는 일반적으로 기한의 이익이 상실되었더라도 대주의 판단에 따라 대출의 기한의 이익을 부활시킬 수 있도록 '기한의 이익 부활'에 관한 규정을 포함하고 있다. 또한 기한이익 상실 사유가 발생하였음에도 불구하고 차주의 대출원리금 상환 및 지급이 가능할 것으로 합리적으로 예상되는 등 해당 사업을 계속하거나 지속하는 것이 유리하다고 판단되는 경우에는 대주로 하여금 채무불이행사유의 경중을 고려하여 기한의 이익 상실 통지를 유예할 수 있도록 하는 '기한의 이익 상실 선언 유예'에 관한 조항을 둔다.[9]) 이와 같이 대주가 기한의 이익을 부활시키거나 기한의 이익 상실 선

---

8) "기한이익 상실의 특약은 그 내용에 의하여 일정한 사유가 발생하면 채권자의 청구 등을 요함이 없이 당연히 기한의 이익이 상실되어 이행기가 도래하는 것으로 하는 정지조건부 기한이익 상실의 특약과 일정한 사유가 발생한 후 채권자의 통지나 청구 등 채권자의 의사행위를 기다려 비로소 이행기가 도래하는 것으로 하는 형성권적 기한이익 상실의 특약의 두 가지로 대별할 수 있고, 기한이익 상실의 특약이 위의 양자 중 어느 것에 해당하느냐는 당사자의 의사해석의 문제이지만 일반적으로 기한이익 상실의 특약이 채권자를 위하여 둔 것인 점에 비추어 명백히 정지조건부 기한이익 상실의 특약이라고 볼만한 특별한 사정이 없는 이상 형성권적 기한이익 상실의 특약으로 추정하는 것이 타당하다."

언을 유예하는 경우에는 디폴트의 효과가 발생하지 않거나(기한의 이익 상실 선언 유예) 또는 이미 발생된 디폴트 효과가 제거(기한의 이익 부활)된다.

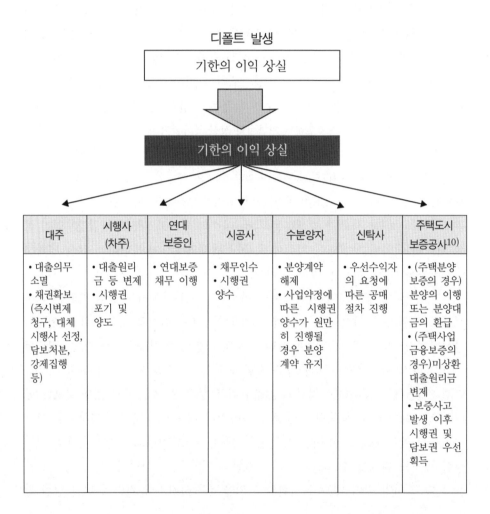

대주	시행사 (차주)	연대 보증인	시공사	수분양자	신탁사	주택도시 보증공사10)
• 대출의무 소멸 • 채권확보 (즉시변제 청구, 대체 시행사 선정, 담보처분, 강제집행 등)	• 대출원리 금 등 변제 • 시행권 포기 및 양도	• 연대보증 채무 이행	• 채무인수 • 시행권 양수	• 분양계약 해제 • 사업약정에 따른 시행권 양수가 원만 히 진행될 경우 분양 계약 유지	• 우선수익자 의 요청에 따른 공매 절차 진행	• (주택분양 보증의 경우) 분양의 이행 또는 분양대 금의 환급 • (주택사업 금융보증의 경우)미상환 대출원리금 변제 • 보증사고 발생 이후 시행권 및 담보권 우선 획득

일반적으로 PF의 관련 당사자들은 다수이므로 디폴트 발생의 효과도 이들

---

9) 다만, 당연 기한이익 상실 사유의 경우 해당 사유 발생 즉시 기한의 이익이 상실되기 때문에 대주가 기한의 이익 상실 통지를 유예할 여지가 없으며 기한의 이익 부활을 고려하여야 한다.
10) 그 이외에 한국주택금융공사 등 주택공급과 관련하여 신용공여를 하는 다른 기관들도 있는데 보증비율 등 보증조건에 일부 차이가 있으나 기본적인 운영방식은 주택도시보증공사와 유사 하다.

다수 당사자들에게 여러 형태로 나타나게 된다. 이 중에서 PF의 주요 당사자인 대주, 시행사, 연대보증인, 시공사, 수분양자, 신탁사 및 주택도시보증공사에게 발생하는 효과를 정리하면 앞선 그림과 같다.

PF대출에서 주택도시보증공사가 의미를 갖는 경우는 해당 부동산 개발사업이 주택건설사업이고 이에 대해 주택도시보증공사가 주택분양보증 또는 주택사업금융보증 등에 대한 보증기관이 되는 경우인데, 그러한 경우에 있어 대출약정상 기한의 이익이 상실되는 경우(즉, 관련 보증약정상 보증사고사유가 발생하는 경우)에는 주택도시보증공사가 해당 보증약관을 통해 사전에 약정된 보증채무를 이행하게 된다.

이하에서는 항목을 달리하여 디폴트 발생 시 대주가 취할 수 있는 조치 및 기타 당사자들에게 미치는 효과에 대하여 구체적으로 살펴보도록 하겠다.

II. 디폴트 발생 시 대주의 조치

1. 대출의무 소멸 통지

대출약정금이 전액 인출되지 않은 시점에서 디폴트가 발생한 경우 인출이 실행되지 아니한 대출약정금에 대한 대주의 대출의무는 소멸한다. 대주는 사전에 대출약정에서 정한 바에 따라 미인출 잔액에 대한 대출 실행을 중단할 수 있으며, 그러한 사실을 차주에게 통지하게 된다.[11]

2. 차주 등에 대한 즉시변제청구

차주는 디폴트 발생 및 그에 따른 대출약정상의 기한의 이익 상실에 따라 즉시 대출원금, 이자 및 연체이자, 각종 수수료들을 변제할 의무를 지게 된다.

---

11) 실무상 '채무불이행의 결과' 조항에 "대출이 실행되기 전에 채무불이행이 발생하는 경우, 대주는 차주에게 대출약정금에 대한 각 대주의 대출의무가 소멸하였음을 통지할 수 있고, 인출이 실행되지 아니한 대출약정금에 대한 대주의 대출의무는 소멸한다."는 내용이 포함된다.

아울러 연대보증인이 있는 경우 연대보증인도 즉시 위 대출원리금 전액 및 연체이자를 변제할 의무를 지게 된다. 또한 부동산 개발사업을 진행함에 있어 시공사로부터 조건부 채무인수약정(디폴트 등 일정한 사유 발생 시 대출원리금채무를 시공사가 인수하는 내용의 약정)을 받아둔 경우에는 시공사에 대하여 채무인수를 청구할 수 있다.

대출원리금 등에 대해 즉시변제가 이루어지는 경우에는 대출약정에 규정된 변제충당의 순서에 따라 변제가 이루어지도록 유의해야 하며, 시공사가 채무인수를 하여 채무자의 지위에서 대위 변제를 하는 경우에는 변제자 대위의 법리에 따라 시공사가 차주에게 구상할 수 있는 범위에서 채권 및 그 담보에 관한 권리를 행사할 수 있음에 유념해야 한다(민법 제481조 및 제482조 제1항).[12] 채무인수약정에 따라서는 이러한 변제자 대위의 법리를 해당 약정에 명시적으로 규정해 두기도 한다.

3. 대출약정상 담보물에 대한 조치

(1) 부동산에 대한 담보권의 실행

부동산 개발사업의 경우 사업대상 부동산에 대하여 대주를 근저당권자로 하는 근저당권을 설정하거나 이를 담보신탁계약을 체결하여 대주를 우선수익자로 지정하는 형태로 담보를 설정해 두게 된다. 이 경우 대주는 근저당권을 실행하여 그 매각대금으로부터 대출원리금 채권을 우선변제받거나 담보신탁에 따라 수탁자에게 신탁재산의 환가를 요구함으로써 당해 부동산을 처분(공매 등)하여 우선수익자의 지위에서 수익금을 분배받아 대출원리금 채권을 변제받을 수 있다.

---

12) 참고로 실무적으로 대출약정서나 채무인수약정서 등을 통해 시공사가 대위 변제 등을 통해 차주에 대해 가지는 구상권이나 기타 대주로부터 취득한 모든 권리를 대주의 대출원리금 채권 등이 전액 상환되기 전까지 대주에 앞서서 행사하지 않으며, 대주와 동시에 그 권리를 행사할 경우에도 대주의 다음 순서로 변제받기로 한다는 내용을 시공사로부터 확인받고 있다.

(2) 주식에 대한 담보권의 실행

시행사나 기타 관련 회사가 발행한 주식에 대하여 담보권(일반적으로 근질권이 설정되나, 경우에 따라서는 양도담보권을 설정하는 사례도 있다)을 설정해 둔 경우, 대주는 주식에 대하여 설정된 담보권을 실행할 수 있을 것이다.

다만 그러한 주식의 가치는 그 자체로서 금전적인 가치가 있다기보다는 사업을 영위할 수 있는 회사의 경영권을 획득하는 데 있다고 할 것이다. 따라서, 대주는 법원을 통한 채권 회수보다는 본건 주식을 제3자에게 처분하여 처분대가로서 채무변제에 충당하고, 제3자로 하여금 시행사의 사업을 계속하도록 하는 것이 효과적일 수 있다. 이때 해당 주식을 취득한 신규 주주는 주주 자격에 불과하며 사업에 대해 의사결정을 하는 임원진은 아니므로, 신규 주주와 의사를 같이 하는 새로운 임원진을 선임해야 하는 경우도 발생할 수 있다. 이를 위해서는 신규 주주 전원이 출석하는 주주총회를 개최하여 기존 임원을 해임하고 신규 임원을 선임해야 한다. 그리고 선임된 이사들이 곧바로 이사회를 열어 신규 대표이사를 선임해야 한다. 주주총회 개최 시 신규 주주 전원이 출석하는 주주총회가 개최되어야 하는 이유는 상법에 따를 때 주주총회 개최를 위해서는 이사회의 주주총회 소집 결정(상법 제362조)이 있어야 하고, 그 이후 (대표이사 등에 의한) 소집통지(상법 제363조 제1항)가 필요한데 기존 임원이 이러한 절차 진행에 협조하지 않아 주주총회 개최의 절차상 하자가 발생할 경우를 대비(치유)하기 위한 것이다. 즉 대법원은 주주 전원이 참석한 주주총회 의결이 있는 경우에는 주주총회 개최의 절차상 흠결이 있더라도 주주총회 의결이 유효한 것으로 보고 있으므로(대법원 1993. 2. 26. 선고 92다48727 판결 등 참조) 전원 출석 총회를 통해 주주총회의 절차상 하자를 치유할 수 있게 되는 것이다. 이러한 점을 고려할 때 주식근질권설정 시 시행사 주식 100%를 취득하는 것은 큰 의미가 있음을 알 수 있다.

제3자에 의한 주식 취득 시 유의해야 할 점 중에 하나는 주식을 취득하는 제3자가 은행 등 금융기관이 되는 경우 관련 법령에 따라 주식 취득이 금지되거나 혹은 주식 취득을 위해 일정한 절차가 요구될 수 있다는 점 이다. 예컨대

은행법에 따른 은행의 경우 원칙적으로 다른 회사 등의 의결권 있는 지분증권의 15%를 초과하는 지분증권 소유가 금지되나, 금융위원회가 정하는 업종에 속하는 회사 등에 출자하는 경우 등에는 예외적으로 15% 초과의 지분증권 소유가 가능하다[13](이상 은행법 제37조 제1항 및 제2항). 따라서 대주 등 은행이 직접 주식 취득을 예정하고 있는 경우에는 시행사가 그러한 금융위원회가 정하는 업종에 속하는 회사에 속하여 지분 취득에 제한이 없는지 여부를 미리 확인해야 할 것이다.

이하에서는 이해를 돕기 위하여 주식근질권의 실행과 관련된 판례[14]를 하나 살펴본다.

[사실관계]

A은행은 피고회사에 대한 대출금 채권을 담보받기 위하여 피고회사의 발행 주식 100%에 관하여 주식근질권을 설정하였고 향후 개최되는 모든 주주총회에서의 담보주식에 대한 의결권 행사를 위임받았다.[15] 대출만기가 도래하였음에도 불구하고 피고회사가 대출금 채무를 변제하지 못하자 A은행은 피고회사에게 기한의 이익 상실 통지를 하였으며 피고회사의 100% 주주(근질권설정자)

---

13) 예외적으로 은행이 타 회사 지분 15%를 초과하여 소유하는 경우에도 은행법상 그 출자 총액이 다음 각호의 어느 하나의 금액을 초과해서는 아니된다(은행법 제37조 제2항, 동법 시행령 제21조 제1항 및 제4항).
   1. 은행 자기자본의 100분의 20에 해당하는 금액
   2. 은행과 그 은행의 자회사등의 경영상태 등을 고려하여 금융위원회가 정하여 고시하는 요건을 충족하는 경우에는 은행 자기자본의 100분의 30에 해당하는 금액
14) 대법원 2014. 1. 23. 선고 2013다56839 판결 [주주총회결의부존재확인]
15) 근질권 설정계약에 따르면, (i) 제4조(의결권 행사의 위임)에서 근질권 설정자는 향후 모든 주주총회에서 담보주식에 관한 의결권 행사를 근질권자에게 위임하되 이를 위하여 근질권자가 합리적으로 요구하는 수만큼 위임장을 작성하여 근질권자에게 교부할 것을 규정하였고, (ii) 제8조(근질권의 실행)에서 대출금 채무의 기한도래 또는 기한의 이익 상실로 인하여 피고회사가 채무를 이행하여야 할 때에 근질권자는 근질권을 실행할 수 있고(제1항), 이 경우 근질권자는 일반적으로 적당하다고 인정되는 방법, 시기, 가격 등에 의하여 담보주식을 임의 처분하고 그 취득금을 충당하거나, 일반적으로 적당하다고 인정되는 방법, 시기, 가격 등에 의하여 피담보채무의 전부 또는 일부의 변제에 갈음하여 담보주식을 취득할 수 있으며(제2항), 근질권자는 의결권 행사를 통한 임원 변경 등 필요한 절차를 진행할 수 있고, 피고회사를 대신하여 관련 주주총회를 개최할 수 있다(제3항)고 규정하였다.

이자 대표이사인 원고로부터 '피고회사의 주주총회 소집, 주주총회에서의 의결권 행사에 관하여 A은행을 원고의 대리인으로 선임한다는 내용의 위임장'을 수령하였다. A은행은 위임장을 통해 위임받은 권한에 기초하여 피고회사의 임시주주총회를 소집한 후 임시주주총회에서 피고회사의 대표이사와 사내이사를 해임하고 새로운 임원을 선임하는 결의를 하였다. 원고는 주주총회결의의 효력을 다투면서 '이 사건 위임장은 의결권을 포괄적으로 위임한 것으로서 무효이고, 담보물을 온전하게 보전할 수 있는 범위 내에서 의결권의 대리행사를 위임한 원고의 의사에 반해 원고를 대표이사에서 해임하고 새로운 이사를 선임하는 결의를 하였으므로 이 사건 주주총회에서의 의결권 행사는 위임의 범위를 벗어난 것으로서 효력이 없다'고 주장하였다.

[법원의 판단]

이에 대하여 법원은 원고의 청구를 모두 기각하면서 "의결권의 행사를 구체적이고 개별적인 사항에 국한하여 위임해야 한다고 해석하여야 할 근거는 없고 포괄적으로 위임할 수도 있다"는 종래의 판례(대법원 1969. 7. 8. 선고 69다688 판결)를 인용하였다. 법원은 A은행의 이 사건 위임장 및 이 사건 주주총회를 통한 담보권자로서의 권한 행사는 주식 근질권설정계약에 규정된 담보권의 실행방법에 따라, 원고로부터 위임받은 의결권 행사의 범위 내에서 적법하게 이루어진 것이라고 보았다. 그 근거는 다음과 같다.

(i) 주식 근질권설정계약에 따르면, A은행은 의결권을 위임받아 담보 권한을 확보하였을 뿐 아니라, 기한이 도래한 경우 주주총회를 개최하여 피고회사 경영진을 교체할 수 있는 것을 담보권의 실행방법으로 약정하였다. (ii) 원고로서는 주식 근질권설정계약의 내용에 비추어 A은행이 담보권 실행을 위하여 이 사건 위임장을 이용하여 피고회사 임원을 변경하는 의결권을 행사할 것이라는 점을 예측할 수 있었다. (iii) 상행위로 인하여 생긴 채권을 담보하기 위하여 주식에 질권이 설정된 경우 질권자가 가지는 권리의 범위 및 그 행사 방법은 원칙적으로 질권설정계약 등의 약정에 따라 정하여질 수 있고, 위와 같은 질권 등 담보권의 경우에 담보제공자의 권리를 형해화하는 등의 특별한 사정이 없는

이상 담보권자가 담보물인 주식에 대한 담보권 실행을 위한 약정에 따라 담보제공자인 주주로부터 의결권을 위임받아 그 약정에서 정한 범위 내에서 의결권을 행사하는 것도 허용된다.

[평가]

본 판결은 수회의 총회에 관한 의결권을 포괄적으로 위임하는 약정이 유효함을 판시하였다는 점, 의결권을 위임받은 근질권자는 담보권 실행을 위하여 위임인에게 불리한 방향으로 의결권을 행사할 수 있음을 판시하였다는 점에서 의의가 있다. 하나의 위임장으로 복수의 주주총회에 관한 의결권을 포괄적으로 위임하는 것이 가능한지에 대하여는 견해가 대립한다. 그러나 위임기간이 지나치게 장기간으로서 사실상 의결권을 분리 양도하는 결과를 가져오는 경우가 아니라면 실무상 포괄위임을 허용하는 것이 필요하다고 본다.[16][17] 근질권설정자인 원고는 수임인(근질권자)이 위임인(근질권설정자)의 이익에 반하여 의결권을 행사하였다는 점에서 위임의 본지를 벗어났다고 주장하였다. 하지만 법원은 이 사건 의결권의 위임은 기본적으로 피담보채무를 담보하기 위한 목적에서 이루어졌다는 점에서 일반적인 위임과는 성격이 다르다고 판단하였다. 의결권의 행사를 통한 임원변경은 근질권을 실행하기 위한 방법이었으며, 위임인(근질권설정자)은 주식 근질권설정계약의 내용에 비추어 근질권 실행 시 담보주식의 처분 또는 임원변경 가능성을 충분히 예측할 수 있었기 때문에 유효한 의결권행사라고 본 것이다.

(3) 예금근질권의 실행

PF대출의 사업 관련 계좌에 근질권을 설정해 둔 경우, 예금근질권의 실행이 가능하다.

일반적으로 예금채권 근질권설정계약은 대출약정에서 정한 기한의 도래

---

16) 김건식·노혁준·천경훈, 『회사법』(제8판), 박영사, 2024, p. 327.

17) 대법원은 주주가 일정기간 동안 타인에게 주주로서의 의결권 행사권한을 포괄적으로 위임할 수 있다고 판단하고 있으며, 7년간의 의결권 위임이 유효하다는 판례로서 대법원 2002. 12. 24. 선고 2002다54691 판결이 있다.

또는 기한의 이익이 상실되는 경우 질권자로서 대주는 근질권을 실행할 수 있으며, 대주는 계좌개설은행으로부터 사업 관련 계좌의 예금채권을 환급받아서 변제에 충당할 수 있다는 내용을 정하고 있다.

다만 근질권설정 대상인 예금이 정기예금인 경우에는 차주 등 예금 명의인이 정기예금 해지를 하지 않는 한 예금의 만기가 도래하기 전에는 근질권자, 즉 대주가 직접 계좌개설금융기관으로부터 해당 예금반환채권의 환급을 받아 피담보채무의 변제에 충당할 수 없음에 유의해야 한다. 이는 특히 제3자 담보 제공으로서 차주가 아닌 제3자 명의 예금의 예금채권에 대해 근질권이 설정되는 경우에 문제가 될 수 있다. 즉, 이 경우에는 디폴트 발생에 직접 귀책이 있는 차주 이외에 예금 명의인인 제3자의 협조도 구해야 하는 부담이 있다.

(4) 기타 담보권의 실행

앞서 살펴본 담보권 외에 담보권이 설정되어 있는 경우, 담보권설정계약에서 정한 조건과 방법에 따라 담보권을 실행할 수 있을 것이다.

4. 사업시행권 포기 및 양도

부동산 개발사업의 경우, 차주(시행사)로 하여금 사업시행권 포기 및 양도 각서를 작성하여 대주에게 제출하도록 하는 경우가 많다. 이에 따르면 채무불이행사유가 발생하는 경우, 차주는 대주가 요청하는 즉시 관련법령이 허용하는 범위 내에서 사업부지 및/또는 사업건물(건축 중인 건물을 포함한다)에 대한 모든 권리를 양수인에게 이전·양도하여야 한다.

위와 같은 사항은 시공권 및 유치권 포기와는 내용이 다르다. 부동산 개발사업의 경우, 시공사로부터 시공권 및 유치권 포기각서를 받아두는 것이 일반적이지만, 시공권 및 유치권 포기각서상 시공사 교체사유는 시공사의 부도, 파산, 인수, 합병 등 사유로 인한 공사중단, 지연 또는 고의적인 공사중단, 지연으로 예정공기에 공사가 완공되기 어렵다고 대주가 판단하는 경우로 한정되는 것이 일반적이다. 그러므로 차주에 대한 채무불이행사유 발생만으로 반드시 시공사 교체사유가 발생한다고 볼 수는 없을 것이다.

5. 차주 및 연대보증인의 일반재산에 대한 가압류 신청

대출약정서상 담보물만으로는 대주의 대출채권을 회수하는 것이 어려울 것으로 예상되는 경우, 차주 및 연대보증인의 일반재산(대출약정서상에 담보로 제공된 재산 외의 다른 재산들)에 대하여 보전처분으로서 소제기 전에 가압류를 할 수도 있다. 이를 위하여 신용정보조회 등의 방법으로 미리 차주 등의 일반재산을 조사하는 것이 필요할 것이다.

다만 가압류는 추후의 강제집행을 위하여 차주 등의 재산을 보전하는 조치일 뿐 그 자체가 집행의 의미를 갖는 것은 아니므로, 차주 및 연대보증인의 일반재산에 대하여 가압류를 하였다고 해서 바로 강제집행(압류, 추심 및 전부명령 등)을 할 수는 없다. 따라서 강제집행을 위하여는 아래에서 보는 바와 같이 집행력 있는 판결문 등의 정본이 필요하다.

6. 소의 제기, 차주 및 연대보증인의 일반재산에 대한 강제집행

대주의 대출원리금 지급청구에 대하여 차주 및 연대보증인이 임의로 이행하지 않으며, 대출약정서상의 담보권의 실행으로도 대출원리금 채권 전부를 회수하지 못한다면(또는 못할 것으로 예상된다면), 대주는 차주 및 연대보증인에 대하여 대출원리금 및 연체이자를 변제할 것을 청구하는 소 또는 지급명령신청(소송보다 간이하고 저렴하게 집행력 있는 채무명의를 받을 수 있다)을 법원에 제기할 수 있다.

이와 같이, 대주가 ① 소 또는 지급명령에 의하여 판결문 또는 지급명령 등 집행력있는 집행권원을 구비하고, ② 보전처분으로서의 가압류를 하여 차주 및 연대보증인의 일반재산에 대하여 보전조치를 취한 후에 강제집행을 할 수 있을 것이다.

다만 차주 및 연대보증인은 이미 재산적 가치가 있는 법인재산 또는 개인

재산의 대부분을 담보로 제공하였을 것이므로, 위 일반재산에 대한 강제집행의 실효성은 크지 않을 수 있다.

III. 기타 관련 당사자별 쟁점 검토

1. 시행사

(1) 대출원리금 등 변제

앞서 살펴보았듯이 기한의 이익 상실이 되면 차주는 그 즉시로 미상환된 대출원리금 등 대주에 대한 채무 전액을 상환해야 하는 의무를 부담한다.

(2) 사업시행권 포기 및 양도

앞서 살펴본 바와 같이 대출약정 체결 시 시행사(차주)는 대출약정상 디폴트가 발생하는 경우 대주 등이 지정하는 자에게 사업시행권을 조건 없이 양도한다는 내용의 시행권 포기 각서를 제출하는 경우가 많이 있다.

시행권 포기의 대상이 되는 시행권의 내용은 사업부지, 지상건축물, 사업인허가, 부동산신탁계약상 위탁자의 지위, 분양권 기타 분양계약에 따른 수분양자에 대한 권리, 기타 제3자와의 계약상의 지위 등으로 구성된다. 유의할 점은 이러한 시행권의 양도에도 불구하고 대출약정을 포함한 금융계약상 차주의 책임이나 의무는 이전을 유보함으로써 시행권 양도와 무관하게 차주로 하여금 기존에 부담하던 책임이나 의무를 계속적으로 부담하게 한다는 점이다.

사업시행권의 이전과 관련하여 사업인허가 명의 변경을 위해서는 기존 사업인허가 명의자인 시행사의 협력이 필요하다. 따라서 시행사가 명의 양도를 위한 절차에 협력하지 않는 경우 시행권 양도가 어려울 뿐만 아니라 대주가 담보로 취득한 부동산의 가치가 떨어질 수 있다는 문제가 존재한다.[18]

---

18) 다만 관광사업의 토지와 건물을 양수하거나(관광진흥법 제8조), 체육시설 사업 또는 그 필수시설을 인수하여(체육시설의 설치이용에 관한 법률 제27조) 법률상 지위 승계가 인정되는 경

이러한 문제를 해결하기 위해 사전에 제소전화해조서를 교부받는 방법, 사업시행권 이전에 필요한 서류를 미리 받아두는 방법, 사업시행권 이전에 필요한 서류를 작성할 수 있는 권한을 대주 또는 잠재적 양수인에게 위임하는 내용으로 위임장을 받아두는 방법 등이 논의된 바 있다. 그러나 제소전화해조서의 경우 그 집행가능성, 집행문 부여의 가능성(즉, 시행권 인수에 관한 복잡한 의무가 집행문 부여의 전제인 특정성을 가지는지 문제가 될 수 있음)에 대한 회의적인 견해가 많고, 사업시행권 이전에 필요한 서류를 미리 받아두는 경우에도 시행사로부터 3개월마다 법인인감증명서를 새로이 교부받아야 한다는 점과 특히 시행사가 법인인감을 변경한 경우에는 새로이 사업시행권 이전에 필요한 서류를 교부받아야 한다는 점이 문제로 제기되고 있다. 또한 위임장을 받아두는 경우에는 행정기관이 해당 위임장에 의한 인허가 변경에 소극적인 입장을 취하는 경우가 많다는 점이 문제로 남아 있다.

2. 연대보증인

연대보증인이 존재하는 경우 디폴트 발생 시 해당 연대보증인은 차주가 대주에게 부담하는 금융채무를 연대하여 부담하게 된다. 연대보증 시에는 그 담보력을 강화하기 위하여 통상 (i) 연대보증인에게 분별의 이익(민법 제439조 및 제408조)이 없다는 점(즉 각 연대보증인이 독립하여 피보증채무 전액을 변제하여야 한다는 점), (ii) 연대보증인이 최고 및 검색의 항변(민법 제437조)을 할 수 없다는 점(즉, 디폴트 발생 시 대주가 차주 기타 제3자에 대한 청구함 없이 바로 연대보증인에게 피보증채무의 이행을 청구할 수 있다는 점)을 관련 계약서나 각서에 명시하게 된다. 이러한 경우에는 대주가 디폴트 발생 시 차주에 대한 청구가 없었더라도 연대보증인에게 채무 전액을 바로 변제하도록 요청할 수 있다.

한편 2015년 2월 3일자로 민법이 개정(2016년 2월 4일부터 시행)되어 채권자가 보증계약을 체결할 때 보증계약의 체결 여부 또는 그 내용에 영향을 미칠 수 있는 주채무자의 채무 관련 신용정보를 보유하고 있거나 알고 있는 경우 등

우는 예외적으로 시행사의 협력이 불필요하다.

에는 보증인에게 그 정보를 알려야 한다(민법 제436조의2). 그러나 이러한 의무는 당사자간 합의로 배제 가능하므로 대주의 의무 부담을 완화하기 위하여 연대보증계약서 등에 민법 제436조의2는 해당 연대보증에는 적용하지 않는다는 등의 내용을 기재하기도 한다.

3. 시공사

(1) 채무인수

시공사는 대주의 요청이 있는 경우 차주의 디폴트 발생 시 차주 또는 여타 채무인수인과 연대하여 대출약정을 비롯한 금융계약상 차주가 대주에게 부담하는 채무, 즉 피담보채무를 인수한다는 내용의 채무인수약정 또는 채무인수확약을 하는 경우가 많다.

이러한 채무인수의 대상이 되는 채무는 PF당사자 간 합의에 따라 이루어지는 것이나 대출약정에 따른 대출원리금이 대상이 되는 경우가 보통이다. 차주의 우발채무, 부동산 개발사업 관련 계약(설계계약, 감리계약, 분양계약 등)상의 채무를 인수대상에 포함시키로 하는 약정이 없다면 법률상 인수의무는 없다고 본다.

담보력을 강화하기 위하여 이러한 채무인수는 중첩적 채무인수 방식으로 이루어지게 되며, 특별한 사정이 없는 한 채무자와 중첩적 채무인수인은 주관적 공동관계가 있는 연대채무관계에 있으므로 채무인수인은 대출약정 및 여타 금융계약상 차주와 동일한 조건 및 내용으로 대주에 대한 채무를 부담하게 된다(대법원 2009. 8. 20. 선고 2009다32409 판결 등).

또한 기업구조조정촉진법에 따른 채무재조정, 채무자 회생 및 파산에 관한 법률에 따른 파산 또는 회생절차 등 채무자에게 발생한 여하한 사유로 인하여 피담보채무가 조정, 감축, 면제되는 경우에도 채무인수인이 그와 같이 조정, 감축, 면제되기 전의 피담보채무 전액을 인수한다는 내용으로 확약이 이루어진다는 점이 특징이다. 따라서 채무인수의 효력이 발생하는 경우 대주는 차주 또는 채무인수인에게 동시 또는 순차로 지급시기가 도래한 대출채무의 전부나 일부의 이행을 청구할 수 있다.

채무인수가 이루어진 경우 그 채무인수인은 특별한 사정이 없는 한 대출약정 및 여타 금융계약상 조건과 동일한 상태 및 내용으로 대주에 대한 채무를 부담하게 된다.

(2) 사업시행권 양수

시행사가 시행권 포기각서를 제출한 경우 대주의 지정에 따라 시행권의 양수인이 시공사가 되는 경우에는 시공사가 사업시행권을 양수하게 된다.

4. 수분양자

디폴트 발생으로 차주의 사업 진행이 어려워지는 경우 분양계약이 정하는 바에 따라 수분양자는 분양계약을 해제할 수 있다. 다만, 사업시행권이 타인에 양도되고 해당 양수인에 의하여 부동산 개발사업이 정상적으로 운영되는 경우에는 수분양자의 의사에 따라 분양계약 해지 없이 기존의 분양계약관계가 존속될 수도 있다. 이하에서 항을 바꾸어 살펴보겠으나, 주택법에 따른 분양인 경우 주택도시보증공사가 보증책임을 부담하여 분양이행을 하거나 분양대금을 환급하는 절차를 거치게 된다.

5. 신탁사: 우선수익자의 요청에 따른 공매절차의 진행

신탁계약 체결 시 계약 당사자들은 차주와 우선수익자인 대주 간 체결한 대출약정상 의무 불이행 시 우선수익자(즉, 대주)의 요청에 의하여 신탁부동산을 처분할 수 있음을 약정하게 되며, 이때 신탁부동산 처분의 방법으로는 보통 (i) 공개경쟁 입찰로 매각하는 것을 원칙으로 하되, (ii) 유찰 시(다음 회차 공매 공고 전까지 전 회차 공매조건으로) 수의계약할 수 있음을 규정해 두게 된다.

우선수익자인 대주는 특히 기한의 이익 상실에도 불구하고 차주가 대출원리금채무를 즉시 변제하지 않을 경우 부동산신탁회사에 신탁부동산 처분을 요청할 권리를 가지게 된다. 실무상 대부분의 부동산담보신탁계약서는 이러한 대주의 처분 요청권을 포함하고 있다.

6. 주택도시보증공사

(1) 주택분양보증의 경우

주택도시보증공사의 주택분양보증약관[19](이하 "분양보증약관")에 따르면 주택도시보증공사는 다음과 같은 보증사고사유가 발생하여 사회통념상 주채무자(즉, PF대출약정상 차주)의 정상적인 주택분양계약 이행을 기대하기 어려운 경우 보증채무를 부담하게 된다(분양보증약관 제4조 제1항). 아래 사유들을 앞서 살펴본(I. 2. "디폴트 사유 개관") 디폴트 사유의 분류에 비추어 보면 주로 "프로젝트 완공 지연"이나 "차주 또는 시공사에게 일정한 법률적 문제가 발생한 경우"에 해당됨을 알 수 있다.

- 주채무자에게 부도·파산·사업포기 등의 사유가 발생한 경우
- 감리자가 확인한 실행공정률이 예정공정률(주채무자가 감리자에게 제출하는 예정공정표상의 공정률을 말한다)보다 25퍼센트포인트 이상 미달하여 보증채권자(주택법령 및 주택공급에관한규칙을 준수하여 주채무자와 분양계약을 체결한 자로서 주로 수분양자를 말함)의 이행청구가 있는 경우(다만, 입주예정자가 없는 경우에는 이행청구를 요하지 않음)
- 감리자가 확인한 실행공정률이 75퍼센트를 넘는 경우로서 실행공정이 정당한 사유없이 예정공정보다 6개월 이상 지연되어 보증채권자의 이행청구가 있는 경우
- 시공자의 부도·파산 등으로 공사 중단 상태가 3개월 이상 지속되어 보증채권자의 이행청구가 있는 경우

보증사고가 발생하여 시행사가 주택도시기금법시행령 제21조 제1항 제1호 가목[20]에 따라 주채무자가 분양계약을 이행할 수 없게 된 경우에는 주택도

---

19) 2021. 9. 24.자로 개정된 주택분양보증약관을 말한다.

시보증공사가 당해 주택의 분양을 이행(주택법령에서 정한 주택건설기준 및 당해 사업장의 사업계획승인서, 설계도서에 따라 시공하여 입주 완료)하거나 또는 환급이행(납부한 계약금 및 중도금의 환급) 책임을 부담하게 된다(분양보증약관 제1조).

주택도시보증공사가 보증채무를 이행한 때에는 주채무자에 대하여 구상권을 가지며, 보증채권자가 주채무자에 대하여 가지는 권리를 대위하여 가지게 된다(분양보증약관 제8조 제1항).

(2) 주택사업금융보증의 경우

주택도시보증공사가 주택사업금융보증을 한 경우에는 보증사고의 내용이 보증부대출(즉 PF대출)의 약정상환기일에 원리금이 상환되지 아니한 때로 달리 규정되는데(주택도시보증공사의 주택사업금융보증약관(PF보증_전부보증용)[21] 제5조), 이는 앞서 살펴본(Ⅰ. 2. "디폴트 사유 개관") 디폴트 사유 중 "원리금 지급 불이행"에 해당되는 것이다.

이러한 보증사고가 발생한 경우 주택도시보증공사는 보증채권자(주채무자에게 대출을 실행하는 자 또는 대출채권을 양수받은 자로서 PF대출약정상 대주를 말한다)가 주채무자로부터 회수하지 못한 대출원금 등에 대하여 보증금액을 한도로 하여 보증책임을 부담한다(주택사업금융보증약관 제3조 제1항).

---

20) **주택도시기금법시행령 제21조(보증의 종류와 보증료)** ① 법 제26조 제1항 제2호에 따라 공사가 할 수 있는 보증의 종류는 다음 각 호와 같다.

1. 분양보증: 사업주체(「주택법 시행령」 제16조에 따른 공동사업주체를 포함한다)가 「주택법」 제15조 제1항 본문 또는 같은 조 제3항에 따라 사업계획의 승인을 받아 건설하는 주택(부대시설 및 복리시설을 포함한다. 이하 이 조에서 같다) 또는 같은 법 시행령 제27조 제4항에 따라 사업계획의 승인을 받지 아니하고 30세대 이상의 주택과 주택 외의 시설을 하나의 건축물로 건축하는 경우에 하는 다음 각 목의 보증

가. 주택분양보증: 사업주체가 파산 등의 사유로 분양계약을 이행할 수 없게 되는 경우 해당 주택의 분양(「주택법」 제49조에 따른 사용검사 또는 「건축법」 제22조에 따른 사용승인과 소유권보존등기를 포함한다)의 이행 또는 납부한 계약금 및 중도금의 환급(해당 주택의 감리자가 확인한 실행공정률이 100분의 80 미만이고, 입주자의 3분의 2 이상이 원하는 경우로 한정한다)을 책임지는 보증.

21) 2017. 10. 11.자로 개정된 주택사업금융보증약관을 말한다.

Ⅰ. 개 관

1. 사업시행권 인수의 개념

사업시행권이란 부동산PF 사업을 추진하는 데 필수적으로 필요한 권리로, 통상 ① PF대출로 매입한 사업부지 소유권과 ② 각종 법령상의 사업계획승인 및 신축될 건물의 건축허가 등 해당 사업 시행에 필요한 인·허가권 일체를 의미하는 경우가 많다. 그러나 사업시행권은 법적으로 정의된 개념이 아니기 때문에 반드시 위와 같은 권리에 한정되는 것은 아니며, 계약에 따라 다양한 방식으로 표현된다. 부동산PF 사업 관련 계약서에서 사업시행권을 규정한 예를 살펴보면 다음과 같다.

- 이 사건 사업부지의 소유권 및 그에 관한 일체의 권리
- 이 사건 사업부지를 신탁 부동산으로 하는 부동산신탁계약상 위탁자로서의 일체의 권리
- 이 사건 사업과 관련한 업무시설 및 근린생활시설등 지상 및 지하의 모든 건축물(건축 중인 건축물을 포함함)의 소유권 및 그에 관한 일체의 권리와 의무
- 이 사건 사업의 분양권, 분양대금 수납권 등 분양과 관련하여 수분양자 및 제3자에 대하여 가지는 일체의 권리와 의무
- 이 사건 사업의 시행에 필요한 인허가 일체의 명의, 시행자 명의, 건축주 명의
- 기타 사업의 시행자로서의 일체의 권리와 의무

위와 같은 사업시행권은 부동산PF 사업의 사업주체, 즉 시행사가 보유하

게 되는데, 사업시행권의 인수는 위와 같은 권리를 시행사와의 합의로 또는 강제로 인수하는 것을 의미한다.

2. 부동산PF 사업에서 사업시행권 인수가 갖는 의미

과거 사업시행권 인수는 PF대출채무를 인수한 시공사가 손실을 회복하기 위한 보전수단으로 많이 활용되었다. 부동산PF는 통상 시행사에 대한 시공사의 신용보강으로 이루어진다. 즉, 부동산PF에 참여한 시공사는 신용보강의 일환으로 책임준공 의무를 부담하거나 채무인수 의무를 부담하는 등 해당 사업의 실질적인 위험을 떠안게 된다. 이러한 위험이 현실화되어(시행사에게 채무불이행 사유가 발생하여) 시공사가 시행사의 PF대출채무를 인수하는 경우, 시공사는 위 채무를 변제하고 대주단의 담보수단을 이전받아 그 권리를 행사할 수도 있지만, 이러한 권리 역시 사업이 정상적으로 진행되어 해당 사업과 관련한 담보들이 충분한 가치를 가질 때에만 실효성이 있다. 이 때문에 시공사는 채무를 인수하는 경우 시행사의 사업시행권 자체를 인수한 후, 해당 사업을 직접 시행하여 사업에서 발생하는 수익으로 손실을 보전하고자 하였다.

다만, 최근에는 부동산PF 사업이 관리형 토지신탁, 즉 신탁사에게 사업부지를 이전한 후 신탁사가 사업주체가 되어 사업을 진행하게 하는 방식으로 많이 진행되기 때문에, 사업의 정상화 등을 위하여 시공사가 사업시행권을 인수해야 할 필요성은 적어졌다.22)

그러나 담보신탁의 방식으로 사업부지를 신탁한 후 시행사가 직접 부동산 PF 사업을 시행하는 경우에는 사업시행권의 인수가 중요한 의미를 가질 수 있으므로, 이하에서는 담보신탁의 방식으로 진행하는 사업에서 사업시행권 인수가 어떻게 이루어지며, 어떠한 점에 유의해야 하는지 살펴보도록 하겠다.

---

22) 사업시행권을 강제로 인수하는 경우 소송절차에 의해야 하는데 소송의 특성상 상당한 시간이 소요되는 등 시행권 인수는 시간과 비용이 많이 드는 절차였다. 이러한 점이 관리형 토지신탁 방식의 사업추진이 늘어나게 된 배경 중 하나로 작용했다.

Ⅱ. 사업시행권 인수의 근거

1. 사업시행권 인수 약정

사업시행권의 인수는 기본적으로 시행사에게 채무불이행 사유가 발생한 경우, 시공사 혹은 대주단이 정한 제3자에게 사업시행권을 이전하는 것을 내용으로 하며, 이를 위해서는 부동산PF 사업에 참여하는 각 당사자들이 모두 관여하게 된다. 이 때문에 사업시행권 인수에 관한 내용은 부동산PF 사업의 기본구조를 완성시키는 각종 계약에 다양한 방식으로 반영된다. 따라서 각각의 사업이 예정하고 있는 사업시행권 인수의 내용을 정확하게 파악하기 위해서는 개별 약정별로 사업시행권 인수와 관련 규정을 살펴볼 필요가 있다.

2. 개별 약정에 반영된 사업시행권 인수 근거

(1) 사업약정서

사업약정서는 해당 PF 사업의 구조 및 각 사업자들의 의무를 규정하는 기본 계약서로, 통상 사업약정서에는 대주, 시행사, 시공사 등이 참여한다. 사업에 따라 그 내용은 매우 다양하나 대체적으로 대주는 해당 사업이 예정하고 있는 파이낸싱 기법에 따라 시행사에게 사업자금을 대여하고, 시행사는 사업에 필요한 인허가 및 분양 업무 등 사업약정이 정한 업무를 담당하며, 시공사는 신축될 건물을 시공한다는 내용으로 구성된다.

사업시행권 인수는 시공사의 신용보강에 대응되는 주요한 요건 중 하나이므로 사업약정서에도 이에 관한 규정이 포함된다. 즉 사업약정서에는 "시행사가 대출약정상의 기한이익을 상실하면 대주단의 서면 통지 등 일정한 절차에 따라 시행사가 사업시행권을 포기한다"는 내용의 규정이 들어가며, 이때 사업시행권은 시공사 혹은 대주단이 지정하는 자에게 이전하도록 한다.

사업약정 제**조(시행권 포기사유)

"갑"(시행사, 이하 같음)에게 다음 각호의 사유가 발생시 "병"(대주단, 이하 같음)의 결정에 의하여 "병"이 "갑"에게 서면 통지하는 경우 "갑"은 "병"의 통지일로부터 일(1)개월 이내에 이건 사업의 시행권을 포기한다. … (중략) …

(가) "갑"이 공사도급계약을 위반한 경우

(다) 대출약정서상 기한의 이익 상실에 해당하는 사유가 발생한 경우

(마) 기타 "갑"을 시행회사로 하여 이건 사업을 계속 수행하기 곤란한 객관적 사유가 발생한 경우

사업약정 제**조("갑"의 시행권 관련 권리, 의무의 이전)

제1항에 의한 이건 사업시행권 포기로 갑이 보유하고 있던 다음의 일체의 권리는 "을"[시공사] 또는 "병"[대주단]이 지정하는 자에게 이전된다. 이 경우 "갑"은 이건 사업과 관련된 모든 권리를 포기하며, 민·형사상 이의, 소제기, 기타 일체의 민원 등을 제기할 수 없으며, "을"은 "갑"이 보유하고 있던 다음의 일체 권리를 승계함에 대하여 여하한 이의를 제기할 수 없다 … (중략) …

(가) 이건 사업부지 소유권 및 그에 관한 일체의 권리(소유권이전등기청구권, 용지매매계약상의 매매대금 반환채권 포함) 및 의무

(나) 이건 사업부지가 신탁된 경우 위탁자 및/또는 원본수익자로서의 지위 기타 신탁과 관련된 일체의 권리 및 의무

(2) 공사도급계약

시행사는 신축건물의 공사를 위하여 시공사와 별도의 공사도급계약을 체결하게 된다. 시공사는 PF 사업자금을 조달하는 데 있어, 시행사의 신용을 보강하는 역할을 하기 때문에, PF 사업자금조달의 필요한 신용보강의 주체를 확정하는 의미로 시행사와 대주단 간의 대출계약이 체결되기 전에 체결되는 경우가 많다.

부동산PF 사업에 참여하는 시공사는 시행사에 대한 신용제공을 감수하고 사업에 참여하기 때문에, 공사도급계약 체결 시 시행사가 향후 사업을 진행할 수 없게 되거나 대주와의 대출약정을 불이행하게 될 경우, 사업시행권을 시공사에게 이전한다는 내용이 포함되는 경우가 있다.

공사도급계약 제조("을"의 계약의 해제 및 해지)**

① "을"(시공사, 이하 같음)은 다음 각호의 사유가 발생하는 경우 "갑"(시행사, 이하 같음)에 대한 서면 통지로써 중지하거나 계약을 해제 또는 해지할 수 있다.

가. "갑"이 계약조건을 위반하고 "을"이 1회 이상 최고하였음에도 불구하고 "갑"이 이를 이행 또는 시정하지 아니하여 "갑"과 "을"간의 계약의 유지가 어렵거나 "갑"이 계약사항에 정한 협의에 불응하여 계약목적을 달성할 수 없다고 인정될 경우

나. "갑"의 귀책사유로 공사(또는 착공)가 2개월 이상 지연될 경우

다. 생략

라. 기타 "갑"의 책임있는 사유로 계약의 목적을 달성하기가 곤란한 경우

마. 대출계약서상의 차주의 기한이익 상실사유가 발생할 때

바. 시행사가 시공사에게 제출한 자료에 오류가 있거나 주요 사안에 대해 시공사의 동의 없이 결정, 집행한 경우(기 제출된 비용은 제외된다).

② 제1항 및 다음 각호의 사유발생으로 계약이 해제 또는 해지되는 경우 이유 여하를 막론하고 "갑"의 사업시행권, 사업부지의 토지소유권(본 사업부지가 신탁된 경우에는 신탁계약상의 일체의 권리를 포함한다), 기타 사업추진을 계속하기 위하여 필요한 권리 및 권한 일체(이하 "사업시행권 등"이라고만 함)를 "을"에게 조건없이 즉시 이전하기로 하며, 대상사업의 준공완료 후 사업시행권 등의 이전과 관련하여서는 "갑"과 "을"이 사후 정산하기로 한다.

다만, 시공사가 선정된 후 시행사가 대주단과 PF대출에 관한 대출계약서를 체결할 때에는 대부분 위 대출계약서가 부동산PF 사업에 관한 다른 어떠한 약정보다 우선한다는 조항이 포함되기 때문에, 사업시행권 인수에 관한 공사도급계약상의 조항은 대출계약서를 보충하는 의미를 갖는 경우가 많다.

(3) 대출계약서

대출계약서는 시행사가 PF 사업자금을 조달하기 위하여 대주와 체결하는 금융계약이다. 위 계약에 따라 시행사는 PF 사업자금의 주채무자가 되고, 시공사는 위 채무를 연대보증하거나 시행사에게 채무불이행 사유가 발생한 경우 채무인수 의무를 부담하는 방식으로 시행사의 신용을 보강한다. 대신 시행사에게 채무불이행 사유가 발생하는 경우 시공사는 시행사가 보유하고 있던 사업시행권을 인수할 권리를 보유한다.

위와 같은 내용을 담은 대출계약서가 사업시행권 인수에서 가장 중요한 역할을 한다. 첫번째로 대출약정 말미에는 통상 '이 약정이 다른 어떤 약정보다 우선한다'라는 규정이 들어가는 경우가 많아 대출계약상의 사업시행권 인수 조항이 다른 계약상의 사업시행권 인수 조항보다 가장 강력한 효력을 갖는다. 다음으로, 사업시행권의 인수 사유는 대부분 대출약정이 정한 채무불이행 사유와 일치하기 때문에, 사업시행권 인수 사유가 발생하였는지 확인하기 위해서는 대출약정의 해당 조항을 면밀히 검토해야 한다. 마지막으로 이러한 사유가 발생하였다는 것을 확인하기 위해서는 채무불이행 선언 등과 같이 일정한 절차를 거쳐야 하는 경우가 많기 때문에, 대출계약상 해당 절차에 관한 조항도 꼼꼼히 살펴 미리 대주단의 협력을 구할 필요가 있다.

> 대출약정 제**조(채무불이행의 효과)
> (가) 위 채무불이행사유 중 어느 하나라도 발생하는 경우, 대리은행은 차주에게 채무불이행의 발생을 통지하고 일(1)개월의 유예기간 내에 채무불이행 사유를 시정할 것을 요청할 수 있으며, 일(1)개월의 유예기간이 종료한 후, 다음과 같은 조치를 취할 수 있다.
> ③ 이건 건물 중 미분양분에 대한 임의처분의 개시 및 차주에 대한 시행권포기각서의 실행 및 시공회사 또는 대주가 지정하는 자에게 시행권 이전 조치 … (중략) …

(4) 대출관련 담보계약서

PF는 기본적으로 해당 사업에서 발생하는 현금 흐름을 담보로 대출을 실행하는 금융기법이기는 하나, 대주단의 입장에서는 거액의 자금을 대출하기 때문에 최대한 안정적인 담보를 확보하고자 한다. 이러한 담보수단으로 대주단이 대표적으로 취하는 것이 사업부지이다. 과거에는 근저당권 설정의 방식이 활용된 예도 있으나, 대부분 담보신탁을 설정한 후 이에 관한 최우선 순위 우선수익권을 부여받는 방식을 취하였다. 다음으로, 시행사 주식에 대한 주식질권설정 계약도 많이 이루어진다. 사업시행권을 인수해야 할 사유가 발생한 경우 주식에 대한 질권실행을 통해 사업시행권 자체를 인수하는 것도 하나의 방법이 되기 때문이다. 또 하나 담보의 대상에 포함시키는 것이 향후 신축될 건물이다. 부동산PF가 실행될 당시에는 건물이 존재하지 않아 이를 직접 담보의 대상으로 삼을 수 없으나, 사업약정서, 사업부지에 대한 담보신탁 계약 등에 향후 신축건물이 완공되면 해당 건물을 신탁한다는 조항을 포함시키는 경우가 많다.

대표적인 담보수단으로 체결되는 사업부지에 대한 신탁계약에서는 대출약정상 채무불이행 사유가 발생하는 경우, 제1순위 우선수익자(통상 대주단)의 요청으로 신탁부동산을 공매 또는 수의계약으로 처분할 수 있다고 규정하는 것이 통례이다. 후술하겠지만, 위와 같은 처분조항은 사업시행권을 인수하고자 하는 경우 사업부지 등을 신속하게 확보할 수 있는 방편이 되기도 한다.

신탁계약 특약사항 제*조(신탁부동산 처분시기)
① 다음 각 호의 1에 해당하는 경우에는 신탁기간 종료 전이더라도 우선수익자(1순위 우선수익자는 2순위 우선수익자의 동의없이 처분요청할 수 있고, 2순위 우선수익자는 1순위 우선수익자의 동의를 득하여 처분요청할 수 있음)의 요청 등에 의하여 신탁부동산을 처분할 수 있다.
1. 본 사업과 관련하여 위탁자와 우선수익자, 주식회사 ○○은행 사이에 체결된 대출협약서 제10조의 각 사유, 본 사업과 관련하여 위탁자와 우선수익자 사이에

체결된 사업약정서 제12조 1항 각 호의 사유, 본건 사업과 관련하여 위탁자와 우선수익자 사이에 체결된 "사업시행권 및 사업부지 포기약정서" 제1조 각 호의 사유 중 어느 하나의 사유가 발생하였음을 우선수익자가 수탁자에게 통지할 경우 2호 및 3호 … (생략) …

② 생략

③ 본조 제1항에 의한 신탁부동산의 처분은 수탁자와 우선수익자가 협의하여 정할 수 있으며, 특히 우선수익자가 요구할 경우, 신탁부동산은 우선수익자 또는 우선수익자가 지정하는 자에게 직접 소유권이전등기를 경료함과 동시에 신탁등기를 말소할 수 있다. 이에 대하여 위탁자는 일체의 이의를 제기할 수 없다.

신탁계약 특약사항 제*조(처분방법)

① 신탁부동산의 처분은 공개시장에서 경쟁을 통하여 처분하는 것을 원칙으로 한다. 다만 유찰시 다음 처분일 공고 전까지 직전 처분시 조건으로 수의계약할 수 있다.

② 생략

③ 본조 제1항의 처분방법은 본조 제1항에도 불구하고 수탁자와 우선수익자가 협의하여 정할 수 있으며, 특히 우선수익자가 요구할 경우, 신탁부동산은 우선수익자 또는 우선수익자가 지정하는 자에게 수의매매계약을 통한 처분행위를 할 수 있으며, 이 경우 직접 소유권이전등기를 경료함과 동시에 신탁등기를 말소할 수 있다. 이에 대하여 위탁자는 일체의 이의를 제기할 수 없다.

(5) 기타 관련 문서

한편 대출약정이 정한 경우 차주인 시행사는 '사업시행권 포기각서'를, 시공사는 '시공권 및 유치권 포기각서'를 제출하기도 한다. '사업시행권 포기각서'의 경우 사업시행권 인수에 관한 추가적인 내용을 정하고 있을 수 있으므로, 그 내용을 확인해야 한다. '시공권 및 유치권 포기각서'가 제출되었다면, 시공사는 사업시행권 인수의 전제조건으로서 시행사의 채무를 대위변제하면서 위 문서를 반환받아야 할 것이다. 따라서 이 또한 사업시행권 인수 과정 속에서

챙겨야 할 문서로 확인해 둘 필요가 있다.

(6) 소 결

사업시행권 인수를 위해서는 해당 프로젝트에서 체결된 각종 약정을 전반적으로 파악해야 하는데, 앞서 살펴 본 내용을 간단히 정리하면 다음과 같다.

- 사업약정: 사업시행권 포기규정 중점
- 공사도급계약: 계약해제 사유, 계약해제 시 효과 규정 중점
- 대출약정: 채무불이행 사유, 채무불이행 시 효과 규정 중점
- 신탁계약: 신탁부동산의 (사전) 처분사유, 처분절차 중점
- 사업시행권 포기각서
- 시공권 및 유치권 포기각서

Ⅲ. 시행권 인수의 전제 조건

1. 사업시행권 인수 사유 및 인수 조건

(1) 사업시행권 인수 사유

'사업시행권 인수 사유의 발생'은 '대출약정상 채무불이행 사유의 발생'과 동의어나 다름 없다. 따라서 사업시행권을 인수하기 위해서는 먼저 대출약정상 채무불이행 사유가 발생하였는지 살펴야 한다. 나아가 이러한 사유가 발생한 경우 통상 대주단이 시행사에게 채무불이행 사실 통지를 하게 되어 있으므로, 이러한 절차를 통해 사유의 발생을 확인해야 한다.

대주단은 채무불이행 통지를 하기에 앞서 시공사와 협의하는 것이 보통이고, 향후 사업시행권 인수소송에서 유리한 자료로 활용하기 위해서는 대주단과 채무불이행 통지내용에 대하여 미리 협의하는 것이 바람직하다.

한편 공사도급계약상 사업시행권의 인수가 계약 해제의 효과로 규정되어

있다면, 공사도급계약의 해제 통지도 함께 이루어져야 할 것이다. 나아가 채무불이행 선언은 신탁계약상 사업부지 처분 사유에 해당하므로, 이에 따른 우선수익권자(대주단)의 처분요청서 또한 함께 요청해둘 필요가 있다.

(2) 사업시행권 인수의 전제조건

시행사에게 채무불이행 사유가 발생하여, 대주단이 채무불이행 선언을 하였다고 하여 시공사가 곧바로 사업시행권을 인수할 수 있는 것은 아니다. 시공사가 사업부지와 사업 관련 인허가를 취득할 수 있도록 한 것에는 시공사가 애초에 시행사의 신용을 보강하였기 때문이므로, 사업시행권 인수를 위해서는 시행사의 대주단에 대한 채무를 인수하거나 연대보증 의무를 이행하는 등 대출약정이 정한 전제조건을 충족시킬 것이 요구된다.

사업의 전망이 불투명한 경우에는 사업시행권을 인수하는 것만으로는 대위변제로 발생한 손실을 모두 회복하기 어려울 수 있다. 따라서 대위변제를 하는 경우에는 사업시행권 뿐만 아니라 대주단이 보유하고 있던 담보권 기타 권리를 모두 이전받을 필요가 있다. 시행사의 채무를 대위변제하는 경우 변제자대위의 법리에 따라 대주단이 보유하고 있던 권리를 행사할 수 있는 권리가 발생하기는 하나, 권리를 보다 확실하게 이전받고 이를 대외적으로 확인시키기 위해서는 개별 권리에 따라 고유한 권리 이전의 절차를 밟는 것이 바람직하다.

이와 관련하여, 과거에는 시공사가 시행사의 PF대출금을 대위변제하여 변제자대위의 법리에 따라 대주단이 보유한 우선수익자의 지위를 당연히 승계함에도 불구하고, 등기 실무상 신탁원부상의 우선수익자 변경을 위해서는 위탁자의 날인이 요구되어 그 권리를 대외적으로 공시하는 데 어려움이 있었다. 그러나 2014년경 시공사의 대위변제사실이 객관적인 서면에 의하여 증명되면 신탁원부의 변경등기가 가능하다는 법원의 결정이 나오면서, 시공사가 우선수익권자로서의 권리를 행사하는 것이 보다 용이해졌다.

2. 사업시행권 인수에 필요한 서류

이상에서 살펴본 절차를 진행하는 과정에서 필요한 서류를 개괄적으로 살펴보면 다음과 같다.

(1) 사전에 필요한 각종 통지

① 기한의 이익상실 및 채무불이행 통지(대주단 → 시행사, 시공사)

② 신탁부동산 처분요청(대주단 → 수탁자)[23]

③ 공사도급계약 해제통지(시공사 → 시행사)

(2) 대위변제 관련 서류

① 대위변제확인서(각 대주별로 → 귀사)[24]

② 대위변제통지서(대주단 → 시행사, 내용증명이어야 함)

(3) 신탁계약상 권리이전 관련 서류

① 1순위 우선수익권 양수도계약서(대주단, 시공사)

② 1순위 우선수익권 양수도승낙서(신탁회사, 확정일자인)

(4) 기타 담보 이전 관련 서류

① 예금채권근질권양수도 계약서(대주단, 시공사)

② 예금채권근질권양수도 통지서(대주단 → 시행사, 확정일자인)

③ 주식근질권양수도 계약서(대주단, 시공사)

---

23) 모든 경우에 반드시 필요한 서류라고 볼 수는 없으나, 사업부지를 신탁계약상 처분절차를 통해 이전받고자 하는 경우에는 미리 갖추어 둘 필요가 있다. 사전에 대주단의 협조를 받지 못하는 경우, 대위변제 후 대주단의 1순위 우선수익권을 이전받아 우선수익권자의 지위에서 직접 요청하는 것도 가능하다.

24) 대위변제 확인서는 각 대주별로 대위변제금액을 특정하여 별도로 받아야 하고 다음과 같은 문구가 부기되어야 한다.
"본건 대위변제에 따라 당사가 보유하는 대출약정상 일체의 채권, 담보권(신탁계약상 제1순위 우선수익자의 지위 포함) 기타 이에 부수하는 일체의 권리는 민법 제481조에서 정한 변제자의 법정대위 효과에 따라 귀사에게 이전되었음을 확인한다."

④ 주식근질권양수도 통지서(대주단 → 시행사, 확정일자인)

(5) 대주단으로부터 교부받을 원본서류들

① 사업시행권 등의 포기 및 양도각서
② 책임준공확약서, 시공권 및 유치권 등의 포기각서
③ 기타 대출약정에 기재된 서류 목록 일체

IV. 시행권 인수의 방법

1. 사업시행권의 인수 방법

사업약정서나 대출약정서에는 시행자의 사업시행권 포기 사유가 발생하면 시행자의 권리가 시공사 또는 대주단이 지정되는 자에게 당연히(자동으로) 이전되는 것처럼 규정하고 있다. 또한 시행사는 사전에 사업시행권 포기각서를 제출하기도 한다.

이 때문에 관련 소송 등 별도의 절차를 경유하지 않고도 사업시행권포기 각서 내지 건축인허가 명의변경 동의서만 제출하면 건축인허가 명의를 변경할 수 있는 것은 아닌지 의문이 들 수 있다. 그러나 사업시행권포기(인수) 약정은 시행사가 시공사에게 시행사 지위 등을 이전하여 줄 의무를 부담하는 것으로 해석하는 것이 타당하며 별도의 절차 없이 곧바로 시행사가 갖는 권리가 시공사에게 이전되는 것으로 해석하기는 어렵다(서울고등법원 2008. 6. 12. 선고 2007나124474 판결). 나아가 관할 행정청에 대한 관계에서도 최근 3개월 이내에 발급된 인감증명서도 함께 제출되어야 하므로 최초 대출약정 시 제출된 건축주명의변경서만으로는 건축주명의변경이 불가능하다.[25]

따라서 사업시행권 인수에 시행사가 자발적으로 협조하지 않는다면, 다음에서 살펴볼 방법들 중 유리한 방안을 선택하여 이를 강제로 실현할 수밖에

---

25) 3개월 이내에 발급된 인감증명서가 있더라도 기존 사업시행자(건축주)가 인허가명의 변경에 반대하는 경우, 행정청은 법원 판결 등이 없는 한 변경절차를 진행하지 않는 것이 보통이다.

없다.

2. 사업부지의 소유권 확보

(1) 신탁계약상 공매절차를 통한 사업부지 확보

사업초기 단계로서 분양률이 극히 저조하거나 분양이 아직 개시되지도 않았다면 신탁부동산의 공매절차를 활용하여 사업부지 소유권을 확보하는 것을 고려해 볼 수 있다.

즉, ① 대주단으로 하여금 수탁자에게 신탁부동산 처분을 요청하도록 하여 공매절차가 개시되도록 하고→ ② 대위변제로써 대주단의 제1순위 우선수익권을 승계한 시공사가 공매절차에 참가하여 → ③ 공매기일에서 낙찰자로 지정된 뒤 신탁사와 사업부지에 관한 매매계약을 체결하고 소유권이전등기를 받는 것이다.

공매방안은 공매절차가 원활히 진행될 경우 시공사가 신속히 사업부지와 건물 소유권을 확보할 수 있다는 장점이 있다. 나아가 매매대금은 대위변제한 대주단의 대출금과 상계하면 되므로 시공사로서는 별도의 추가자금 투입없이 사업부지를 안정적으로 확보할 수 있다.

한편 보다 간이하게, 신탁계약상 대주단이 지정한 자에게 처분할 수 있다는 조항이 있는 경우에는 시공사를 처분 대상자로 지정하여 공매절차 없이 바로 매매계약을 체결하고 소유권이전등기를 받는 것도 가능할 것이다.

다만, 위와 같은 절차를 진행함에 있어서는 ① 시행사의 소송제기(예컨대 처분절차중지가처분 등)로 인해 처분절차가 지연되거나,[26] ② 공매로 진행할 경

---

26) 시행사가 회생절차에 들어가는 등의 사정이 있으면 공매절차 진행에 장애요소로 작용할 소지가 있다. 또한 부동산담보신탁계약이 사해행위에 해당한다는 주장(회생절차의 경우 부인권 행사대상)도 종종 제기된다. 따라서 시행권 인수사유가 발생한 경우 대주단과 신속히 협의하여 공매절차를 진행하는 것이 바람직하다.
부동산담보신탁계약이 채권자간의 평등을 저해시키는 편파행위에 해당하여 공매절차이행절차의 중지를 명한 것에 관하여는 대법원 2015. 3. 20. 선고 2012다107549 판결 참조.
공매절차 실행이 신의칙 위반이라는 등의 주장도 자주 제기되고 있으나 법원은 특별한 사정이 없는 한 위 주장을 받아들이지 않고 있다(서울중앙지방법원 2023. 10. 17.자 2023카합

우 감정평가금액이 예상보다 높게 나올 수 있고, ③ 수탁자가 협조하지 않으면 사실상 처분이 불가능하다는 단점이 있다. 따라서 이 방안을 택하려면 시공사-대주단-수탁자 간에 대출금을 상환할 경우 공매절차를 신속히 진행하겠다는 사전협의가 있어야 한다.

3. 개발사업관련 인허가의 양수

(1) 사업시행권 인수 소송

이미 분양이 개시되었고, 입주예정자로 인해 공매절차를 활용하는 것에 어려움이 따른다면, 사업시행권 인수 소송을 통해서 사업부지와 신축건물에 관한 건축인허가권을 가져오는 방안을 고려해 볼 수 있다.

과거에는 사업부지가 신탁된 상태에서 위와 같은 소송을 진행하려면, 일단 신탁사를 상대로 시행사를 대위하여 신탁해지를 원인으로 한 신탁등기말소절차의 이행을 구하고, 시행사에게 위 사업부지를 다시 시공사에 대한 사업시행권 인수 약정에 기하여 시공사에게 이전하라는 순차 소유권이전등기 소송을 제기해야 했다. 종래 신탁법은 신탁계약에 있어서 위탁자의 변경을 인정하지 않았고, 등기예규에서도 위탁자를 변경하는 등기의 신청을 허용하지 않았기 때문이다. 그러나 2011년 7월 25일 신탁법이 개정됨에 따라 위탁자 변경이 가능하게 되어 위탁자 지위가 이전되는 경우 신탁원부의 변경등기가 가능하게 되었다. 따라서 현재에는 사업부지를 취득하기 위하여 위와 같이 복잡한 구조의 소송 대신 시행사를 상대로 위탁자의 지위 이전을 구하는 소송을 진행하여, 위 판결에 따라 신탁원부를 변경함으로써 사업부지에 관한 권리를 취득할 수 있게 되었다. 물론 기존의 신탁계약을 해제한 채 사업부지를 직접 취득하고자 한다면, 현재에도 위와 같은 방식, 즉 시행사를 대위하여 신탁사를 상대로 신탁해제에 기한 말소등기절차 이행을 구하는 한편, 시행사를 상대로 해당 사업부지를 시공사에게 이전하라는 순차적인 형태로 소송을 진행해야 할 것이다.

21241 결정 등).

한편, 사업시행권을 인수하기 위해서는 사업부지에 대한 권리 외에 사업에 필요한 인허가의 취득이 필요하다. 이를 위해서 시공사는 시행사를 상대로 도시계획시설사업 실시계획인가상의 사업시행자 명의 변경 등 해당 사업에 관한 인허가의 명의 절차의 이행을 구하는 소송을 제기해야 할 것이다.[27]

소송을 통한 사업시행권인수는 현실적 제약과 예측불가능성의 문제가 있다. 소송경제 측면에서 소송절차다 보니 소송결과를 100% 장담하기 어렵고, 판결 확정으로 소유권을 확보하는 데 상당한 시간이 소요될 수밖에 없다.

(2) 경영권의 강제적 취득

80% 이상 분양이 완료되었고, 준공만 앞둔 상태라면 공매도 불가능하고, 소송을 통해 소유권을 확보하는 것도 물리적으로 불가능하다.

그런데 이런 상황에서 시행사가 준공절차에 협조하지 않으면서 속칭 '도장값'을 계속 요구하면 시공사로서는 당혹스러울 수밖에 없다. 시행사의 날인 등 협조없이는 준공이 불가능하기 때문이다. 이 경우 대출약정 시 함께 체결되는 시행사의 주식근질권 설정계약을 통하여 아예 시행사의 주식을 대주단이나 시공사 명의로 가져오는 방법을 활용할 수 있다.

즉, 주식근질권 설정계약서에는 대출약정에 따라 피담보채무의 이행을 청구할 수 있는 때에는 질권자들(=대주단)은 피담보채권의 만족을 위하여 자신이 적절하다고 판단하는 시기에 적절한 방법으로 담보권자로서 담보물에 대하여 보유하고 있는 모든 권리 및 권한을 행사할 수 있고, 여기에는 담보물을 제3자에게 양도하거나 기타 처분할 수 있는 권리가 포함된다는 규정이 있다.

따라서 대주단은 차주인 시행사가 대출금에 대한 기한의 이익을 상실한 경우 주식근질권 설정계약의 주식처분 조항에 따라 해당 주식을 제3자에게 처분하거나 대주단 명의로 직접 취득할 수 있다. 이러한 주식근질권설정계약의 주식처분 조항을 이용하여 시공사 또는 제3자가 주식을 취득한 뒤, 주주총회/

---

27) 명의변경 절차의 이행을 구하는 소송에서 승소하더라도 바로 명의변경절차가 이루어지는 것은 아니다. 위 판결을 받으면 기존 사업시행자가 명의변경절차 이행에 반대하더라도 명의변경이 이루어질 수 있는 조건을 갖추게 되는 것일 뿐 행정청이 건축주명의변경처분 또는 사업시행변경인가를 해주어야 한다. 따라서 행정청과도 사전에 긴밀한 협의가 필수적이다.

이사회를 개최하여 시행사의 경영진을 바꾸는 것이다.

경영권 강제 취득방안은 어디까지나 분양이 거의 이루어졌고, 준공만 남겨둔 상태에서 생각해볼 수 있는 예외적 방안이다.

이러한 경영권탈취 방안을 강구함에 있어서는 다음과 같은 문제점들을 고려해야 한다.

첫째, 명의개서의 문제이다. 기명주식의 이전은 명의개서를 하지 않으면 회사에 대항하지 못하므로(상법 제337조 제1항), 질권 실행으로 시공사 또는 제3자가 주식을 취득하더라도 명의개서를 하지 않으면 시행사와의 관계에서는 여전히 구 주주가 주주이다.

둘째, 회사가 명의개서를 거절하면 복잡한 가처분과 소송절차를 경유해야 한다. 즉, 명의개서 이행을 위한 가처분/임시주주의 지위를 정하는 가처분을 신청함과 동시에, 명의개서를 거절한 이사의 해임을 위한 주주총회소집허가신청, 해당 이사에 대한 직무집행정지·직무대행자선임 가처분을 신청해야 한다.

셋째, 위와 같이 주주권을 취득한 뒤에는 다시 새로 이사선임, 대표이사 선임절차를 밟아야 한다.

넷째, 근질권 실행으로 주식을 취득하는 경우 시행사의 과점주주가 되므로 시행사가 체납한 세금의 2차 납세의무를 부담할 수 있고(국세기본법 제39조), 시행사의 우발채무를 변제할 책임을 부담할 소지가 크다. 따라서 근질권 실행 전 시행사의 채무액수를 가능한 범위에서 확인할 필요가 있다.

요컨대 경영권 탈취방안은 쉽지 않은 문제이고, 각종 가처분과 소송절차를 경유해야 한다는 난점이 있다.[28]

---

28) 최근 서울중앙지방법원은 디폴트 사유가 발생한 현장에서 시공사가 대출금을 대위변제한 후 근질권실행으로 시행사의 경영권을 취득하려는 절차를 진행하는 것에 대하여 주주권 행사를 금지하는 가처분 결정을 내린 사례가 있다. 시행사측은 시공사가 도급계약을 위반한 것으로 인하여 디폴트 사유가 발생했으므로 근질권 행사가 위법하다고 주장했는데 법원은 주주권 행사를 허용할 경우 디폴트 사유 발생의 귀책에 대하여 다툴 기회가 실질적으로 박탈된다는 점을 고려해 시행사의 가처분을 인용하였다.

4. 시공 중인 건물의 소유권 확보

건물이 공사 중에 사업시행권 인수 사유가 발생하는 경우에는 공사 중인 건물도 인수할 수 있어야 사업을 계속할 수 있다. 공사 중인 건물은 공사의 단계에 따라 그 소유권의 귀속이 달라진다. 터파기를 하고 기초를 세우는 단계에 불과한 경우 그 골조는 토지의 정착물로 간주되어 토지에 부합된다고 본다. 따라서 기초 공사 단계에서는 사업부지와 건축허가 등의 인허가를 인수하면 향후 공사를 진행하여 사업을 진행하는 데 문제가 없다.

공사가 어느 정도 진행되어 주벽이 세워지고 일정 층이 완성되었으나, 건물로서 완공되었다고 볼 수 없는 경우에는 토지에 부합되지 않고 별개의 부동산이 된다는 것이 판례의 입장이다(대법원 2006. 11. 9. 선고 2004다67691판결). 그러나 이 경우 해당 건물의 권리관계를 공시할 방법이 없기 때문에, 시행사의 다른 채권자들의 집행의 대상이 되기는 어렵고, 사업부지와 건축허가 등의 인허가 명의변경절차를 완료하면 공사를 계속하여 사업을 진행할 수 있다.

그러나 공사가 거의 완공되어 사용검사를 앞두고 있는 경우에는 서둘러 인허가 등의 절차를 변경하지 않을 경우 해당 건물이 시행사의 다른 채권자들의 집행 대상이 될 수 있다는 점에 유의해야 한다.

미등기 건물이라 할지라도 건물로서의 실체를 갖춘 경우, 법원 조사를 거쳐 소유권보존등기를 마치고 경매의 대상이 될 수 있기 때문이다(민사집행법 제81조 제1항 제2호 단서). 실제로 전체 공정 대비 75% 정도로 완성된 건물에 대하여 경매를 위한 소유권보존등기가 이루어진 사례가 있으므로, 신축 건물의 공정률이 70%를 넘어설 경우에는 위와 같은 절차를 보다 신속하게 진행할 필요가 있다.

5. 분양대금 채권 또는 분양계약자의 지위 이전

건물이 일부 분양된 상태인 경우, 사업시행권 인수가 완료되면 기존에 분양된 분양자들과의 권리관계가 어떻게 되는지 문제될 수 있다. 기존 분양자들로부터 분양대금을 받을 권리가 있는지 혹은 분양대금 납부를 완료한 분양자들에게 신축 건물을 이전할 의무를 부담하는지 등이 문제될 수 있다.

이와 관련하여 법원은 주택건설업자가 주택의 신축공사 도중 그 공사를 타인에 양도하고 이를 양수한 업자가 당국으로부터 사업주체변경을 내용으로 하는 사업계획변경승인을 받은 경우, 새로운 사업주체가 위와 같은 사업계획변경승인을 받았다 하여 종전 사업주체가 제3자에 대하여 부담하고 있는 사법상의 권리의무를 당연승계하는 것은 아니라고 판시한 바 있다(대법원 1987. 6. 23. 선고 86다카2336 판결, 대법원 2013. 11. 14. 선고 2012다97840, 97857 등). 또한 하급심 판례이기는 하지만, 시공사가 사업시행권을 인수하면서 기존 수분양자로부터 '시공사가 개발사업의 사업시행권 및 시공권을 인수함에 있어 기존 시행사가 수분양자들에 대하여 가지는 모든 채무와 의무를 인수하고, 이에 대하여 수분양자들이 동의함'이라는 취지의 사업재개 동의서를 받은 경우 이러한 동의서를 제출한 수분양자들에 대해서는 분양계약이 존속하지만, 그렇지 않은 분양자는 시공사에 대하여 수분양자 지위를 주장할 수 없다고 판시한 사례도 있다(서울중앙지방법원 2008. 7. 4. 선고 2007가합98547 판결).

어느 경우이든 법원은 사업시행권 인수만으로 분양계약상 지위가 당연히 시공사에게 이전되는 것은 아니라는 것인바, 사업시행권을 인수하는 경우 해제사유가 발생한 분양자들에 대해서는 시행사 명의로 혹은 시행사를 대위하여 해제 통보를 하고, 분양계약을 이행하고 있는 분양자들에 대해서는 계약 지위 인수에 관한 동의서를 받아 권리관계 또한 명확하게 정리하는 것이 필요하다.[29]

6. 건축심의 등 인허가 절차의 양수

사업계획승인 완료 후 사업시행권 인수가 이루어지는 사안에서는 시행자 변경 외에는 인허가상 문제가 발생할 소지가 크지 않지만 사업계획승인절차가 진행 중인 시점에 사업시행권 인수가 이루어질 때는 기존에 진행된 심의절차

---

[29] 법원은 시행권을 인수하였더라도 특별한 사정이 없는 한 시행자의 채무까지 인수한 것으로는 볼 수 없다는 입장이다(대법원 2011. 9. 8. 선고 2009다24866 판결 등).

등으로 인한 기득권을 주장할 수 있는지 문제가 될 수 있다.

공매절차 등으로 사업부지의 소유권을 취득한 경우 기존 사업시행자가 진행한 건축심의 등의 절차를 승계하여 진행할 수 있는지 아니면 처음부터 절차를 다시 시작해야 하는지는 사업수익에 큰 영향을 미치는 요소이다. 이는 공매의 대상이 단지 사업부지 그 자체인지 아니면 사업부지를 토대로 진행된 인허가권까지 포함되는 것인지와 관련된 쟁점이다. 특히 사업시행권과 같은 인허가권이 자본시장과 금융투자업에 관한 법률(이하 '자본시장법') 제103조 제1항에서 정하는 신탁 대상 재산에 해당하여 공매절차를 통해 사업시행권(기존에 진행된 건축심의절차 등)을 이전받을 수 있는지 문제될 수 있다. 법원은 사업시행권은 자본시장법 제103조 제1항 제6호가 규정하는 '그 밖의 부동산에 관한 권리' 또는 제7호가 규정하는 '무체재산권'에 포함된다고 보고 있다(대법원 2015. 11. 26. 선고 2015다39418 판결 참조).

허가 등의 행정처분은 원칙적으로 처분 시의 법령과 허가기준에 의하여 처리되어야 하고 허가신청 당시의 기준에 따라야 하는 것은 아니며, 비록 허가신청 후 허가기준이 변경되었다 하더라도 그 허가관청이 허가신청을 수리하고도 정당한 이유 없이 그 처리를 늦추어 그 사이 허가기준이 변경된 것이 아닌 이상 변경된 허가기준에 따라서 처분을 하여야 한다(대법원 2006. 8. 25. 선고 2004두2974 판결 등 다수). 물론 허가기준이 강화되는 경우 해당 법률시행 후 최초로 사업시행계획인가 등을 신청하는 사업부터 적용된다는 경과규정이 마련되어 있는 경우가 많으므로[30] 실제 문제되는 사례는 적을 수 있다. 그러나, 사업계획승인이 이루어지기 전의 단계에서는 주택법 등 인허가의 직접적인 근거 법률 외에 환경영향평가 등의 기준이 강화될 수 있으므로 시행권 인수 후 실제 사업을 진행할 때 사이의 시간을 가능한 단축하여 인허가 리스크를 줄이는 노력이 필요하다.

---

30) 사업시행계획인가의 전제가 되는 건축심의가 진행된 경우 사업시행계획인가 등을 신청한 것으로 볼 수 있는지 등이 다투어지고 있는데 지하안전관리에 관한 특별법의 부칙 규정 해석에 관해 수원고등법원 2022. 8. 19. 선고 2022누10593 판결을 참고할 필요가 있다.

7. 사업시행권 인수를 위해 필요한 보전처분 및 관련 소송

한편 사업시행권을 인수함에 있어 사전에 미리 취해 두어야 할 보전소송이 있을 수 있다. 먼저 소송을 통한 사업시행권 인수 전에는 ① 사업부지에 대한 처분금지가처분, ② 사업주체 명의변경금지가처분을 해야 한다. ③ 아울러 변제자력이 없는 시행사라고 하더라도 부가세 환급은 받을 수 있으므로 대위변제로 인한 구상금채권을 피보전권리로 가압류를 해두어야 한다.

다음으로 사업시행권을 인수하는 과정에서 발생할 수 있는 관련 소송에 관하여 살펴보겠다. 원고 소송으로 ① 공사대금청구 소송, ② 대위변제 상당의 구상금청구 소송, ③ 각종 사업경비 대여금 소송이 필요할 수 있다. 피고 소송으로는 ① 공매절차 중지를 구하는 공매절차중지가처분, ② 공매절차가 끝난 뒤 제기되는 소유권이전등기 소송, ③ 기타 시행사의 손해배상청구 소송을 들 수 있다. 그 밖에 수분양자들이 시행사와 시공사를 공동피고로 하여 분양계약 해제에 따른 손해배상·위약금 청구소송을 진행하는 경우도 있다. 나아가 공매절차의 경우에도 건축주명의는 별도의 소송을 제기해야 한다.

V. 기타 관련 쟁점

1. 책임준공의무와의 관계

부동산PF 사업에서는 시공사가 대출금 회수를 위하여 책임준공의무를 부담하는 경우가 많다. 책임준공의무란 불가항력적인 경우를 제외하고, 공사비 지연, 민원 등을 이유로 공사를 중단할 수 없고, 공사기간 내에 준공하여야 할 의무를 지칭한다.

사업시행권 소송을 하면 시행사 측에서는 시공사가 책임준공의무를 위반하여 채무불이행 사유가 발생하였다고 주장하는 경우가 종종 있다. 즉, 시행사의 귀책사유로 채무불이행 사유가 발생하였기 때문에 대위변제와 상관없이 사업시행권 인수 사유는 존재하지 않는다는 것이다.

언뜻 보면 말이 되지만 이는 사업시행권 인수 사유의 핵심을 간과한 것이다.

첫째, 대출약정의 차주, 즉 주채무자는 어디까지나 시행사이다. 따라서 시행사의 주장은 자신의 책임을 연대보증인에게 떠넘기려는 것에 다름 아니다.

둘째, 누구의 귀책사유인지를 불문하고 대출약정상 채무불이행 사유만 발생하면 사업시행권 인수 조건이 충족되는 것이다. 따라서 '차주의 귀책사유로 채무불이행 사유가 발생해야만 사업시행권인수 약정이 효력을 발생한다'는 시행사측 주장은 그 전제부터 잘못된 것이고, 대출약정의 명시적 문언에 정면으로 반하는 것이다.

셋째, 신의칙상으로도 시행사의 주장은 받아들여지기 어렵다. 즉, 주채무자인 시행사를 위하여 수백억 내지 수천억 원에 이르는 천문학적인 금액을 대위변제하였는데 그에 따른 대가를 취득하지 못한다는 것은 사회통념상 용납되기 어렵다.

2. 시행사의 비용정산 내지 수익금 교부요구

사업약정에서는 사업시행권 인수 사유가 발생하여 사업시행권이 시공사에게 이전되는 경우 시행사와 시공사 사이의 정산은 준공 후 사업정산 시 일괄하여 처리하기로 약정하는 경우가 있다.

이에 따라 시행사는 채무불이행으로 인하여 사업시행권이 시공사에게 양도되면서 초기 투입금액(비용)을 정산해 달라고 주장하는 경우가 있을 수 있다. 이에 대해 법원은 시공사는 사업약정에 따라 시행사에게 개발사업의 완료에 따른 정산의무가 있다고 인정하면서도, 시공사는 개발사업의 정산결과 수익이 발생한 경우에만 그 수익을 배분할 의무를 부담할 뿐 시행사가 입은 손해까지 보전해 주어야 할 의무가 없다고 보았다. 이러한 전제에서 법원은 비록 시행사와 시공사 간에 체결된 공사도급계약상 분양수입금을 재원으로 시행사가 투입한 비용을 우선 충당하기로 약정한 경우에도 이는 사업비용의 집행순서를 규정한 것일 뿐 사업 완료 후의 정산순서를 정한 것이라고 보기 어려우므로, 개발사업이 적자로 귀결된 이상 시공사는 시행사에게 초기 투입비용을 정산해 줄 필요가 없다고 판단하였다(서울중앙지방법원 2008. 7. 9. 선고 2007가합 22779 사건).

3. 사업 관계자의 보전처분의 가능성

제3의 채권자들이 신탁해지 시 시행자가 수탁자에 대하여 가지는 소유권이전등기청구권, 신탁수익채권을 가압류하는 경우가 있다.

위와 같은 경우에도 공매는 가능하다. 이러한 가압류는 신탁해지 시 수탁자가 위탁자에게 소유권이전등기를 하는 것을 금지하는 것이지, 수탁자의 제3자에 대한 처분을 금지하는 것이 아니기 때문이다(가압류의 상대적 효력).

순차 소유권이전등기 소송에서는 가압류를 해지해야 한다. 시공사 명의로 소유권이전등기를 가져오기 전 단계인 시행사로의 소유권회복이 불가능하기 때문이다. 그러나 이러한 문제는 시행사로부터 위탁자의 지위를 이전받아 위탁자 자체를 변경하는 방식으로 해결할 수 있다. 앞에서도 살펴본 것처럼 위 가압류는 신탁해지 시 수탁자가 위탁자에게 소유권이전등기를 하는 것을 금지하는 것이기 때문에, 시행사가 신탁계약상의 지위 자체를 시공사에게 이전하는 행위를 금지하는 것은 아니기 때문이다.

제3절 부동산 개발사업과 도산

I. 들어가는 말

부동산 개발사업의 PF 관련 당사자, 즉 차주인 시행사, 책임준공의무 등을 부담하는 시공사, 그리고 저축은행 등 대주에 대한 워크아웃, 회생, 파산 등의 절차가 개시되는 사례가 종종 있고 PF 약정 등 체결시 이러한 경우를 대비하여야 한다. 따라서 부동산 개발사업에서는 도산과 관련한 쟁점들을 늘 염두에 둘 필요가 있다.

II. 도산절차 개관

1. 워크아웃/회생/파산절차의 구분

(1) 워크아웃절차

워크아웃(Workout)이란 법원이 관여하지 않고 금융채권자들이 자율적으로 협의하여 채무의 구성이나 상환 일정을 조정해주는 등의 방식으로 기업의 회생을 도모하는 사적인 공동관리절차이다. 워크아웃은 주로 「기업구조조정촉진법」(이하 '기촉법')에 따라 이루어지고 있다.[31] 이하에서는 주로 기촉법에 따른 워크아웃절차에 대하여 살펴보도록 한다.

워크아웃절차는 주채권은행이 소집한 금융채권자협의회(이하 '협의회')에서 공동관리절차의 개시를 의결할 때 시작된다. 금융채권자들은 주채권은행을 중심으로 협의회를 구성하여 당해 기업에 대한 공동관리절차를 개시하게 된다(기촉법 제11조).

종래에는 워크아웃절차에 참여하는 채권자를 채권금융기관으로 한정하였으나, 현재에는 기업 또는 타인에 대한 신용공여로 해당 기업에 대하여 행사할 수 있는 채권인 금융채권을 보유한 자(금융채권자)로 확대하였다.

공동관리절차가 개시되면 주채권은행은 채무조정, 신규 신용공여, 공동관리기업의 자구계획 등이 포함된 기업개선계획을 작성하여 협의회에 제출하고(기촉법 제13조), 협의회에서 의결이 되면 협의회는 공동관리기업과 기업개선계획의 이행을 위한 약정을 체결한다(기촉법 제14조). 이후 주채권은행은 약정의

---

31) 법률 제19852호로 2023. 12. 26. 제정되고 2013. 12. 26. 시행된 현재 유효한 기업구조조정촉진법을 기준으로 설명한다.

이행실적을 분기별로 점검하여 그 결과를 협의회에 보고하고, 기업개선계획의 진행상황을 연 1회 이상 공개한다(기촉법 제15조).

금융채권자(채권매수청구권을 행사한 반대채권자 제외)는 협의회 의결사항을 성실히 이행하여야 한다(기촉법 제28조 제1항). 기촉법이 적용되지 않는 채권자들은 당해 기업의 워크아웃절차 및 금융채권자들의 협의 또는 약정 내용과 무관하게 자신의 채권을 그대로 행사할 수 있다.

(2) 회생절차

회생절차는 「채무자 회생 및 파산에 관한 법률」(이하 '채무자회생법')에 따라 법원의 감독하에 진행되는 공적인 채무조정절차로, 법원에 회생절차 개시신청을 한 후 절차가 개시되면 법원에 회생계획안을 제출하여 이를 인가받음으로써 기업의 경제적 갱생을 도모하게 된다.

채무자에 대하여 회생절차가 개시되면 법원의 허가를 받지 않는 한 채무자의 채무변제행위는 금지된다(채무자회생법 제61조 제1항). 또한 원칙적으로 담보권자를 비롯한 모든 채권자는 개별적으로 채무자의 재산에 대하여 강제집행을 진행할 수 없고, 이미 개시된 강제집행절차는 중지된다(채무자회생법 제58조).

회생절차 진행에 따라 채권자, 주주 등 이해관계인의 법률관계를 조정하는 내용의 회생계획안이 작성되는데, 회생계획안에는 특정 채권자에 대한 채무의 일부는 변제하고 나머지는 출자전환한다는 내용 및 변제기를 유예하는 등의 내용이 포함된다. 회생계획안이 관계인집회에서 가결되어 법원이 회생계획안을 인가하면, 채무자가 부담하고 있는 모든 채무의 내용은 회생계획안에 따라 변경된다. 따라서 이후 채무자는 인가된 회생계획에서 정한 바에 따라 채무를 변제하여야 하며, 결과적으로 채권자는 총 채권액 중 일부만 변제받게 될 수 있다.

(3) 파산절차

파산절차는 채무자에게 지급불능이나 지급정지, 채무초과 등의 파산 원인이 발생한 경우 채무자의 재산을 공정하게 환가, 배당하여 채권자 전체의 이익을 극대화하기 위한 절차이다.

채권자 또는 채무자의 신청으로 채무자가 지급불능 또는 채무초과의 상태에 있다고 인정되면 파산선고를 하게 된다(채무자회생법 제305조). 파산선고의 효과는 재판의 확정을 기다리지 않고 선고 즉시 발생한다(채무자회생법 제311조). 파산선고에 의하여 파산절차가 개시되면 파산자가 그 때 소유하고 있는 일체의 재산은 원칙적으로 '파산재단'을 구성하고(채무자회생법 제382조), 파산선고와 동시에 선임된 파산관재인에 의하여 그 관리·처분이 행하여지게 된다(채무자회생법 제384조).

파산선고 전에 파산채권에 기하여 파산재단 소속의 재산에 대하여 한 강제집행, 보전처분은 파산재단에 대하여는 그 효력을 잃게 된다(채무자회생법 제348조 제1항 본문). 다만 저당권자 등 별제권자는 파산절차에 의하지 아니하고 자신의 별제권을 행사할 수 있으므로(채무자회생법 제412조), 파산재단 소속 재산에 관한 저당권 등의 담보권실행경매는 파산선고가 있어도 실효하지 않고, 채무자의 지위가 파산관재인에게로 승계되어 계속 진행된다.

파산선고일로부터 4개월 이내에 제1회 채권자집회를 개최하여 영업의 폐지 또는 계속 등에 관한 결의를 할 수 있으며(채무자회생법 제312조 제1항, 제489조), 파산관재인은 장래 배당의 기초가 될 채권액을 확정하는 채권조사 및 환가를 마친 후 환가 대금을 채권자에게 배당하게 된다.

2. 워크아웃절차와 회생절차의 주요 차이점

워크아웃절차는 금융채권자들의 사적인 협약에 의하여 채권자들이 감독하는 절차이며, 회생절차 및 파산절차는 법원의 감독하에 이루어지는 절차라는 점에서 본질적인 차이가 있다. 아래에서는 워크아웃절차와 회생절차, 회생절차와 파산절차의 차이에 대하여 살펴보도록 한다.

(1) 신청단계의 차이(신청에 있어 채무자의 권리)

회생절차는 채무자, 채권자, 주주 등이 모두 신청할 수 있다. 보통 채무자가 재정적 파탄을 이유로 신청하는 것이 대부분이며, 회생절차개시신청 직후 이루어지는 보전처분명령과 포괄적 금지명령에 의하여 채무자는 기존 채무 변제, 담보 제공, 재산의 처분 등의 행위를 하지 못하고, 채권자도 채무자에게 강제집행 등을 하지 못하게 된다.

워크아웃절차는 현실적으로는 채무자가 주채권은행에 신청을 하여 시작하는 모습으로 나타나지만, 논리적으로는 주채권은행이 협의회에 신청을 하여 협의회에서 공동관리를 결의할 때 비로소 시작된다. 따라서 워크아웃절차는 채무자가 신청하였다고 해서 반드시 받아들여지는 것은 아니며, 주채권은행은 채무자의 신용을 조사한 후 채권자로서 법원에 회생절차개시신청 내지 파산신청을 할 수도 있다.

특히 금융채권자끼리 이해가 대립되는 경우라고 한다면, 회생절차는 보전처분명령, 포괄적 금지명령, 회생절차개시의 효력에 의하여 그 채권변제와 관련한 문제를 깔끔하게 처리할 수 있다는 장점이 있다.

(2) 개시결정효력의 차이

회생절차가 개시되면 채무자의 재산의 관리처분권은 모두 관리인에게 귀속하며, 회사의 채무변제와 모든 채권자의 강제집행(보전처분 포함)절차가 중지된다.

하지만 워크아웃절차의 경우 1차 협의회 소집 이후 채권행사유예기간이 결정되면 금융채권자에 대한 채권 상환이 유예될 뿐이다. 따라서 워크아웃절차에 구속되지 않는 채권자의 청구를 피할 수 없다.

따라서 회생절차는 각자의 이익이 상충하는 다양한 채권자가 다수로 존재할 때에는 워크아웃절차보다 유리할 가능성이 높다.

(3) 갱생방안의 차이(구속력)

회생절차의 경우 회생계획의 이행을 경제적 갱생의 방안으로 규정하고 있다. 이 회생계획은 관계인집회에서 다음과 같은 요건하에 가결된다.

① 회생채권자조: 의결권의 총액의 3분의 2 이상 동의
② 회생담보권자조: 의결권의 총액의 4분의 3 이상 동의(청산을 목적으로 하는 계획안의 경우 5분의 4 이상 동의)
③ 주주·지분권자조: 의결권의 총수의 2분의 1 이상 동의

따라서 회생계획안은 앞서와 같은 동의요건을 모두 갖추었을 경우 가결되고, 법원의 인가결정을 통해 그 효력이 발생한다. 즉, 회생계획안은 그 효력이 발생할 때까지 관계인집회에서의 가결과 법원의 인가라는 다소 복잡한 절차를 거쳐야 한다.

하지만 일단 효력이 발생한 회생계획은 확정판결과 같은 효력이 있다. 즉, 특별한 사정이 발생하여 이를 변경(회생계획변경인가절차)하여야 하는 예외적인 경우를 제외하고는 법적인 구속력을 갖는다는 점이 안정적인 갱생절차를 진행하는 데 도움이 된다고 평가되고 있다.

워크아웃절차의 경우 채무자는 협의회와 기업개선계획의 이행을 위한 약정을 체결하여 이를 이행하게 된다. 그러나 그 이행여부에 대한 판단은 주채권은행이 점검하여 협의회에 보고하게 되며 협의회의 판단에 의하여 공동관리절차를 중단할 수 있고, 채무자에 대하여 채권자로서 법원에 회생절차를 신청할 수도 있다. 이 경우 채무자는 처음부터 회생절차를 신청하는 것보다 더 경제적 여건이 악화된 상황에서 도산절차에 들어갈 수밖에 없으므로 회생절차에서의 경제적 갱생도 어려워질 가능성이 있다.

회생절차의 경우 회생계획이라는 확정적 구속력이 있는 절차에 의하여 경제적 갱생을 도모할 수 있어 보다 안정적이라고 할 수 있다.

(4) 주주(연대보증인)에 대한 집행의 차이

회생절차의 경우 기존 채권을 면책·재조정하는 회생계획의 효력이 채무자의 보증인 그 밖에 회생절차가 개시된 채무자와 함께 채무를 부담하는 자에 대하여 가지는 권리 및 물상보증인에게는 미치지 않는다(채무자회생법 제250조 제2항). 따라서 기존 주주의 경우 채무자의 연대보증인이나 물상보증인으로 담

보를 제공하였을 경우 그에 대한 채권자의 권리 행사는 피할 수 없다.

하지만 워크아웃절차의 경우 위 채무자회생법 제250조 제2항과 같은 규정을 두고 있지 않기 때문에, 달리 특별한 합의가 없는 한 민법상 일반 부종성의 법리(민법 제430조)에 따라 보증인의 부담이 워크아웃절차에 따라 축소, 감경된 주채무의 내용에 따라 조정될 수 있다(대법원 2004. 12. 23. 선고 2004다46601 판결).

(5) 기 타

이외에도 회생절차와 워크아웃절차는 주주권 보호, 신규자금 유치방법 등에서 차이가 있다.

한편, 회생절차와 관련하여, 회생절차개시신청부터 회생절차개시결정까지 채무자와 채권자들 사이에 자율적인 구조조정(Autonomous Restructuring)을 할 기회를 보장하고 그와 관련한 협의가 원활하게 이루어지도록 지원하는 프로그램인 ARS 프로그램 제도가 있다. ARS 프로그램 신청이 있는 경우 법원은 회생절차 개시여부 결정을 보류하게 되는데, 보류기간은 1개월로 하되 3개월까지 연장될 수 있다. 해당 기간 중 채무자와 채권자들 사이에 구조조정에 대한 합의가 이루어질 경우 회생절차는 취하된다. 다만 합의를 하지 않은 나머지 채권자들에게는 구속력이 없다는 점에서, 합의 참여자들의 구조조정에 대한 합의로 채무자의 구조조정이 실질적으로 가능한 수준이어야 할 것으로 보인다.

3. 회생절차와 파산절차의 주요 차이점

(1) 절차의 목적

회생절차는 재건형 절차로서 채무자의 회생을 목적으로 하는 반면, 파산절차는 청산형 절차로서 채무자의 자산을 처분·환가하여 채권자에게 배분하는 것을 목적으로 한다.

(2) 절차상의 차이

회생절차와 파산절차는 절차상 다음과 같은 차이가 있다.

	회생절차	파산절차
신청권자	① 채무자 ② 채권자(자본금의 10% 이상) ③ 주주·지분권자(10% 이상)	① 채무자 ② 채권자(제한 없음) 무한책임사원 또는 이사
신청 요건	① 변제 불능 ② 파산원인이 생길 염려	① 채무자의 지급불능(ㄱ지급정지) ② 채무자의 채무초과
보전 처분	① 보전처분 ② 중지명령 ③ 포괄적 금지명령	보전처분 가능 (중지명령, 포괄적 금지명령 ×)
관리인	일반적으로 채무자, 또는 채무자의 대표자를 관리인으로 선임	일반적으로 변호사를 파산관재인으로 선임
관리인 권한	① 부인권 ② 선택권(미이행雙무계약) ③ 관리·처분권	① 부인권 ② 선택권(미이행雙무계약) ③ 관리·처분권
책임재산 범위	회생개시 전후로 구분하지 않음	파산재단/자유재산
채권 종류	회생채권/회생담보권/공익채권	파산채권/별제권/재단채권
담보권자 지위	회생담보권자	별제권자

(3) 담보권자의 지위

회생절차와 파산절차에서 담보권자의 지위는 다음과 같은 차이가 있다.

	회생절차	파산절차
담보권의 취급	회생담보권	별제권
중지명령, 포괄적 금지 명령	○	×
도산절차	회생담보권자라도 회생계획에 의	파산절차로부터 분리되어 파산절차

참가	하지 아니한 권리행사는 금지됨 (채무자회생법 제58조 제1항)	에 따르지 아니하고 담보권을 행사하여 우선적으로 변제를 받을 수 있음 (채무자회생법 제412조)
도산절차 개시로 인한 효과	담보권 실행 중 회생절차개시신청이 있는 경우: 법원은 중지명령을 통해 담보권의 실행절차에 대해 중지를 명할 수 있음 (채무자회생법 제58조)	담보권 실행 중 파산신청이 있는 경우: 법원은 담보권 실행을 중지할 수 없음
담보권의 만족	회생계획에 따라 담보권자의 권리 내용이 변경될 수 있음	별제권 행사에 의해 변제를 받을 수 없는 채권액 → 파산채권자로서의 권리 행사는 가능 → 소정의 파산신고 기간 내에 별제권의 목적 및 예상부족액 신고 (채무자회생법 제447조 제2항)

Ⅲ. 시행사 도산 시 주요 문제

1. 시공사의 지급보증/채무인수

우리나라의 경우 시공사의 연대보증, 채무인수, 손해담보 약정 등을 통해 차주의 신용을 보강하는 경우가 많다. 그런데 시행사가 도산절차에 들어간 경우 시공사의 지급보증, 채무인수의 범위는 어떻게 될 것인지 문제된다.

시행사에게 워크아웃절차가 개시된 경우 채무인수는 채무의 '동일성'이 유지되면서 채무가 인수인에게 이전되는 것이고, 인수인은 전 채무자의 항변할 수 있는 사유로 채권자에게 대항할 수 있으므로(민법 제458조), 법률이나 약정상 예외규정이 없는 경우 주채무가 워크아웃절차에 따라 감액 또는 유예되는 경우 채무인수인의 채무도 변경된다고 보여진다.

하지만 시행사에게 회생절차가 개시된 경우에는 시행사의 주채무가 회생계획에 따라 변경되더라도 채무자회생법 제250조 제2항 제1호에 따라 시공사의 채무인수의 내용은 변경되지 않을 것으로 생각된다.

2. 신탁의 우선수익권 행사

회생 및 워크아웃절차에서, 근저당권, 질권, 양도담보권 등 일반 담보권의 경우 채권자는 담보에도 불구하고 채권액이 조정될 수 있다(채무자회생법 제193조, 기촉법 제17조).

그런데 PF 사업장의 경우 사업부지 등이 신탁되어 있고, 대출금융기관, 시공사 등이 우선수익자로 지정되어 있는 경우가 많다. 신탁부동산은 시행사, 시공사의 회생절차와 무관하게 수탁자가 신탁계약에 따라 처분, 환가하여 우선수익자에게 수익 지급이 가능하다. 위탁자가 회생절차에 들어가기 전에 수탁자와 부동산관리신탁계약을 체결하고, 위탁자 소유의 부동산에 관하여 수탁자 앞으로 신탁을 원인으로 한 소유권이전등기를 하여 소유권을 수탁자에게 대내외적으로 이전한 다음 위탁자의 채권자를 위하여 우선수익권을 부여하였다면, 수탁자는 결국 위탁자를 위한 물상보증인과 같은 지위에 있게 되어 채무자회생법 제250조 제2항 제2호 소정의 "채무자 이외의 자가 회생채권자 또는 회생담보권자를 위하여 제공한 담보"에 해당하므로 회생계획에 의하여 아무런 영향을 받지 않는 것으로 해석되고 있으며, 판례 역시 회사정리절차에 관한 사건에서 신탁재산에 대하여는 정리계획의 효력이 미치지 않는다고 판시하였다(신탁자의 채권자에게 우선수익권을 부여한 경우에 관한 판례로는 대법원 2001. 7. 13. 선고 2001다9267 판결, 신탁자의 채권자에게 근저당권을 설정해 준 경우에 관한 판례로는 대법원 2003. 5. 30. 선고 2003다18685 판결). 채무자회생법상 회생절차는 회사정리절차를 기본골격으로 하여 부분적으로만 개선·보완한 것이므로 위 판례의 법리는 회생절차에서도 그대로 유지될 것이다.

다만 기촉법에 따른 워크아웃절차의 경우 위와 같이 제3자가 제공한 담보를 제외하는 규정이 없고, 주채권은행을 중심으로 한 협의회와 감독당국에 의해 진행되기 때문에 대상 기업의 경영정상화를 위해 필요한 경우 신탁된 부동산의 우선수익권의 행사가 제한될 가능성이 있다. 다만, 채무조정에 관한 협의회의 의결은 권리의 순위를 고려하여 공정하고 형평에 맞게 이루어져야 하므로(기촉법 제17조 제1항 후문), 구체적 채무조정 등의 과정에서 위 우선수익권이 충분히 고려되어야 할 것으로 보인다. 실무적으로는 개별 PF사업장별 처리방안에 대한 합의시 해당 사업장의 신탁된 부동산을 제외하고 합의하는 것은 사실상 생각하기 어렵기 때문에 신탁된 부동산의 우선수익권은 합의 내용에 따라 행사하게 될 것으로 보인다.

Ⅳ. 시공사 도산 시 주요 문제

1. 공사도급계약 해지 - 쌍방 미이행 쌍무계약 해제권, 도산해지 조항

시공사의 회생절차 개시를 시공권 포기, 유치권 포기 사유로 명시하는 것은 관리인의 미이행 쌍무계약의 해제권 침해로 인한 논란이 있다.

(1) 관리인의 미이행 쌍무계약 해제권

이행을 완료하지 않은 쌍무계약의 경우 회생절차 개시결정이 되면, 민법 등에서 정한 계약해제사유가 없더라도 관리인은 그 계약을 해제·해지할 수도 있고, 채무자의 채무를 이행하고 상대방의 채무이행을 청구할 수도 있다(채무자회생법 제119조 제1항 본문). 시행사와 시공사 사이의 진행 중인 공사도급계약, 시행사와 수분양자 사이의 건축물 분양계약이 전형적인 쌍방 미이행 쌍무계약의 예로 언급된다.

쌍방 미이행 쌍무계약에 대하여 해지, 해제권을 행사할 수 있는 자는 관리인뿐이고, 그 해지, 해제권의 행사에 다른 사유가 필요한 것은 아니다. 관리인이 계약을 해지, 해제하는 경우에는 상대방은 손해배상채권에 관하여 회생채권자로서 그 권리를 행사할 수 있을 뿐이다(채무자회생법 제121조 제1항).

(2) 도산해지조항

도산해지조항이란 "당사자 사이에 계약을 체결함에 있어서 당사자 일방에게 채무불이행사유가 없음에도 지급정지나 파산, 회생절차의 개시신청 사유가 발생하는 경우 등 도산과 관련된 사유가 발생한 경우에 상대방에 대하여 당해 계약의 해제 또는 해지권을 유보하는 특약을 정하는 경우"를 말한다. PF 사업장에서 시공사의 워크아웃, 회생절차 사유 발생을 공사도급계약의 해지 또는 해제 사유로 정하거나 시공권 포기 사유로 특약하는 경우에 문제가 될 수 있다. 도산해지조항은 계약 당사자가 지급불능상태에 빠진 상대방과 계약관계를 유지하는 것에 대하여 불안감을 느끼기 때문에 이용하는 것인데, 그 효력을 인정하는 경우 채무자의 회생에 큰 지장을 초래할 수도 있다.

(3) 양자의 관계

PF 약정 관련 시공권포기각서상에 시공사에게 부도사유가 발생하는 경우 시공권을 포기하여야 하는 것으로 규정하거나 공사도급계약서상에 시공사에게 부도 사유가 발생하는 경우 공사도급계약을 해지할 수 있는 것으로 규정하는 경우가 있는바, 이러한 도산해지조항이 미이행 쌍무계약인 공사도급계약에 관한 관리인의 이행 또는 해지의 선택권을 침해하여 회생절차의 목적과 취지에 반하게 되므로, 무효로 보아야 하는 것은 아닌지 문제가 될 수 있다.

대법원은 합작투자계약의 당사자 일방에 대하여 회생절차가 개시된 사안에서 일반론으로 도산해지조항의 효력을 긍정하는 취지의 판시를 한 바 있다. 대법원은 회생절차의 목적과 취지에 반한다는 이유만으로 도산해지 조항을 일률적으로 무효라고 할 수 없다고 하면서도, 쌍방 미이행의 쌍무계약의 경우에는 계약의 이행 또는 해제에 관한 관리인의 선택권을 부여한 구 회사정리법 제103조의 취지에 비추어 도산해지조항의 효력을 무효로 보아야 한다거나 아니면 적어도 정리절차 개시 이후 종료 시까지의 기간 동안에는 도산해지조항의 적용 내지는 그에 따른 해지권의 행사가 제한된다는 등으로 해석할 여지가 없지는 않을 것이라 판시하였다(대법원 2007. 9. 6. 선고 2005다38263 판결).

서울중앙지방법원 파산부는 쌍방 미이행 쌍무계약에 관하여 도산해지 조항의 효력을 원칙적으로 부정하여야 한다는 입장이다. 쌍방 미이행의 쌍무계약에 관하여 도산해지 조항의 효력을 인정한다면 상대방에게 회생절차 개시 이전

에 항상 해제권이 발생하여 법이 관리인에게 계약의 이행 또는 해제의 선택권
을 부여한 의미가 몰각된다는 것을 그 이유로 한다.

2. 하도급대금의 직접지급

시공사에 대하여 회생절차가 개시되는 경우, 대부분은 하도급대금을 체불
하고 있는 것이 일반적이고, 하도급업체는 유치권을 보유하게 되므로 입주 시
에 유치권자인 하도급업자가 입주를 방해할 우려가 있다.

「하도급거래 공정화에 관한 법률」(이하 '하도급법'), 건설산업기본법, 근로기
준법은 "지급정지·파산 그 밖에 이와 유사한 같은 사유"가 있을 때 발주자의
하도급대금 직접지급 의무가 발생한다고 규정하고 있다(하도급법 제14조 제1항
제1호, 건설산업기본법 제35조 제2항 제4호 등). 그렇다면 회생절차도 하도급대금
직접지급 사유가 될 수 있는지 문제가 된다. 발주자가 수급사업자에게 하도급
대금을 직접지급하면 원사업자의 발주자에 대한 대금지급채무가 소멸하게 되
므로, 채무자회생법 제131조에 따른 회생채권 소멸금지의 원칙과 상충하는 측
면이 있기 때문이다.

판례는 영세한 수급사업자의 보호를 위해 원사업자가 파산한 경우에 인정
되는 이러한 직접청구제도가 원사업자에 대하여 회생절차가 개시된 경우라 하
여 배제될 이유는 없고, 특히 회생절차에 있어서는 채권자가 회사재산에 대하
여 가지는 청산가치 이상의 변제가 보장되어야 한다는 점에서 보더라도 수급사
업자가 원사업자의 파산의 경우보다 불리하게 취급되어서는 안 된다는 이유로,
원사업자에 대하여 회생절차가 개시된 경우 채무자회생법 제131조의 규정에
의하여 하도급법 제14조의 적용이 배제되어야 한다고 볼 수 없다는 입장을 취
하고 있다(대법원 2007. 6. 28. 선고 2007다17758 판결, 서울중앙지법 2010. 7. 7. 선고
2009가합37669 판결).

다만, 기촉법에 따른 워크아웃의 경우 위와 같은 "지급정지·파산 그 밖에
이와 유사한 같은 사유"에 해당하는지에 대한 명시적인 판례는 없으며 위 사유
정도의 영향을 미치는지 등에 대한 의문이 있기 때문에, 당사자 사이에 별도의

합의서 체결이 필요할 것으로 보인다(하도급거래 공정화에 관한 법률 제14조 제1항 제2호, 건설산업기본법 제35조 제2항 제1호).

3. 신용보강 약정에 대한 부인권 행사의 문제

도산절차에 들어간 건설회사가 PF 사업과 관련하여 체결한 신용보강 약정에 대해 도산법상 부인권 행사가 가능한지 논의가 있다.

판례는 무상부인의 대상이 되는 무상행위를 폭넓게 인정하고 있다. 즉, 무상행위란 "채무자가 대가를 받지 않고 재산을 감소시키거나 채무를 증가시키는 일체의 행위로서 그 행위의 대가로 직접적이고 현실적인 경제적 이익을 받지 않는 경우"를 의미한다는 것이다. 그 결과, 회생회사가 주채무자를 위하여 보증을 제공한 것이 채권자의 주채무자에 대한 출연의 직접적 원인이 되는 경우에도 회생회사의 보증행위와 이로써 이익을 얻은 채권자의 출연 사이에는 '사실상의 관계'가 있음에 지나지 않는다고 보아, 보증행위를 원칙적으로 무상행위로 보고 있다. 대법원은 보증의 유상성 인정요건인 '직접적이고 현실적인 경제적 이익'도 매우 좁게 해석하여, 100% 자회사가 수행하는 사업의 자금조달을 돕기 위해 모회사가 보증을 제공한 경우에도 '직접적이고 현실적인 경제적 이익'을 인정할 수 없다고 보고 있다(대법원 2008. 11. 27. 선고 2006다50444 판결). 이러한 해석에 의하면 '보증행위'가 무상부인권 행사를 면할 가능성이 매우 희박해질 수밖에 없다.

하지만 PF 사업 관련 신용보강 약정을 위와 같은 '보증행위'의 한 유형으로 평가하여 무상부인의 대상으로 삼을 수 있을지에 관해서는 큰 의문이 있다. PF 사업 관련 신용보강 약정은 "어떠한 경제주체가 제3자의 채무에 관하여 대가 없이 같은 내용의 채무부담을 약속한다"는 전형적인 보증과는 성격이 같다고 보기 어렵기 때문이다. 통상 신용보강을 약정하는 주체는 해당 PF 사업의 성공에 관하여 가장 큰 이해관계를 가지고 있거나 그 사업의 성패를 좌우할 수 있는 키(key)를 쥐고 있다. 따라서 형식적인 사업 주체(통상 시행자)를 차주로 삼아 사업자금을 조달함에 있어 실질적 자력이 있거나 사업의 성패에 결정적 영향을 미칠 수 있는 주체가 신용보강을 약속하는 것은, 그 PF 사업의 개시 및 진행을 위한 핵심적인 기초가 된다. 이러한 신용보강의 주체는 그와 같은 약정을 통해 PF 사업자금을 조달할 수 있고 다른 사업주체들의 참여를 이끌어 낼 수 있는 것이며, 비로소 해당 사업에 참여하여 사업활동을 영위할 수 있게 되는 것이다. 따라서 신용보강 약정의 무상행위 여부 판단 기준이 되는 '대가'는 단순히 자금보충 또는 채무인수라는 전체 약정의 일부분만을 잘라내어 평가해서는 안 되며, "사업 전체, 사업 관련 약정 일체에 대한 총체적 분석"이 필요하다.

회생법원은 대체로 전체 PF 사업 구조 및 자금보충자의 이해관계를 고려하여 자금보충약정이 무상행위에 해당하지 않거나 설사 그렇지 않더라도 상당성 요건을 인정하여 부인권 행사가 허용되지 않는다고 판단해 왔다(서울중앙지방법원 2014. 6. 30.자 2014회확791 결정 등 참조).

그런데 최근 법원은 대여형 자금보충약정의 형식에 착목하여 위 약정을 '후순위 상환조건부 금전소비대차(대여)계약'으로 파악하고, 채무자회생법 제119조가 정한 '쌍방 미이행 쌍무계약'으로서 관리인이 이행 또는 해제(지)를 선택할 수 있다고 판시하였다(서울고등법원 2015. 6. 19. 선고 2014나47513 판결, 서울고등법원 2015. 11. 13. 선고 2015나2030402 판결[32]). 이러한 해석에 따르면 대여형 자금보충약정은 자금보충자에 대해 회생절차가 개시될 경우 신용보강 장치로서의 기능을 수행할 수 없게 될 가능성이 높아지게 된다.

V. 워크아웃에서의 PF 사업장에 대한 처리

1. 기업개선계획 이행 약정

금융채권자협의회의 주채권은행과 시공사는 금융채권자협의회의 안건으로 상정되어 의결된 기업개선계획 이행약정서를 체결함으로써 시공사의 경영

---

32) 다만 이 사건들은 상고심에서 상고취하, 소취하로 종료되었다.

정상화를 위한 방안을 확정하고 그에 따라 경영정상화를 도모하게 된다.

이와 같이 금융채권자협의회에서 결의된 의결의 효력과 관련하여 기촉법에서는 금융채권자들에게 의결한 사항을 성실히 이행할 의무를 규정하고 있다(기촉법 제28조). 대법원은 "당해 기업에 대한 채권금융기관들로 구성된 협의회를 소집하여 기업개선작업안을 의결하고, 나아가 주채권은행이 협의회 소속 다른 채권금융기관들의 대리인 겸 본인으로서 당해 기업과 위와 같이 확정된 의결 내용을 이행하기 위한 기업개선작업약정을 체결하는 방식의 일종의 사적 정리에 관한 사전합의(기업구조조정협약)가 이루어진 상태에서, 채무자인 특정 기업에 대하여 부실징후가 발생하여 주채권은행이 사전합의된 바에 따라 관련된 채권금융기관들의 협의회를 소집하여 기업개선작업안을 의결하고 이어 주채권은행과 당해 기업 사이에 그 의결 사항의 이행을 위한 기업개선작업약정이 체결되었다면, 이는 위와 같은 사전합의에 따른 것이어서 그 약정에 따른 채권재조정 등 권리변경의 효력은 금융채권자협의회의 구성원으로서 결의에 참여하여 기업개선작업안에 반대한 채권금융기관에도 당연히 미친다(대법원 2007. 4. 26. 선고 2004다27600 판결)"고 판시한 바 있다.

다만 최근 대법원 판결은 "기촉법에 따른 신규 신용공여 계획의 수립에 관한 협의회의 의결은 협의회와 부실징후기업 사이의 이행약정에 포함될 경영정상화계획의 내용을 결정하기 위한 것으로서 특별한 사정이 없는 한 채권금융기관 사이의 신용공여계획이행에 관한 청구권을 설정한 것으로 볼 수 없으므로, 신용공여계획에 관한 협의회의 의결을 이행하지 아니하는 채권금융기관이 다른 채권금융기관에 대하여 기촉법 제21조에 규정된 손해배상책임을 부담할 수 있음은 별론으로 하고, 협의회의 의결 자체로 채권금융기관이 다른 채권금융기관에 대하여 신용공여 계획의 이행을 청구할 권리를 갖게 된다고 할 수는 없다."고 판시하면서, "채권금융기관협의회가 부실징후기업과 체결한 이행약정에 정해진 사항이 채권재조정과 같이 이행약정 자체로서 권리, 의무를 설정하거나 변경 또는 소멸시키는 것에 해당하지 아니하고 대출계약이나 지급보증계약의 체결에 의한 신용공여와 같이 향후 별도의 계약체결을 예정한 계획에 해당하는 경우에는, 이행약정의 당사자 사이에서 이행약정만으로 경영정상화계획으로 예정된 별도의 계약이 체결된 것이나 다름없는 법적 구속력을 부여하려는 의사가 있었다고 볼 수 없으므로, 부실징후기업이나 채권금융기관이 이행약정에 기하여 다른 채권금융기관에 대하여 신용공여 계획의 이행으로서 대출계약 등을 체결하거나 그에 관한 의사표시를 하도록 청구할 권리를 갖는다고 할 수도 없다"고 판시한 바 있다(대법원 2014. 9. 4. 선고 2013마1998 결정). 따라서 의결 등 대상에 따라 구속력이 달라지는 부분이 있으므로 이를 유의할 필요가 있다.

워크아웃 시공사에 대한 기촉법에 따른 협의회 구성 및 운영에 관한 규정, 절차 등은 실무적으로 기촉법, 기촉법 시행령, 기업구조조정 촉진을 위한 금융기관 감독규정, 워크아웃 건설사 경영정상화계획 이행약정(MOU) 개선을 위한 가이드라인, PF대주단협의회 운영협약에[33] 정해진 바를 따르게 된다. 건설사에 대한 워크아웃 절차에 따른 기업개선계획 수립시 개별 PF사업장의 경우 개별 사업장별로 처리방안을 수립하도록 하고 이를 최대한 반영하는 것으로 보이고, 이와 같은 개별 사업장별 처리방안 수립시 위 워크아웃 건설사 경영정상화계획 이행약정(MOU) 개선을 위한 가이드라인과 PF대주단협의회 운영협약에 따른 절차를 진행한다.

이하에서는 워크아웃 건설사 경영정상화계획 이행약정(MOU) 개선을 위한 가이드라인의 주요 내용을 살펴보기로 한다.[34] 실무적인 절차 진행 등은 PF대주단협의회 운영협약을 함께 살펴볼 필요가 있다.

---

33) PF대주단협의회 운영협약은 금융채권자 조정위원회 사이트에서 확인할 수 있다.

34) 워크아웃 건설사의 유동성 부족시 주채권은행은 PF 대주단이, PF 대주단은 시공사 채권금융기관이 지원해야 한다고 주장하는 등 양자간 이견 발생으로 일부 건설사가 적기에 자금이 지원되지 못해 회생절차를 신청하는 사례 등이 발생함에 따라 금융감독 당국은 유사사례 방지 등을 통한 워크아웃 건설사의 원활한 경영정상화를 도모하기 위해 주요 채권은행 등과 가이드라인을 마련하였고(2012. 8. 22., 금융감독원, '워크아웃 건설사 경영정상화계획 이행약정 (MOU) 개선을 위한 가이드라인 마련·시행'), 해당 가이드라인은 전국은행연합회 여신전문위원회 의결을 거쳐 시행되었다, 주채권은행을 포함한 은행은 위 위원회 의결에 따른 의무를 부담한다. 해당 가이드라인 시행 이후 이행성 보증은 신규자금 지원 대상에서 제외되는 등의 개정이 이루어진 것으로 보인다(본 책자에서는 애초 시행된 가이드라인 내용 중심으로 살펴보기로 한다).

2. 워크아웃 건설사 경영정상화계획 이행약정(MOU) 개선을 위한 가이드라인

(1) PF 사업장별 처리방안 및 향후 소요자금 내역 확정

1) 처리방안 마련을 위한 실사진행

□ 건설사에 대한 워크아웃이 개시되는 경우 주채권은행은 채권금융기관 협의회 의결을 거쳐 主 회계법인과 副 회계법인 등 2개의 별도 회계법인을 선정하여 회계실사를 진행한다. 다만 건설사 규모 등을 감안하여 1개 회계법인으로 신속한 실사가 가능한 경우 1개 회계법인만 선정할 수 있다.

□ 主 회계법인은 건설사에 대한 실사를 진행하고 副 회계법인은 워크아웃 건설사가 시공사로 참여하고 있는 PF사업장에 대한 실사를 진행하되 主 회계법인이 副 회계법인과 협의를 통해 실사의 범위, 방법 등을 결정하도록 한다.

□ 실사결과는 主 회계법인이 副 회계법인의 PF사업장 실사결과를 검토·취합하여 건설사 PF사업장 처리방안이 포함된 최종 건설사 구조조정(안)을 작성하여 주채권은행에 제출하도록 한다.

2) PF사업장별 처리방안 확정

□ PF사업장별 PF대리은행은 PF사업장 실사결과를 참고하여 PF대주단 및 주채권은행 등과 협의를 통하여 워크아웃 건설사에 대한 채권행사 유예기한 내에 PF사업장별 처리방안을 확정하여야 한다.

□ PF사업장별 처리방안은 착공전 사업장, 진행중 사업장, 준공사업장 등 사업진행 단계별로 사업중단 및 사업진행 계속 여부 등을 확정한다.

○ PF사업장별 처리방안 마련시 동 처리방안에 따른 이행완료 시기(예: 매각사업장의 경우 매각 완료시한, 진행사업장의 경우 인허가 완료·분양완료·준공완료 등 사업단계별 이행 시기) 등을 포함하도록 한다.

○ 워크아웃 건설사가 신용보강 없이 시공사로 참여한 PF사업장의 경우

도 시공권 포기 여부 및 사업진행 계속 여부 등 처리방안(처리기한 포함)을 확정한다.

3) 처리방안에 따른 채무재조정 및 자금지원 방안 등 확정

□ PF사업장별 PF대리은행은 채권행사 유예기한 내에 실사결과를 바탕으로 당해 PF대주단, 시행사, 시공사간 협의를 통하여 워크아웃 개시시점에 3자간 미정산된 금액, 위 "2. PF사업장별 처리방안 확정"에서 확정한 PF사업장별 처리방안에 따라 향후 3자간 지급이 필요한 금액 등 내역을 확정하고 동 금액에 대한 지급시기와 방법을 확정하여야 한다.

□ PF대리은행은 PF대주단 및 주채권은행 등과 협의를 통하여 워크아웃 건설사 구조조정 원활화를 위해 PF사업장별 채무상환유예 및 이자감면 등 채무재조정(안)을 확정하여야 한다.

○ PF사업장별 채무재조정(안)은 PF사업장별 사업 여건에 따라 달리 적용할 수 있으나 PF사업장별 형평성 및 주채권자 채무재조정과 형평성을 고려하여 채권금융기관간 손실분담이 공평하게 이루어지도록 노력한다.

□ PF대리은행은 위에서 확정한 금액 및 지급시기·방법, 채무재조정방안을 주채권은행에 통보하고 채권금융기관협의회 결의를 통해 정상화방안으로 확정된 경우 당해 PF대주단, 시행사, 시공사간 PF대출 약정서에 반영함으로써 3자간 동 금액 및 지급시기 등과 관련한 분쟁을 방지하도록 한다.

(2) PF 사업장 처리방안 변경

□ 워크아웃 진행과정에서 PF사업 진행여건 변경으로 워크아웃 개시시점에 확정된 PF사업장 처리방안을 변경할 필요가 있는 경우, PF대리은행은 "주채권자와 PF대주단간 이견조정 장치 마련"에서 정하고 있는 운영위원회 논의를 거쳐 PF사업장 처리방안을 변경할 수 있다.

(3) 주채권자와 PF대주단간 자금지원 원칙

1) 주채권자의 자금지원

□ 주채권자는 워크아웃 개시시점까지 발생한 부족자금과 워크아웃 개시 이후에 PF사업장 이외의 사유로 발생한 부족자금에 대해 지원하는 것을 원칙으로 한다.

2) PF대주단의 자금지원

□ PF대주단은 워크아웃 개시시점에 "PF사업장별 처리방안 및 향후 소요자금 내역 확정"에서 확정한 사업장별 처리방안에 따라 향후 지급하기로 한 자금을 차질없이 집행하도록 노력한다. 또한 사업장별 처리방안에 따른 사업완료시까지 "PF사업장별 처리방안 및 향후 소요자금 내역 확정"에서 확정한 채무재조정 등을 성실히 이행한다.

ㅇ PF대주단은 "PF사업장별 처리방안 및 향후 소요자금 내역 확정"에서 확정한 워크아웃 개시시점까지의 시행사와 시공사간 미정산 금액(공사미수금 및 대여금 등)은 사업완료시까지 유예하되 자금수지, 대주단의 PF 회수율 등을 감안하여 유예자금의 일부 또는 전액을 지급할 수 있다.

3) 자금부족 원인 불명확시의 처리방안

□ 자금부족이 PF사업장에서 기인한 것인지 또는 기타 원인에서 기인한 것인지 불분명하나 긴급한 자금지원의 필요성이 있고 경영정상화 가능성이 있는 경우에는 우선 주채권자와 분쟁이 있는 PF대주단에서 절반씩 지원한다.

4) PF대주단의 자금지원 및 채무재조정 등에 대한 이행 확보

□ PF사업장별 PF대리은행은 "PF사업장별 처리방안 및 향후 소요자금 내역 확정"에서 확정한 PF사업장별 채무재조정 및 향후 소요자금 지원 등에 대하여 PF대주단 전원 및 시행사(차주)로부터 서면으로 이행 확약을 받아 경영정상화 방안에 포함되도록 함으로써 PF 사업장별 사업이 원활하게 진행되도록 한다.

(4) 자금거래 등에 대한 관리 강화

1) 자금관리인 파견시 자금관리단 구성 및 운영

□ 자금관리인을 파견하는 경우 2인 이상을 파견하는 것을 원칙으로 한다. 다만, 1인으로 관리가 충분하다고 판단하는 경우 1인으로 운영할 수 있다.

□ 단장과 여타 자금관리인간 이견이 있을 경우에는 자금집행을 유보하고 즉시 "주채권자와 PF대주단간 이견조정 장치 마련"에서 정하고 있는 운영위원회 안건으로 부의하여 운영위원회 논의 결과에 따라 자급집행 등을 처리한다.

□ 단장은 자금관리 현황(PF사업장별 공사 미수금 및 대여금 잔액 증감 현황 포함)을 주채권은행에 수시로 보고하여야 하며 "주채권자와 PF대주단간 이견조정 장치 마련"에서 정하고 있는 운영위원회 및 기촉법상 채권금융기관협의회가 업무상 필요에 의해 요청할 경우 즉시 제공하여야 한다.

2) PF사업장별 시행사와 시공사간 자금관리 강화

□ PF사업장별 PF대리은행은 워크아웃이 개시되는 경우 PF사업장 관리계좌에 대해 신탁회사와 대리사무계약을 체결하는 등으로 자금관리의 투명성을 확보하도록 한다.

□ PF사업장 처리방안에 따라 사업장을 매각하기로 한 경우나 계속진행사업장 중 PF대주단이 워크아웃 개시 이후 일정규모 이상 자금을 지원하여야 하는 경우에는

ㅇ시행권을 관리형 토지신탁으로 이전하여 사업을 진행하는 방안을 강구함으로써 원활한 PF사업진행 및 채권금융기관의 채권회수 극대화 등을 도모하도록 한다. 시행권 이전이 정상적인 사업진행을 위해 필요한 경우에도 그러하다.

(5) 주채권자와 PF대주단간 이견조정 장치 마련

1) 주채권자 대표와 PF대주단 대표로 운영위원회 구성

□ 주채권자와 PF대주단은 구조조정의 신속한 진행 및 원활한 이견 조정 등을 위해 주채권자 대표와 PF대주단 대표 동수로 구성된 운영위원회를 구성

한다.

2) 운영위원회의 업무

□ 운영위원회는 주채권자와 PF대주단간 발생한 다음과 같은 사항에 대한 논의를 주된 업무로 한다.

    ○ PF사업장 처리방안 확정과 관련한 이견

    ○ PF사업장별로 워크아웃 개시시점까지의 시행사와 시공사간 정산하여야 할 금액에 대한 이견

    ○ PF사업장 처리방안에 따른 향후 소요자금 확정과 관련한 이견

    ○ PF사업장 처리방안 변경과 관련한 이견

    ○ 신규자금지원 등 지원주체와 관련한 이견

    ○ 기타 위의 항목과 관련된 사항 및 주채권은행 등이 신속한 워크아웃 진행을 위해 양자간 이견조정 등이 필요하다고 판단하여 요청한 사항 등

3) 운영위원회 운영 및 의사결정 방법

□ 운영위원회는 재적위원 2/3이상의 출석과 출석위원의 2/3이상의 찬성으로 하고 서면에 의한 의결도 가능하도록 한다.

□ 주채권은행이 아닌 주채권자(또는 PF대주단)는 단독이나 다른 채권금융기관과 합하여 주채권(또는 PF채권) 1/4을 초과하는 경우 주채권은행에 운영위원회 소집을 요청할 수 있으며 주채권은행은 지체 없이 운영위원회를 소집하여야 한다.

□ 운영위원회는 필요한 경우 이견이 발생한 당사자 등으로부터 의견을 청취하거나 실사 등을 실시할 수 있으며 여타 금융기관 등은 이에 적극 협조하기로 한다.

4) 운영위원회의 조정 권고

□ 운영위원회는 2/3의 결의로써 결정된 사항에 대하여 당사자 앞 서면으로 통지하고 결정된 사항에 대한 수용을 권고한다.

    ○ 권고사항을 통보받은 금융기관은 권고를 통보받은 후 7일 이내에 권고사항 수용 여부를 운영위원회에 통보하여야 한다.

□ 운영위원회 논의를 통한 해결이 곤란한 경우 기촉법 제23조에 의한 채권금융기관 조정위원회 조정신청 등을 통해 조정하기로 한다.

(6) PF대주단 의사결정 방법 변경 등 신속한 의사결정 방안 강구

1) PF대주단 의사결정의 기촉법상 의사결정 방법 준용

□ PF사업장별 PF대리은행은 주채권은행 협의 및 PF대주단 동의를 받아 PF대주단 의사결정 방법을 PF대주단 전원 동의에서

○ 총신용공여액 4분의 3 이상의 신용공여액을 보유한 채권금융기관의 찬성으로 의결하도록 변경하여 신속한 의사결정을 도모한다. 다만, 필요한 경우 구체적인 사안의 범위를 정하여 의결방법을 다르게 정할 수 있다.

□ 또한 PF대리은행은 PF대주단 의사결정방법 변경시 의사결정에 반대하는 대주단에 대하여 찬성 대주단앞 반대채권 매수를 청구할 수 있는 방안을 강구한다.

2) PF사업장 심사권의 워크아웃 전담부서 이관

□ PF사업장별 대주단은 PF사업장 심사권을 PF사업부에서 기업구조조정 전담부서로 이관하여 시공사 구조조정과 연계하여 PF사업이 신속하고 일관되게 진행되도록 한다.

(7) 가이드라인에 따른 경우의 면책

□ 금융기관은 건설사 구조조정 원활화를 위한 가이드라인에서 정한 원칙에 따라 자금지원 등을 한 경우, 담당자의 고의나 중과실이 없는 경우 손실발생 등에 대해 면책하도록 협조한다.

3. 관련 고려사항 등

(1) 시행사

시공사가 워크아웃에 있는 PF 사업장이 시행이익이 남기 어려운 상황인

경우 시행사가 적극적으로 PF 사업장의 정상화에 응하지 않을 가능성이 높다. 또한, 시공사의 워크아웃에 따른 기업개선계획 이행 약정에 구속되는 당사자는 원칙적으로 금융채권자들과 시공사이고, 시행사는 이에 구속받는 당사자가 아니기 때문에 기업개선계획 이행 약정의 효력을 주장하기도 어렵다.

시행사의 주식 전부가 담보로 제공되어 있는 경우에는 주식질권의 실행을 통하여 시행사의 경영권을 확보하여 시행사와 관련한 위험을 상당 부분 해소할 수 있을 것이나 시행사의 주식 전부를 취득할 수 없는 경우에는 시행사와의 합의가 필요하다. 따라서 이러한 경우 PF 사업장의 정리에 있어서 주식근질권의 확보는 먼저 확인하여야 할 사항이다.

다만, PF사업장의 시행이익이 남을 수 있거나 시행사나 관련 이해당사자의 보증 등 이해관계가 남아 있는 경우 PF 사업장의 정상화를 위하여 시행사를 참여시킬 수 있을 것이다. 주식근질권 실행 등의 추가적인 절차를 단축하고, 분쟁에 따른 시간 소요를 막고, 시행사가 사업을 주도적으로 진행해 온 경우 사업 수행과 관련하여 시행사의 협조를 구할 필요성이 있다는 점 등을 고려한다면, 시행사를 적극적으로 참여시킬 필요성도 있다.

참고로 실무적으로는 워크아웃 절차상 주채권자 및 PF대주단으로 하여금 개별 PF 사업장 시행사로부터 공동관리절차 개시에 동의하고 채권행사를 유예하며 절차에 적극적으로 협조하는 내용의 확약서를 제출하도록 하고 있다. 또한 개별 PF 사업장 자율협의회는 당해 사업장의 시행사 및 시공사와 당해 사업장을 정상화하기 위한 계획을 확정하고 사업 정상화 계획 이행을 위한 특별약정을 체결하여야 한다(PF대주단협의회 운영협약 제22조 제1항).

(2) 기촉법상 신용공여와 책임준공

책임준공확약을 한 시공사가 워크아웃절차에 들어간 경우 시공사의 책임준공의무 불이행에 따른 손해배상채권이 기촉법상 '신용공여'에 해당하는지가 문제가 된다.

실제 문제된 사안에서 시공사는 워크아웃 개시 전에 특정 PF 사업의 시공사로 참여하면서 대주인 금융기관들에게 책임준공약정서를 제출하였는데, 기촉법에 따른 워크아웃에 들어가면서 그 사업의 공사가 중단되었고, 대주들로부터 책임준공약정의 불이행으로 인한 손해배상소송을 제기당하였다.

　　제1심은 기촉법의 적용을 받는 채권은 기업에 대한 채권금융기관의 신용공여에 의한 채권으로 한정된다고 하면서, 책임준공의무 불이행에 따른 손해배상채권은 신용공여라고 볼 수는 없다고 판단하였다(서울중앙지방법원 2013. 9. 26. 선고 2012가합57854 판결). 그러나 서울고등법원 및 대법원은 시공사의 책임준공의무 위반에 따른 손해배상채권이 기촉법에 따른 신용공여에 해당한다고 판단하였다(서울고등법원 2014. 9. 26. 선고 2013나75283판결, 대법원 2015. 10. 29. 선고 2014다75349). 기촉법의 적용을 받는 채권금융기관은 단순히 기존 채권의 행사만을 제한받는 것이 아니라 새로이 신용공여를 해야 할 의무를 부담하고, 이를 토대로 부실징후기업과 전체 채권자들이 회생에 따른 이익을 누리게 되는데, 실질적으로 기촉법의 적용을 받는 채권금융기관의 채권과 동종·유사 채권을 보유하고 있는 채권금융기관으로 하여금 위 법의 적용을 쉽게 회피할 수 있는 길을 열어둔다면, 채권금융기관 사이에 심각한 형평의 문제가 생길 수 있다는 점을 근거로 하였다. 나아가 책임준공의무는 대주단에게 있어 중요한 담보이고, 대주단이 대출을 해 준 이유는 '경제적 신용과 시공능력을 갖춘 대기업인 시공사가 책임준공의무에 따라 시설을 완공하거나 이 사건 대출원리금 상당의 손해배상을 할 것'을 기대하였기 때문이라는 점을 고려하였다.

　　PF 사업에 있어서 책임준공의무는 외관상 "하는 채무"에 속하지만, 대주들에게는 시공사의 채무인수 내지 보증과 유사한 기능을 수행하도록 하기 위해 고안된 것으로서, 이를 위반하는 경우 손해배상책임을 통해 대주들을 위한 신용보강의 효과를 발생시킨다. 그렇다면 기촉법상 신용공여의 개념을 넓게 기재하고 있는 취지, 즉 기업의 채무재조정을 통한 경영정상화라는 기촉법의 기본 취지에 비추어 책임준공의무 불이행을 이유로 한 손해배상채권도 신용공여에 포섭시켜야 한다는 판단은 타당한 것으로 보인다.

찾아보기

감수자 약력

임성택
서울대학교 법과대학 졸업
사법연수원 제27기 수료
한국건설법학회 감사
서울지방변호사회 건설부동산법 또는 부동산개발사업법 강사
연세대학교 법학전문대학원 겸임교수
법무법인(유한) 지평 대표변호사

이승현
서울대학교 공과대학 토목공학과 졸업
사법연수원 제30기 수료
대한변호사협회 비상임이사
서울시 감사위원회 위원
법무법인(유한) 지평 파트너변호사

공저자 약력

강상원
서울대학교 경영대학 경영학과 졸업
사법연수원 제43기 수료
한국리츠협회 자산운용전문인력 보수교육 강사
한국부동산원 리츠 자문위원회 자문위원
법무법인(유한) 지평 파트너변호사

구동균
서울대학교 영어영문학과 졸업
서울대학교 법과대학원 석사과정 수료(민법)
미국 Northwestern University School of Law LL.M.(법학석사)
사법연수원 제35기 수료
서울주택도시공사 사업자문단 위원
한국자산관리공사 공공개발 자문위원
현 법무법인(유한) 지평 파트너변호사

김이태
고려대학교 법과대학 졸업
미국 University of Southern California, Gould School of Law LL.M.(법학석사)
사법연수원 제35기 수료
서울지방변호사회 증권금융연수원(부동산개발금융) 강사
법무법인(유한) 지평 파트너변호사

김혜라

연세대학교 문과대학 영어영문학과 졸업
미국 University of Southern California LL.M.(법학석사)
사법연수원 제33기 수료
산업통상자원부 사업재편계획심의위원회 위원
서대문구청 공유재산심의회 위원
법무법인(유한) 지평 파트너변호사

마상미

이화여자대학교 법과대학 졸업
사법연수원 제37기 수료
현 법무법인(유한) 지평 파트너변호사

박성철

서울대학교 사회과학대학 지리학과 졸업
서울대학교 법과대학원 법학석사과정 수료(행정법)
영국 Queen Mary, University of London LL.M.(법학석사)
사법연수원 제37기 수료
환경부, 조달청, 해양수산부 고문변호사
헌법실무연구회 회원
법무법인(유한) 지평 파트너변호사

반기일

뉴질랜드 Victoria University of Wellington 법학과 졸업(LL.B.)
호주 Sydney Law School, LL.M.(법학석사)
법무부 해외진출 중소기업 법률자문단 자문위원
법무법인(유한) 지평(현 시니어 외국변호사)

송한사

서울대학교 사회과학대학 경제학부 졸업
미국 University of southern California LL.M.(법학석사)
사법연수원 제33기 수료
서울특별시 법률고문변호사 역임
한국건설법학회 회원
대통령비서실 행정심판위원회 행정위원
서울대학교 법학전문대학원 금융법무과정(신탁법) 수료
서울대학교 법학전문대학원 전문 박사과정 수료
법무법인(유한) 지평 파트너변호사

안상훈

서울대학교 법과대학 졸업
미국 Georgetown University Law Center, Securities & Financial Regulation LL.M.(법학석사)
사법연수원 제32기 수료
법무법인(유한) 지평 파트너변호사

윤재민

고려대학교 법과대학 졸업
미국 University of California Davis School of Law LL.M.(법학석사)
사법연수원 제38기 수료
동국대학교 행정대학원 부동산·자산관리 CEO 과정 수료
한국도산법학회 회원
법무법인(유한) 지평 파트너변호사

이석재

연세대학교 법과대학 졸업
사법연수원 제31기 수료
법무법인(유한) 지평 파트너변호사, 금융자문그룹장

임혜정

연세대학교 중어중문학과 / 정치외교학과 졸업(이중전공)
이화여자대학교 법학전문대학원 졸업
이화여자대학교 대학원 법학과 박사과정 수료(상법)
법무법인(유한) 지평 파트너변호사

장 품

서울대학교 사회과학대학 정치학과 졸업
서울대학교 법과대학원 석사과정 수료(행정법)
미국 University of California, Davis LL.M.(법학석사)
사법연수원 제39기 수료
서울지방변호사회 법제위원회 위원 역임
행정법이론실무학회 회원
한국경쟁법학회 회원
법무법인(유한) 지평 파트너변호사

정 원

서울대학교 법과대학 졸업
서울대학교 법과대학원 석사과정 수료(행정법)
사법연수원 제30기 수료
한국건설관리학회 고문변호사 역임
한국건설법학회 회원
서울대학교 법학전문대학원 겸임교수
서울특별시 청년주택 자문위원
공정거래위원회 약관심사자문위원회 자문위원
국토일보 Experts Group 전문위원
법무법인(유한) 지평 파트너변호사

한철웅

서울대학교 법과대학 졸업
연세대학교 법학전문대학원 졸업
서울대학교 대학원 법학과 박사 과정 수료(헌법·통일법)
서울특별시 시민감사 옴부즈만위원회 법률자문단 자문위원
서울대학교 법학전문대학원 겸임교수
서울지방노동위원회 공익위원
법무법인(유한) 지평 파트너변호사

차혜민

서울대학교 법과대학 법학과 졸업
서울대학교 법학전문대학원 졸업
미국 University of California Los Angeles (UCLA) School of Law LL.M.(법학석사)
법무법인(유한) 지평 파트너변호사

장소라

연세대학교 법과대학 졸업
연세대학교 법학전문대학원 졸업
한국부동산법학회 회원
한국부동산원 임대차분쟁조정위원회 위원
법무법인(유한) 지평 파트너변호사

박민선

고려대학교 경영학과 졸업
고려대학교 법학전문대학원 졸업
법무법인(유한) 지평 변호사

제4판
부동산PF 개발사업법

초판발행	2016년 3월 1일
제2판발행	2018년 11월 30일
제3판발행	2021년 8월 30일
제4판발행	2025년 1월 10일

감수인	임성택·이승현
지은이	법무법인(유한) 지평 건설부동산팀
펴낸이	안종만·안상준

편 집	장유나
기획/마케팅	조성호
표지디자인	BEN STORY
제 작	고철민·김원표

펴낸곳	(주) **박영사**
	서울특별시 금천구 가산디지털2로 53, 210호(가산동, 한라시그마밸리)
	등록 1959. 3. 11. 제300-1959-1호(倫)
전 화	02)733-6771
f a x	02)736-4818
e-mail	pys@pybook.co.kr
homepage	www.pybook.co.kr
ISBN	979-11-303-4832-2 93360

정 가   27,000원